LOPE DE VEGA

POESÍA ÉPICA

FIESTAS DE DENIA

DESCRIPCIÓN DE LA TAPADA

LA MAÑANA DE SAN JUAN EN MADRID

LA SELVA SIN AMOR

LAUREL DE APOLO

Edición, prólogo y
notas críticas y bibliográficas
de
LUIS GUARNER y
JUAN BAUTISTA BERGUA

Incluye un amplio catálogo de los autores citados en el Laurel de Aplolo

Colección La Crítica Literaria
www.LaCriticaLiteraria.com

Ediciones Ibéricas - Clásicos Bergua - Librería Editorial Bergua
Madrid (España)

Colección La Crítica Literaria
www.LaCriticaLiteraria.com
ISBN: 978-84-7083-196-6

Imagen de la portada: Apolo matando el pitón, Goltzius

Ediciones Ibéricas - LaCriticaLiteraria.com
Calle Ferraz, 26
28008 Madrid
www.EdicionesIbericas.es
www.LaCriticaLiteraria.com

Impreso por LSI (Internacional) y SAFEKAT S.L. (España)

ÍNDICE

PRÓLOGO

LA ÉPICA DE LOPE DE VEGA

I

Lope de Vega, que nunca se tuvo a sí mismo por dramaturgo erudito—y de ello hacía gala—, se creyó siempre, en cambio, un gran poeta épico. Las obras épicas le desvelaron durante muchas horas, mientras le bastaban las "horas veinticuatro"—como él dice—para pasar una comedia del reino de su fantasía a las tablas de los "corrales".

Su gran amor de poeta enamorado de su arte fue la poesía épica, la épica en la acepción más egregia de la palabra, la épica de grandes vuelos y voz sonora que canta los temas eternos de la humanidad.

Lope conoció los grandes poemas del Renacimiento, y por ellos vino en conocimiento de las epopeyas clásicas, que le emularon para emprender la gran epopeya española que pudiera competir con las renacentistas que fueron flor y fruto de toda aquella cultura occidental.

Vuelve Lope la vista a los temas mitológicos, que el Renacimiento había revalorado, y sueña crear con ellos y las tradiciones nacionales la epopeya española de que carecía nuestra literatura moderna.

Y aun no satisfecho con la empresa de grandes poemas, no desdeña el escribir poemas épicos menores, en que el asunto se ciñe a un mito clásico aislado, y aún se reduce a una simple descripción o narración de un hecho particular.

Dentro de la poesía épica, pues, puede decirse que el Fénix abarcó todos los géneros, desde las grandes epopeyas —en sus varias direcciones—hasta los poemas menores de limitado asunto y forma sencilla.

II

No es España país en que la epopeya haya arraigado, si por este género, épico por excelencia, ha de entenderse la obra poemática de arte erudito consciente.

Tiene nuestra literatura grandes poemas medievales en los que ha encarnado el espíritu popular nacional, desde el venerable "Poema de Mio Cid" y otras gestas heroicas que condensan la historia y la leyenda de los tiempos medios; mas no por ello puede decirse que tenga España aquel poema trascendental que resuma toda su literatura. Ningún poeta ha logrado crear la epopeya española, como ha observado acertadamente F. Bouterwek al decir que "ningún español ha tenido éxito hasta ahora en la poesía épica".

Grandes epopeyas bárbaras son los cantares de gesta, que, perdidos unos y otros mutilados, representan la realización de la epopeya nacional llevada al poema por el pueblo mismo, autor anónimo, poeta-multitud que logra hacer un arte inconsciente y primitivo, como más adelante había de crear el magnífico "Romancero español", que los poetas eruditos intentaron imitar en vano.

Poemas artísticos—tal como los concibió el Renacimiento—, epopeyas eruditas, como obras de humanidad y de arte, no hay en nuestra literatura, ya que tales nombres no pueden en justicia darse a los ensayos épicos—de más pretensiones que valor—que se publicaron durante el XVI y XVII, y que no consiguieron condensar el sentimiento épico de la nacionalidad, de que se nutre toda esa poesía épica dispersa, que da origen a los innumerables romances viejos españoles en que se manifiesta aquel sentimiento épico popular de nuestra literatura, que no tiene nada que ver con el concepto clasicista de la epopeya artística.

Esta esterilidad épica hizo que los poetas españoles imitaran la floreciente epopeya italiana del Renacimiento, que, sobre los temas nacionales, canta los eternos temas de universal interés.

Lope de Vega conocía aquellos poemas italianos, y, sintiendo ahincadamente el sentimiento nacional y el aliento épico a la par, emprendió la ardua labor de escribir la epopeya de que estaba falta nuestra literatura moderna, con el propósito de emular a los grandes poetas italianos, propósito excesivo para tan escasas fuerzas.

En los tres grandes géneros de la epopeya erudita intentó Lope la gloria de poeta épico, que sólo consiguió plenamente en el género burlesco.

En el género épico-histórico escribió la gran epopeya de tema universal la "Jerusalén conquistada" (1609), en la que el poeta trata de unir a un tema europeo y católico—universal—la historia española de nuestra Edad Media.

Sigue el poeta el modelo de la "Gerusalemme liberata", de Torcuato Taso, mas con el deseo de hacer la epopeya nacional española, sin igualar al modelo ni conseguir el intento.

Largo y prolijo es el poema de Lope sobre las Cruzadas, que necesita para desarrollarle de veinte cantos en octavas reales, como necesitó el poema italiano del Taso.

Cantó la "Gerusalemme" la primera Cruzada y el rescate del Santo Sepulcro por Godofredo de Boullón, y en el poema de Lope se canta la tercera Cruzada bajo Ricardo Corazón de León, Felipe Augusto y Federico Barbarroja, y en la trama del poema hace el poeta intervenir al rey castellano Alfonso VIII, que es prometido al fin como esposo a la hija del mismo Ricardo Corazón de León, ya rey de Jerusalén. La tercera Cruzada, que tan desastroso fin tuvo, no encuentra un poeta que haga su poema en Lope, sino más bien un narrador en verso que no le arredra mixtificar la historia a su antojo, mezclándola con la fábula y ampliándola con la fantasía a su sabor. Alfonso VIII no estuvo en tal Cruzada ni salió jamás de Castilla en el tiempo que el poeta dice—bastantes infieles tenía en su tierra para guerrear—, alteración histórica que puede disculparse en gracia al deseo de españolizar el tema de Cruzadas, propio de literaturas exóticas, y que por este poema entra en nuestra historia literaria.

Refiere el poeta prolijamente los lances y hechos de la Cruzada, en la que lugar tan preferente tienen los caballeros españoles que acompañan al rey, tan unidos a la acción del poema, que—aunque con falsa historia—logra Lope hacer que el poema sea como un canto a las glorias españolas y sus tradiciones.

No faltan en esta obra las heroínas—como en otros poemas del mismo género—, que aquí son prisioneras del sultán y españolas—Blanca y Sol—, que logran escapar y vencer a sus enemigos, dando así muestras de la valentía española, que queda reconocida tras un combate entre españoles y turcos. Abundan a lo largo de todo el poema las típicas aventuras que coadyuvan al desarrollo de la acción principal. Hay Intervención de fuerzas sobrenaturales: demonios, ángeles, conjuros de magos y nigromantes, visiones del futuro, cuanto era de uso corriente en la epopeya del Renacimiento. Otros detalles pueden aún contarse, como cierta ostentación de erudición bíblica excesiva, la exaltación genealógica de la nobleza española, las intrigas amorosas, con sus cautiverios y rescates, celos y muertos, etc., que si adornan y alargan el poema en la forma y desarrollo, dentro del marco general de la epopeya del Renacimiento, no logran que por todo ello llegue esta obra a ser lo que su autor se propuso y tenía la ilusión de haber conseguido: la epopeya española definitiva.

Este largo poema no pasó de ser "una crónica rimada—como dice Ffandl—, ornamentada con episodios caballerescos, galantes y fantásticos".

Obra confusa y falta de plan en la construcción, con estilo difuso y excesivamente verboso, es de lo más deficiente que se produjo en nuestra épica histórica nacional. Sólo la salvan algunos pasajes y algunas estrofas en que hay alusiones a la propia vida del poeta y sus amores con aquella mujer que ocultó con el nombre de Camila Lucinda.

La "Jerusalén conquistada", pues, como poema se hunde con el peso de sus interminables octavas; mas no por ello hemos de aceptar de plano el desdeñoso juicio que le merece a don Cayetano Rosell, que dice que este poema es "una obra que en el comercio literario no tiene valor alguno", a pesar de haber sido la obra preferida del poeta, que tanto cuidado y solicitud puso en su confección, que alcanza desde 1605 a 1609, en que salió de las prensas.

III

Dentro de la dirección histórica, en la épica de Lope se pueden contar aún otros dos poemas, aunque no de tan alta ambición como tuvo la "Jerusalén". Estos dos poemas épicos históricos toman su asunto de la de Inglaterra y se basan en hechos recientes: uno sobre el célebre corsario sir Francisco Drake y el otro sobre la muerte de la reina de Escocia María Estuardo, que encarna la heroína de la fe católica frente a la luterana.

En el tiempo, es el poema sobre Drake el primero que escribiera, y en el propósito, no aspira el poeta a hacer sino una crónica en verso heroico de un suceso rigurosamente histórico. Escribió Lope su "Dragontea" en 1597 y no la publicó hasta el siguiente año. En ella narra las Correrías del famoso corsario Drake (el Dragón) en mares de Europa y América y en las costas de Canarias, Puerto Rico, Panamá, Nombre de Dios y Portobelo durante los años 1595 y 96. Sigue el poeta las correrías del corsario hasta su muerte, en Portobelo, asesinado por los suyos.

Este poema dividido en diez cantos, viene a reflejar el general sentir, popular en Europa, de aversión a Inglaterra, a quien el poeta representa en el temido corsario que devasta las costas, como un símbolo de la ofensiva del luteranismo contra la Religión, cuyas tres hijas, España, Italia e Indias, se quejan, en figuras alegóricas del poema, ante el trono divino de los ataques de los corsarios.

Aunque con las alegorías propias de la épica renacentista, quiso el poeta hacer obra histórica basada en hechos reales, para lo que toma—como confiesa el autor en el prólogo—la relación de la Real Audiencia de Panamá, debidamente autorizada con fidedignos testigos.

La obra, como poema épico histórico, no puede decirse que esté lograda; es harto artificioso de tono y urdimbre, si bien el temperamento poético de Lope se manifiesta espontáneo en varios pasajes, que se salvan del inmenso mar de octavas de gusto renacentista, erizadas de nombres mitológicos. Hay bellas descripciones de un gran valor plástico y algunos versos magníficos de riqueza de color y expresión poética. Detalle curioso es el dominio que el poeta muestra tener en esta obra de los términos y expresiones marítimos, que dan al poema un valor especial en los asuntos de náutica.

No tuvo éxito esta obra en su tiempo, a pesar del tema tan popular. Hoy tiene un valor histórico al conservar una de las mejores visiones de la España colonial y de sus gentes guerreras y marítimas, que nos hacen recordar los cantos de "La Araucana" y las páginas de nuestros cronistas de Indias.

Unido por el género histórico, así como por la nacionalidad del tema, a "La Dragontea", está aquel otro poema histórico que Lope llamó "Corona trágica" (1627), en el que el poeta quiso reflejar la lucha del Catolicismo con el Protestantismo, tema tan de actualidad en tiempos del autor.

Canta el poeta, con el fervor del católico, la muerte de la reina de Escocia como mártir de su fe, cuyo dramatismo apasiona a Lope, temperamento dramático por excelencia.

Válese el poeta en este poema de la historia y de la fantasía, que emplea en auxilio de aquélla, mas sin deformarla como hizo en la "Jerusalén". El poeta mismo dice en el prólogo de su obra que tomó como fuente la vida de María Estuardo, que escribió en latín el caballero escocés Jorge Conn, canónigo lateranense y conde palatino de Urbano VIII. "Leíme—dice—con tanto gusto de su elegancia y erudición, y asimismo de la verdadera narración de esta tragedia, que me dispuse a escribirla en verso, en parte refiriéndola y en parte adornándola con lo que me permiten los preceptos de la poesía en verdadera historia de nuestros tiempos, pues el año de 87 (número por la mayor parte infelicísimo) Isabel de Inglaterra, hija de Ana Bolena y Enrique VIII, mandó cortar la cabeza a esta inocente señora, único ejemplo de constancia en la fe, obediencia a la soberana cabeza de la Iglesia, paciencia en las adversidades y modestia en los agravios, y agravios de mujer a quien sucedía en la corona, por cuyo miedo injusto le quitó la vida, pues el día de su muerte salió con ricas joyas, galas de colores por su corte de Londres. Infame triunfo que mereció llamarse teatro de crueldad de los escritores católicos. Admirable asunto, dilatada memoria, sujeto heroico para los ingenios que hoy florecen en España..."

Estas palabras bien dicen el propósito del poeta y explican el entusiasmo suyo por el asunto, que tanto tiene de dramática lucha religiosa y humana dentro de un teatro histórico, lo que justifica el deseo de escribir la biografía versificada de la reina mártir, cuya historia adorna el poeta con galas de fantasía sin desvirtuar el asunto real. En el espíritu de Lope—temperamento dramático—no pudo menos de impresionar la lectura de la vida de María Estuardo, tan rica en episodios dramáticos y con final tan doloroso, que el poeta, avezado al léxico teatral, calificó de trágico, calificativo que da a la corona de aquella reina, y que cayó—ceñida a su cabeza—al golpe de cercén del hacha del verdugo.

Poéticamente, esta obra puede decirse que se aleja de la poesía para acercarse a la crónica rimada, más historia que poema.

Consta este poema histórico-religioso de cinco libros—no los llama el poeta cantos esta vez—con un total de casi cinco mil versos en octavas reales, en cuya selva se pierde el lector moderno, que sólo puede encontrar algunos rasgos realistas de valor innegable. Tampoco tuvo éxito en su tiempo entre el gran público, si bien con el poema logró alcanzar el poeta gracia y mercedes del pontífice, que vio en esta obra el poema de la catolicidad frente al luteranismo.

La obra ha sido muy diversamente juzgada por la posteridad, desde las alabanzas exageradas de Cerdá y Rico en su edición de la obra, hasta la opinión de Ticknor, que la llama "ejemplo de controversia intolerante", viniendo así a ser él lo que en Lope critica, ya que no sabe comprender el carácter religioso, la época y el espíritu del poeta, a quien es preciso juzgar dentro de su ambiente si no queremos exponernos a la incomprensión de tantas cosas. Asi lo ven Fitzmaurice-Kelly y Rennert, que lo juzgan desde el punto de vista conveniente. Técnicamente, es una obra de gran aliento y habilidad que justifica la fama de su autor, que cuando la compuso frisaba ya en los sesenta y cinco años de su edad y habla compuesto sus más famosas obras en varios géneros.

IV

Dentro aún de la epopeya, cultivó Lope la de dirección novelesca, según la corriente italiana renacentista.

La épica novelesca, al contrario que la histórica y basándose en Aristóteles, funda la acción poética en la creación, o sea en la fantasía libre, distinta de la realidad histórica.

La épica novelesca española moderna—como toda épica erudita—tiene su origen en la italiana, y así puede decirse que tiene su asiento y origen en el viejo libro caballeresco "El Amadís" y en el poema de Ariosto "Orlando furioso", mezcla un tanto extraña de la caballeresca medieval y el clasicismo renacentista. Con estos elementos se construye el poema épico novelesco español, que no fue ni en mucho de la importancia del italiano, a pesar de los reiterados intentos de obras de este género en nuestra literatura.

La primera manifestación de importancia de la épica novelesca española se basa—como tantas imitaciones rudimentarias anteriores—en el poema del Ariosto, tipo perfecto de poema novelesco según los gustos renacentistas. Toma el asunto del mismo "Orlando", y se titula "Las lágrimas de Angélica" (1586), escrito por Luis Barahona de Soto, que da tanta importancia a las aventuras episódicas de Angélica y Medoro, que hacen recordar los episodios de los libros caballerescos españoles. Esto ya es un matiz especial que aleja la obra de la épica italiana pura para acercarla a la tradición española.

Este tema de los amores de Angélica y Medoro vuelve a encontrar en Lope un nuevo cantor, que intenta con su obra, con tanto esfuerzo como esterilidad, equipararse al propio Ariosto, de cuyo poema dice el Fénix es el suyo continuación, su "Hermosura de Angélica" (1602), sin reparar que ya en los tiempos que corrían los temas caballerescos habían dado de sí cuanto podían dar a la literatura.

Esta obra es, en la épica de Lope, la de transición entre el gusto del siglo XVI y el del siguiente, que entierran definitivamente los temas novelescos de caballerías.

Todo ello había de hacer que el poema caiga por su propio peso, ya que sólo viene a ser un engendro épico al que se puede perdonar la inexperiencia de la juventud que lo hizo, y en quien está bien, como bagaje de optimismo, la arrogancia, a la que, en este caso, no acompaña el éxito del "Orlando", de Barahona de Soto, que tanto éxito tuvo, y que se animó Lope a proseguir su labor en el poeplasticidad.

Dice el propio autor que escribió su poema a bordo del galeón "San Juan", en la Armada Invencible, en el año 1588,- dos años después de haberse publicado la imitación del "Orlando", de Barahona de Soto, que tanto éxito tuvo, y que se animó Lope a proseguir su labor en el poema que creía había de superarle. Mas vano fue el intento laborioso y tenaz del poeta, que al insistir en tal tema caballeresco, no hizo sino poner una vez más de manifiesto lo exhausto de la materia en nuestra literatura...

La obra viene a ser—en concepto de Rennert—, más que poema, una novela bizantina de aventuras, como en prosa "El Peregrino en su patria", del poeta, si se despojase del verso y de todo el ornamento mitológico que la acompaña.

Redúcese el argumento a la narración de los amores de Angélica y Medoro, que pasan toda suerte de aventuras, hasta el rapto de Angélica por Cerdano, de cuyo poder la recupera Medoro, que logra la feliz y definitiva unión con su amada.

El mayor interés del poema queda reducido a los incidentes y disquisiciones, que hacen desviar la acción principal y le dan una exuberante variedad a la obra. En estas digresiones se pueden encontrar varios relatos de la historia de España, relacionados entre sí con otros de indudable procedencia de la novela morisca española, así como otros de los que se pueden deducir interesantes datos para reconstruir la vida del poeta y aclarar algunos pasajes oscuros de sus amores con Camila Lucinda, a cuya inspiración se deben, sin duda, los mejores trozos de todo este poema, en el que el número de versos excede de once mil, distribuidos en veinte cantos en octavas reales que al lector moderno no pueden interesar.

V

Más de acuerdo con la orientación del sentido poético español en el XVII, en que se tiende hacia el desequilibrio barroco, es el postrer poema épico que Lope publicó un año antes de su muerte: "La Gatomaquia" (1634).

Poema genuino del siglo barroco es el poema burlesco, ya lejos del clasicismo, del que si se acuerda es para parodiarle tan solo. Los viejos mitos y los hechos heroicos se habían perdido ya, y la humanidad — perdidos tantos ideales y otros en quiebra—sólo ve el aspecto cómico o burlesco de las cosas. Así, los grandes temas épicos quedan relegados al área de los irracionales, que con sus actos ponen en ridículo y en sátira, por consiguiente, los actos de los hombres, que parodian.

La imitación de la épica burlesca italiana en España fue muy frecuente, desde "la Mosquea" (1615) de Villaviciosa hasta "La Gatomaquia" de Lope, que en sus versos floridos y barrocos canta con burlesca solemnidad las luchas de los gatos, divididos en dos bandos en torno de Micifuz y Marramaquiz, que pelean por conseguir los amores de la bella gata Zapaquilda.

En este poema burlesco se dan todos los caracteres propios de los grandes poemas épicos desde un punto de vista de parodia.

Con esta obra, Lope completa el cuadro general de la épica renacentista realizado en todas sus direcciones: histórica, novelesca y burlesca, en las que son ejemplos característicos "la Jerusalén conquistada", "La hermosura de Angélica" y "La Gatomaquia". Únicamente logró el Fénix éxito definitivo en la última dirección poética, en la que—ya viejo el poeta—supo poner el sello de su extraordinaria personalidad, como en las otras no lograra imponer, a pesar de sus esfuerzos.

VI

No menos fecundo que en la epopeya fue el Fénix español en la épica que podríamos llamar menor, en cuyas obras, si no tuvo tanta ambición el poeta, alcanzó más éxito y fortuna del público.

Los grandes poemas épicos estaban ya en decadencia, que se acentuaba a medida que desde el Renacimiento se avanzaba hacia el barroquismo, como lo prueba el éxito que "la Gatomaquia" alcanzara sobre los otros poemas mayores que Lope publicó, precisamente porque sólo él encajaba con la corriente poética de la época. Por otra parte, la servil imitación de los modelos italianos sin conseguir igualarlos y la enorme extensión de estas obras poemáticas de tanto empeño como poca originalidad hicieron que la atención de las gentes se desviara de ellos, que vinieron a quedar en obras de estéril academicismo y erudición sin vitalidad artística ninguna.

En la épica menor, otros eran los temas y otros los procedimientos que Lope emplea. Poeta popular siempre y con acervo suficiente de erudición para acometer temas de la poesía culta, orienta su poesía épica en estas dos direcciones bien definidas: popular y erudita, religiosa y mitológica.

En los temas populares mezcla los asuntos religiosos y los típicos del pueblo, unas veces, y produce poemas vibrantes de vida como devotas estampas barrocas de religiosidad del pueblo; otras, logra poemas descriptivos o narrativos de marcado sabor popular.

Muestra de poemas populares y devotos es "El Isidro" (1599), poema escrito en forma popular y metro corto, que viene a ser, por designio del propio autor, a modo de un romancero de la vida y prodigios del bienaventurado labrador madrileño, devoción popular de la villa y corte.

De la unión de este elemento popular con el tradicional se producen poemas histórico-religiosos como el dedicado a "La Virgen de la Almudena" (1623), poema de ciento trece octavas, en el que se refiere la leyenda y tradiciones del origen de la imagen de la veneranda Virgen patrona de Madrid, relacionando su historia con la de España y narrado en una forma popular en la que Lope es inimitable maestro.

Como poema devoto menor puede considerarse aún el breve poema titulado "Las lágrimas de la Magdalena", corta pieza narrativa sobre la pecadora arrepentida de Magdala, que el poeta incluyó en su libro lírico "Rimas sacras" (1614).

Dentro de la épica menor y conforme a una orientación culta y erudita, recreación intelectual del poeta, escribió Lope unos poemas épicos menores basados en temas mitológicos según el gusto interpretativo del Renacimiento, que constituían la poesía culta e intelectual.

Con ánimo de defenderse de los ataques de sus enemigos y con el propósito de demostrarles que también él era capaz de escribir en estilo erudito, escribió el primero de ellos, titulado "La Filomena" (1621), obra de tema mítico, cuidada de forma y pulida de estilo, en la que desarrolla el conocido mito de Filomena, y del que, en una segunda parte del poema, se vale para explicar en una graciosa parodia las discusiones de estética y literatura del propio autor con sus enemigos, a quienes representa por un tordo, como a sí misma se representa por el ruiseñor.

De igual tema mítico es el poema "La Andrómeda" (1621), publicado junto con "La Filomena", y en el que canta el poeta el conocido mito grecolatino, tan usado por los poetas renacentistas italianos.

También de tema mítico y escrito en forma trabajada y pulida versificación es el poema "La Circe" (1624), en donde vuelve el poeta al viejo mito del viaje de Ulises, que el poeta narra en tres cantos con más de tres mil versos en octavas reales.

Junto con este poema apareció otro, titulado "La rosa blanca", en donde aprovecha el poeta la conocida fábula del nacimiento de Venus, que surge del mar, para tejer una alabanza al conde-duque de Olivares y su estirpe.

Todos estos poemas mitológicos son una muestra contundente del virtuosismo poético del Fénix, que, siendo poeta popular de raíz, supo, cuando quiso, llegar a dominar los temas y las formas de la poesía erudita de su tiempo.

VII

Dentro aún de la poesía épica menor cabe todavía señalar unos poemas que, sin tema ni personajes de tales, se limitan a ser bellas descripciones o narraciones de lugares o hechos que el poeta vio o vivió. Tres son las principales obras de este género que salieron de la pluma del Fénix.

El primero en el tiempo es el titulado "Fiestas de Denia" (1599), detallada crónica poética de los festejos que en la bella ciudad levantina se celebraron en honor de Felipe III con motivo de sus bodas en Valencia con la archiduquesa. Margarita de Austria en 1599, festejos a los que acudió Lope como secretario del marqués de Sarriá y como tal, cronista de las fiestas para que la madre del citado prócer, que era virreina en Nápoles, viniera en conocimiento de ellas.

El otro poema de este género es un poema descriptivo, titulado "Descripción de la Tapada" (1621), en el que se hace la de aquella finca famosa del duque de Berganza, que así se llamaba en tierras de Portugal.

Finalmente, y como poema descriptivo y narrativo a la vez, el titulado "La mañana de San Juan en Madrid" (1624), en donde Lope cuenta la famosa romería que tenía lugar el día de tal santo en el soto del Manzanares en Madrid y en sus alrededores, describiendo aquellos parajes y pintando un animado cuadro popular con vivos colores y plásticas figuras en las que era maestro el Fénix.

VIII

El cuadro de la épica de Lope se completa, en todas las direcciones conocidas, con tres poemas de tendencia didáctica, a los que tan acostumbrados fueron los poetas de la época clásica española.

Tres son los poemas de este género y de distinto carácter cada uno, que escritos en diferentes épocas de la vida del poeta, representan tres diversos modos de ver el fin de la poesía didáctica.

En años de madurez, y en plena fiebre productora de teatro, escribió Lope su "Arte nuevo de hacer comedias de este tiempo" (1609), especie de discurso académico en el que se expone de modo claro, pero culto, la teoría dramática corriente a la sazón, para la que el poeta, si tiene respeto, no da muestras de darle acatamiento, ya que de tales preceptos viene a burlarse sutilmente, para proclamar la libertad en el arte dramático como única norma. Esta obra, que por la forma y exposición, es épica, incluímosla nosotros entre las poesías líricas, porque sobre su epicismo le caracteriza aquel punto de vista del autor que es su subjetiva manera de ver e interpretar el arte(1).

De muy distinto carácter viene a ser el poema épico-didáctico que, ya en años de vejez, escribió Lope con el título de "Iságoge a los Reales estudios de la Compañía" (1629), poema escrito para ser leído en el acto académico de la inauguración de los citados Estudios que estableció la Compañía de Jesús en Madrid y comenzaron sus tareas escolares aquel año.

Es un poema de alto tono didáctico que, tanto en su esencia como en su exposición, viene a ser la contraposición del poeta, que tal vez quiso escribirlo para demostrar una vez más su facilidad en el cultivo de cualquier género literario.

Es poema barroco, de elevado tono científico, y, todo él dedicado a la exposición de conceptos y enseñanzas, venía a ser muy del gusto de la época; mas, como obra artificiosa y falsa en su propia esencia, no tuvo trascendencia alguna.

En un largo poema en silvas que alcanza a setecientos versos, en los que se canta a los maestros famosos entonces en toda España, a cuyas regiones se invoca con sus famosas Universidades y estudios.

---

(1) Véase en el tomo I de "Poesía Lírica" de esta misma "Colección La Crítica Literaria".

La naturaleza de esta obra, tan falta de espontaneidad como sobrada de amanerada erudición y academicismo, no puede ser más adversa a la musa popular de Lope, quien, para salir airoso de su empresa, tuvo que echar mano de su virtuosismo poético y usar de todos los tópicos dóciles a su pluma.

Esta farragosa erudición, desarrollada en largas silvas academicistas, da idea de las costumbres culturales de la época, en que se confiaban a la poesía los menesteres de los actos académicos, que la contaminaban necesariamente de cultismo y erudición, matando en ella toda espontaneidad emotiva.

La tercera obra de carácter épico-didáctico que Lope escribiera tiene características bien diferentes. Ya en la cumbre de la fama el poeta quiso mirar completo el panorama de la literatura que se extendía a su alrededor, sobre el que quiso dejar su personal criterio y juicio, para lo que escribió el poema "Laurel de Apolo" (1630), en el que, valiéndose de un asunto mitológico, hace un estudio de más de trescientos poetas españoles y extranjeros, sobre cada uno de los cuales tiene el Fénix una visión certera y más o menos definitiva, que la crítica posterior ha consolidado casi siempre, lo que dice en bien de la atinada visión crítica que Lope tenía ya en su tiempo de la mayoría de los valores literarios contemporáneos suyos.

Con esta obra cierra Lope su producción épica, varia y fecunda, que abarca desde las grandes epopeyas, en varias direcciones, hasta los poemas cortos y poesías narrativas, desde las obras de alto empeño en asunto y forma hasta la sencilla obra de gusto popular y espontáneo.

Y en todas estas varias y diversas obras épicas se advierte al poeta maravilloso que, ya escalando las altas cimas de la épica, que no consigue dominar, como en el llano sereno de la poesía sencilla, que abarca en su aspecto culto y popular, siempre conserva su personalidad característica, que le eterniza como valor permanente de nuestra literatura nacional de todos los tiempos.

LUIS GUARNER

POESÍA ÉPICA

LOPE DE VEGA

FIESTAS DE DENIA

NOTAS CRÍTICAS FIESTAS DE DENIA

(VALENCIA, 1599)

Este poema narrativo es el primero en el tiempo de los que Lope con tanta asiduidad como éxito cultivará a lo largo de su vida literaria.

Estando el poeta al servicio del marqués de Sarria, en el año 1599, tuvo que acompañar a su señor a tierras de Valencia, adonde fue la corte en séquito del rey Felipe III y su hermana Isabel Clara Eugenia, que a Levante fueron para esperar allí la arribada de sus futuros esposos la archiduquesa de Austria doña Margarita y el archiduque Alberto, prometidos del monarca español y de su hermana.

Grandes fiestas tuvieron lugar en la ciudad de Valencia con motivo de las reales bodas, entré las que sobresalió la representación en una de las plazas de la ciudad del auto alegórico que para tal acontecimiento escribió Lope, titulado Las bodas del Alma con el Amor divino, *en cuya representación tomó el autor parte como comediante. De estas fiestas habló después Lope en varias comedias y especialmente en* El Peregrino en su patria, *en donde se incluyó íntegro el referido autor.*

No menos lucidos fueron los festejos que con motivo de las bodas regias tuvieron lugar en Denia, la bella ciudad levantina, donde a la sazón vivía el duque de Lerma, tío del marqués de Sarria, que quiso celebrar la alegría de las bodas del tey y de la infanta con lucidas fiestas por él costeadas en la ciudad de su residencia. Como preparación de la gran fiesta de la boda regia, y aprovechando la estancia del soberano y su corte en Valencia, se celebraron las fiestas de Denia el 12 de febrero y duraron hasta el 18, pasadas las cuales el rey y su séquito volvieron a Valencia para esperar a su prometida y el de su hermana, con los que, habiendo llegado a costas valencianas poco tiempo después, celebraron los regios desposorios el 18 de abril de aquel año en la iglesia Catedral de Valencia.

Lope de Vega llegaba a la ciudad valenciana por segunda vez. Dies años antes estuvo en ella cumpliendo el destierro que los tribunales le impusieron. En Valencia había vivido con su primera mujer, Isabel de Urbina, y allí trabó amistades indelebles con los principales dramaturgos valencianos, que a la sazón constituían un núcleo floreciente que ha pasado a la historia de nuestra literatura como escuela dramática valenciana.

Volvía Lope con motivo de las bodas regias a Valencia y reanudaba viejas amistades literarias. Rememoró años pasados en la bella ciudad, que tantas comedias le inspiró, y volvió a vivir la vida alegre de los valencianos, alborozados por los festejos, en los que participó Lope tan de grado y gusto, que tomó parte activa en cuantos actos cortesanos y populares se celebraron con la ocasión de las bodas.

Aquellos desposorios reales en Valencia tuvieron mucha trascendencia literaria y su recuerdo perduró aún mucho tiempo en la ciudad, como puede verse reflejado—aparte de las crónicas especiales[1]*—en obras literarias de la época, como en la continuación del* Guzmán de Aifarache *(parte II, libro III, capítulo X), escrito por J. Martí bajo el seudónimo de Luján de Sayavedra. Lope de Vega, que vivió intensamente aquellas fiestas, tanto en contacto con el pueblo como en el de la corte, a la cual estaba ligado de cierta manera, tomó parte activa en los festejos, ya representando un papel en el auto alegórico antes citado, ya escribiendo romances populares que se cantaron en los festejos, según cuenta H. Merimée en su obra* L'art dramatique à Valencia.

Lope, como se ha dicho, hizo una narración de las fieslas de Valencia en su novela de aventuras El Peregrino en su Patria[2], *donde incluye el auto alegórico que se representó en las plazas de la ciudad levantina con motivo de los reales festejos.*

También fue el Fénix el cronista de las lucidas fiestas de antebodas celebradas en Denia por la magnanimidad del duque de Lerma, del que fue huésped el marqués de Sarriá, su sobrino y sucesor, a cuyo servicio fue a Valencia Lope en calidad de secretario, quien, pasados los días bulliciosos de las fiestas cortesanas, hubo de informar detalladamente de ellas a la virreina de Nápoles, madre del marqués de Sarriá, que no había podido asistir a las fiestas de Denia.

Esta crónica detallada en verso que Lope escribiera a la virreina, haciéndole la narración con vivos colores y preciosos detalles, alcanza las proporciones de un poema narrativo menor, dividido en dos cantos y escrito en ciento noventa y dos octavas "tonantes y ofuscadoras", como las califica Vossler. En este poema narrativo hace Lope la descripción de la ciudad, sus campos y montañas, y narra con toda suerte de detalles los lances y pasos de las sonadas fiestas reales, que sirven al poeta para hacer sobre ellos sonoras octavas reales en que, si no se advierte aún la personalidad de Lope, se da una muestra de la facilidad y gracia que el poeta tenía para la versificación.

Este poema narrativo, si no es obra plenamente lograda, es un documento literario y biográfico estimable en la obra y vida del que había de ser aún el Fénix de los ingenios españoles.

Como apéndice a las Fiestas de Denia, *inclúyese, al final del poema, el* romance *que Lope compuso a las bodas del rey en Valencia, en donde fue cantado. Es una muestra del estilo popular de Lope, que, si usó del estilo elevado para el poema narrativo de las fiestas de Denia, quiso hacer para el pueblo este romance al estilo de los* romances viejos. *Se editó en pliego suelto y se ha conservado en la biblioteca Mayansiana, de Valencia, de donde se sacó para la edición de Sancha, en cuyo tomo XVII se incluye.*

---

[1] Para el conocimiento de todos los festejos de las bodas regias en Valencia, puede consultarse la "Relación de las fiestas celebradas en Valencia con motivo del casamiento de Felipe III", por Felipe de Gauna, publicada en Valencia en 1926.

[2] Véase en el tomo II de "Novelas" de esta misma "Colección La Crítica Literaria".

BIBLIOGRAFÍA

Fiestas de Denia al rey católico Filipo III deste nombre, dirigidas a la Eximia Sra. Doña Cathalina de Zúñiga, virreina de Nápoles, por Lope de Vega Carpió, secretario del marqués de Sarriá.—En casa de Diego de la Torre. Valencia, 1599, en 8.°

Ésta obra se reprodujo varias veces en el siglo XVIII. El conde de Saceda hizo una falsificación, editándola de nuevo (hacia 1746) con el pie de 1599.

Respecto a las reediciones de esta obra, véase el artículo de E. Juliá Martínez, "Nota bibliográfica sobre las *Fiestas de Denia*", en la *Revista de Filología Española,* vol. 6 (1919), pág. 186.

En la *Colección de las obras sueltas* de Lope que editó Sancha, en Madrid, se incluye este poema en el tomo III, págs. 375-429, editado en 1776.

En la "Biblioteca de Autores Españoles", de Rivadeneyra, tomo XXXVIII, seleccionado por Cayetano Rosell, se incluye en la página 465 y siguientes.

FIESTAS DE DENIA

AL REY CATÓLICO FILIPO III DE ESTE NOMBRE

A LA EXCELENTÍSIMA SEÑORA DOÑA CATALINA DE ZÚÑIGA, VIRREINA DE NÁPOLES

Por excusar al marqués, mi señor, de lo que él supiera tan bien hacer en prosa o verso, que en lo primero no tiene segundo, ni en lo segundo le conozco primero, escribo a vuestra excelencia la relación de las fiestas que en Denia hizo su ilustrísimo hermano a la majestad de nuestro César Católico, para que por ellas sepa cómo fue huésped en su casa el mayor y más poderoso monarca del mundo. Dios guarde a vuestra excelencia, y nos la vuelva con bien de Nápoles.—Criado de vuestra excelencia, *Lope de Vega Carpio.*

CANTO PRIMERO

Puesto que del valor divino vuestro,
ínclita generosa Catalina,
gloria de España, honor del siglo nuestro,
se hiciera obra más alta y peregrina,
pues no hay pluma sutil ni pincel diestro
de mano humana en perfección divina,
hoy es fuerza cantar otro sujeto,
que mira al blanco de este mismo efeto.
Aplicad el divino entendimiento
al canto humilde por la causa grave;
haré cuenta que tengo el cielo atento,
de cuyas gracias tanta parte os cabe;
no llevará más favorable el viento,
dando en la popa, la contenta nave,
que yo si tal favor mi canto mueve,
que no hablando de vos será más breve.
Tiempo vendrá que diga en otra parte
vuestra grandeza heroica y soberana,
ya para el son del belicoso Marte,
ya para el ejercicio de Diana;
dárame vuestra luz ingenio y arte
con que la fama, ya mayor que humana,
escriba entre columnas de alabastro
Zúñiga, Rojas, Sandoval y Castro.

Id ahora a regir la ciudad rica,
otro tiempo sirena despeñada,
con el famoso conde que hoy aplica
al república bien la heroica espada;
y mirad de qué suerte significa
vuestra patria el estaros obligada,
que os hace, ya que de ella no seáis reina,
de la extraña por méritos virreina.

Estas fiestas, señora, justamente
os cuento a vos, pues que faltasteis de ellas
por culpa de aquel súbito accidente,
que pudo entristecer vuestras estrellas.
Veréis a Denia coronar la frente
Filipo e Isabel con plantas bellas:
que tanto la humilló para besarlas,
que en su extremo pudieron estamparlas.

Veréis aquella casa antigua vuestra,
del primero marqués tan merecida
por la batalla insigne, en que hoy se muestra
Castilla a Sandoval agradecida,
honrada de su rey en la edad nuestra,
y como era razón favorecida:
que la lealtad que siempre allí produjo
labró la piedra imán con que le trujo.

Sin duda que los huesos Sandovales
dondequiera que están se estremecieron,
y las cabezas a su rey leales,
para verle, sacaron y rindieron;
los muros que las águilas reales
venir de lejos a sus nidos vieron,
hasta el cielo creciendo, para el suelo
bajar quisieran el dosel del cielo.

Sale Filipo Augusto, gran señora,
de Vergel ya después de mediodía
con la que fue del sol de España aurora,
y las hermosas damas que traía;
píntase el campo, el aire se enamora,
que ya la nueva primavera envía;
cantan las aves esparciendo amores,
que es bien que del vergel salgan las flores.

Iba a caballo el Alejandro nuevo,
de aquella edad el Magno venció a Tebas,
y la fama del ínclito mancebo

dando de su valor mayores nuevas;
por ver el suyo sus caballos Febo
paró mil veces con gallardas pruebas,
y como verle en su cenit porfía,
creció la tarde y fue mayor el día.

La divina Isabel Eugenia Clara,
bordando un luto de las perlas y oro,
coral y nácar de su hermosa cara,
mostró a su lado su real decoro;
siguiendo luego como a Cintia clara
de las estrellas el luciente coro,
iban las damas a la hermosa luna,
por quien a España Flandes importuna.

Era el luto la nube que la cubre
por largo espacio de su sombra ociosa,
hasta que el rostro angélico descubre,
saliendo con sus rayos victoriosa:
que ya las aguas del lluvioso octubre
y la nieve de enero rigurosa
deshace la divina primavera,
y el austro, que ha llovido, sol espera.

Con gallardo compás hiriendo el suelo
iban los palafrenes de las damas,
Atlante cada cual de un nuevo cielo,
y más que los del sol vertiendo llamas;
suspendían los pájaros su vuelo,
inclinaban los árboles sus ramas,
y para competir con sus colores,
antes de su sazón brotaban flores.

Allí la antigua madre se remoza
y los viejos cabellos reverdece,
mirando doña Juana de Mendoza
el campo, que mirándole florece;
el cuerpo, gracia y bizarría que goza
de nueva primavera de parece;
y rompiendo los céspedes del prado,
quedó de clavellinas esmaltado.

A los dos de Guzmán el campo mira,
justamente arrogante del trofeo,
que con doña Francisca y doña Elvira
bien se pudo igualar al campo hibleo;
doña Beatriz la tierra y cielo admira,
ciega de nuevo amor; nace el deseo,

y a honor del nombre ilustre de Cardona
de flores el camino se corona.
A los hermosos ojos portugueses
de aquella celestial doña María;
honra del apellido de Meneses,
extremo de hermosura y cortesía,
siempre verdes naranjos y cipreses
los suyos humillaban a porfía,
y la tierra con cuadros y colores
los pies del palafrén cubrió de flores.
El viento con los pájaros se acuerda,
en concertados números cantando,
cuando de doña Juana de la Cerda
las celestiales partes va mirando;
y como ve tan reposada y cuerda,
y con mirar tan apacible y blando,
a doña Ana María, estuvo atento
para no divertir su entendimiento.
Sus blancas ninfas a salir incita
el campo con la prisa que florece,
cuando el valor de doña Margarita
de Tábara en sus límites merece;
y como el mar camino solicita
al Bazán, que sus aguas enriquece,
así la tierra mira humilde y llana
doña María, su gallarda hermana.
Saldrán claveles, rosas y jazmines
a hurtar colores de su cara hermosa,
cuando a mirarlas tu hermosura inclines,
¡oh gran doña Jerónima famosa!,
porque si hay en la tierra serafines,
y de tenerlos vive gloriosa,
el apellido de Híjar los ha dado,
y el bien del cielo, en tu valor cifrado.
La gracia, la bondad, la gallardía
que de doña Isabel cuenta la fama,
e inmortaliza el nombre de Mejía,
sólo se viera en tan hermosa dama,
y el oro y plata, el fuego y nieve fría,
que del cabello y frente se derrama,
sólo juntara doña Luisa Osorio,
prendas del cielo y su valor notorio.
Al dulce ingenio, en tiernos años viejo,

a la hermosura rara y peregrina,
al discreto donaire y al despejo,
que tantas almas a su norte inclina,
suspensa está la ciencia y el consejo
y la armonía celestial divina,
siendo dueño de partes tan loadas
la condesa bellísima de Pradas.
    Criando Venus al galán Cupido,
supo que era imposible que creciese,
que así le fue de Temis respondido,
hasta aquel tiempo que otro amor pariese;
si a la condesa, que Cupido ha sido,
fue justo que otro hermano amor le diese,
poner en un lugar tan alto puedo
la hermosa doña Antonia de Toledo.
    Pero ¿dónde pondrán ingenio y pluma,
¡oh venturosa Denia!, a tu señora,
aquel alma real que cifra y suma
cuanto bien en la tierra se atesora?
Primero es bien que a número resuma
las luces que se esconden de la aurora,
los átomos del sol, y que al sol mire,
que a tan divino pensamiento aspire.
    El venturoso campo conociendo
su señora dignísima, tendía
mil alfombras de flores, esparciendo
las de todo aquel año en sólo un día;
aunque le estaba en partes encogiendo
que sin sus hijas y su sol venía,
que a falta de sus claros resplandores
por abrir se quedaron muchas flores.
    El sol de doña Juana, envuelto en niebla,
llevóse, aunque con niebla, alegre y ledo,
el sucesor de aquel Guzmán, que puebla
de honor a España, al África de miedo;
pero no fue esta niebla de tiniebla,
sino de luz, que al sol igualar puedo,
porque el que bueno el mundo llama fuese
tal, que ser niebla de este sol pudiese.
    También el campo conocer procura
de Sarriá la bellísima marquesa,
a cuyo entendimiento y hermosura
todo encarecimiento humano cesa;

y viendo que le falta su luz pura,
entre las fiestas muestra que le pesa,
aunque se alegra algún jazmín y rosa,
por no envidiar su boca y frente hermosa.
　Pues si su soledad siente aquel suelo
que fue de su primera estampa dino,
y su memoria, convertida en hielo,
abrasaba las flores del camino,
aquel olimpo de su hermoso cielo,
cándido, puro, alegre y cristalino,
¿qué sentiría, de su gloria ausente?
Sólo quien ama juzgue lo que siente.
　Dos veces dos hermosas Catalinas
de casa Sandoval honran a Lemos,
de la sangre real de Castro dinas,
que en los reyes Enríquez conocemos.
Oh ausentes luces, claras y divinas,
extremos de virtudes sin extremos,
¡cuán justamente os hizo el himeneo
de tal Fernando y Pedro rico empleo
　Por otra vez el campo valenciano
de Navarra conoce la marquesa,
y el valle, el soto, el prado, el monte, el llano
de Jacincurt los pies humildes besa;
madama Jacincurt, que el suelo hispano
de bendecir y de loar no cesa,
pues debe a su crianza y amor solo
lo que a Delfos la luna, a Cintio Apolo.
　Llegando, pues, a la famosa villa,
a sus pies se descubre un verde prado,
que el mar remata con su parda orilla,
de marítimas algas coronado;
en medio de él con nueva maravilla
se descubría un escuadrón, formado
de valenciana y fuerte soldadesca,
más bizarra que esguízara o tudesca.
　Diez compañías entre todas eran,
cuatro de picas, seis arcabuceros,
mil trescientos hombres, que pudieran
vencer a veinte mil bárbaros fieros.
Ya suenan cajas, armas reverberan,
brillando de las puntas los aceros,
y el eco de los parches y trompetas

convida a retumbar las escopetas.
Hiriendo el sol con más ardientes lumbres
que si abrasara el Toro o los hermanos
de las celadas las grabadas cumbres,
y los cañones de las fuertes manos,
volviendo a nuestros ojos sus vislumbres,
más claras que de espejos venecianos,
daba a todos tan súbita alegría,
que el alma por los ojos suspendía.
A saludar al César y rey nuestro
el maestre de campo el paso aplica
ante sus capitanes fuerte y diestro,
y marchando tres pasos con la pica.
Al mismo Marte armado en campo os muestro;
no menos su persona significa;
porque ¿quién imitarle allí pudiera
mejor que don Cristóbal Zanoguera?
Oro y acero al sol resplandecía,
de todas piezas y valor armado,
y el morrión labrado de ataujía,
de un vistoso penacho coronado;
de rojo y tela de oro dividía
la sobrevesta un hábito cruzado,
de blanca plata y de lucida vista,
con la señal del precursor Baptista.
El sargento mayor al diestro cuerno
del escuadrón mostraba igual decoro,
puesto a caballo al militar gobierno,
vestido de amarillo y tela de oro;
la cruz blanca le adorna el pecho tierno,
con que suele temblar de Malta el moro;
y puede, del valor y hazañas grandes
que don Vicente de Híjar hizo en Flandes.
De diecisiete picas por la frente,
y por el fondo dieciséis hileras,
formado estaba el escuadrón valiente,
sin la que tiene en guarda las banderas.
Por los costados con la cuerda ardiente,
con truenos de Milán, con bocas fieras,
de cinco en cinco la arcabucería
la referida forma guarnecía.
Cuarenta y ocho hileras ocupaban
dos mangas de vanguardia, y treinta y siete

las otras dos que en retaguardia estaban,
sin que nadie se mueva o se inquiete;
el maestre y sargento se ayudaban
del valor militar que les promete
fuerte y galán Vicente de Cutanda,
puesto a caballo a la siniestra banda.
Suelen pintar, señora, a España armada,
y sobre la celada la alta frente,
de muros y castillos coronada,
y esto era Denia en la ocasión presente:
parecía el ejército celada
mirando junto al escuadrón luciente,
y la torre su excelsa fortaleza,
y todo al fin de España la cabeza.
Porque cuando otras causas no tuviese,
bastaba para serlo entonces Denia
que honrada de sus ojos estuviese,
que son Filipo e Isabel Eugenia.
De hoy mas la fama de los Alpes cese,
del Pirineo y de la Sierra Ardenia,
y al extremo de Denia peregrino
se rinda Atlante, Olimpo y Apenino.
¿Qué cabeza, qué sienes imperiales
del más invicto capitán romano
tuvo coronas a las de hoy iguales?
¿Qué albano César, qué español Trajano?
Si navales se daban y murales,
o del laurel que Apolo llora en vano,
todas de perlas o doradas puntas,
dábanse de por sí, pero no juntas.
Pero a Denia esta vez juntas se acercan,
ceñida por el pie la verde falda;
naves y acero y árboles la cercan,
todas le sirven de mayor guirnalda;
todos los triunfos por ceñirla altercan,
verdes naranjos, hierba de esmeralda,
puntas de picas, oro de vestidos,
naves del mar, y todos merecidos.
Si esta cabeza fue de Sandovales,
naves, oro, laurel, muros merece,
y así los suyos a su rey leales
con las coronas que ganó le ofrece;
y faltándole voz, que a sus reales

plantas le rinda, aunque a vasallos crece,
forma, haciéndole salva entre humo y luces,
confusa voz por boca de arcabuces.
Con gruesas piezas, versos y esmeriles
con su castillo Denia las responde,
y el cielo el humo denso y los sutiles
aires del mar por largo tiempo esconde;
tiemblan en ellas los gigantes viles,
que, sepultados, no presumen dónde
tales rayos se forjan, e imaginan
que de nuevo los dioses los fulminan.
Una dorada y bella galeota,
hecha a su honor, de más despojos llena
que aquella de Cleopatra, o de la flota
en que Paris sacó de Grecia a Helena,
aunque de plata y perlas fue la escota,
y cubierta de láminas la entena,
si crédito su fábula merece,
en nombre del marqués el mar le ofrece.
No suele más bizarro al curso ardiente
el caballo nacido en las orillas
del Betis sacudir la altiva frente,
cubierta del bozal de campanillas;
el bordado jaez resplandeciente,
y de las guarniciones las hebillas,
el freno y piezas con esmalte moro,
y las borlas de seda, aljófar y oro.
En la corta cerviz la banda roja,
la barba turca o el petral sonante,
tan lleno, que la cincha al poner floja
hacer quiere pedazos arrogante;
cuando el bocado y las cadenas moja
de blanca espuma con feroz semblante,
hiriendo con el pie la tierra dura,
por ver si está de su furor segura.
Como la galeota se presenta
de flámulas cubierta y banderolas,
con un rojo tendal, que ser intenta
dosel de las dos luces españolas,
rompen a un tiempo de la mar atenta
los rojos remos las azules olas,
y haciendo salva con los otros leños,
mostró reconocer sus claros dueños.

En el rumor que el aire forma de esto
la lengua de la fama el eco tiene,
y como el mar se humilla, pasa presto,
sin que el espacio su carrera enfrene;
y fue con tal furor, que el moro opuesto
echa de ver que el gran Filipo viene,
y creyendo que el mar pasar quería,
tembló en Argel hasta el siguiente día.

Hacen su fiesta, reman, tañen, tiran,
alborotan el mar música y truenos;
éstos tornean, éstos se retiran,
de humo, de agua y de contento llenos;
ya al rumbo izquierdo, ya al derecho giran
por los cristales líquidos serenos,
pareciendo, sin ver mudanza alguna,
los leños, aves, y la mar, laguna.

Pasó Filipo la arenosa orilla,
quedando el mar de verle satisfecho,
y entró la puerta de la insigne villa
por un arco de mármol contrahecho;
allí le ofrece, y a sus pies se humilla,
más que las llaves, de su dueño el pecho:
que cuando Denia en cifra el mundo fuera,
de la misma manera se ofreciera.

Dieron vuelta al lugar fuerte y famoso,
pequeño, aunque de buenos edificios,
ancho de calles, y de vista hermoso,
que daba todo de su celo indicios.
Los pirámides altos, el coloso,
que tuvieron tan grandes frontispicios,
las que en Egipto con la luna alindan,
a la altura del fuerte parias rindan.

A la llaneza de la noble casa
por una áspera cuesta van subiendo:
que lo que vos sabéis, por lo que pasa,
es fuerza que se vaya refiriendo;
no porque ha sido voluntad escasa,
dificultad la casa está ofreciendo,
mas porque en lo más alto esté del suelo,
a quien hizo el mayor del mundo el cielo.

Pintaba por un áspero camino
el fin de la virtud la antigua historia;
por ella Alcides con trabajos vino

al templo de la fama y de la gloria.
No viene mal el símbolo divino
ni la dificultad de su victoria
al llano fin de aquesta gran subida,
de la virtud del dueño merecida.
  De murta y de naranjo dio la entrada
en un arco gentil un verde mayo,
Diana en él con más primor pintada
que cuando el agua le sirvió de rayo;
la viga en otra parte levantada,
estaba el Sando, que valió a Pelayo,
y en dos festones, como mármol tersos,
de Aguilar ingenioso algunos versos.
  Denia, que en otro tiempo fue Diana
por el famoso templo que tenía,
grandeza antigua y devoción romana,
mostraba que a Filipo se ofrecía;
el Sando, que la bárbara africana
gente en la cueva resistió, decía
la causa de las armas y los nombres
de aquellos claros e inmortales hombres.
  Nombraba al gran Gutierre generoso,
del sexto y del octavo Alfonso amado,
y en las naves también al belicoso
Gómez de Sandoval, tan celebrado;
y conquistando al andaluz famoso,
de aquel santo Fernando siempre honrado,
Díaz de Sandoval, con cuyos hechos
están rendidos los alarbes pechos.
  Fuera terror, espanto y maravilla,
si el arco sus personas retratara,
y a Lope entre los moros de Castilla,
bañada en sangre la gloriosa cara;
y no menos teñida la cuchilla,
cuando el estado de su rey repara,
al fuerte Diego Gómez en Valencia,
y de Bernardo la real presencia.
  Que a hablar de vuestro hermano, gran señora,
fueran pocas las lenguas de la fama,
desde las hojas donde el austro llora,
de la cuna del sol hasta la cama.
La virtud, de la envidia vencedora,
su templo ilustre e inmortal le llama.

Siempre en España venturosa ha sido
cualquiera rey de Sandoval servido.
Trayendo a Roma, aquella imagen bella
por mares tan extraños y remotos,
que el de mayor virtud fuese por ella,
responde Apolo en sus sagrados sotos;
y si le cupo a Escévola el traella
en una voz los populares votos,
no es mucho, gran marqués, si os anticipo
para traer la imagen de Filipo.
Llegado al fuerte, ríndele las llaves,
gran señora, de Denia vuestro hermano
al César español, que con suaves
ojos le mira y con semblante humano.
Al fin responde en dos palabras graves,
que están bien empleadas en su mano;
y porque en más favores le anticipe,
recibe dentro al Júpiter Felipe.
Después del gran diluvio, que iracundo
sorbió la tierra, Júpiter concede
a Deucalión que renovase el mundo,
porque pagado como huésped quede.
Vos sois ahora Deucalión segundo,
¡oh gran marqués!, pues vuestra mano puede,
añadiendo al de huésped otros nombres,
en nuevo mundo hacer de piedras hombres.
Volviendo a su cuartel cada bandera
del escuadrón, que ya se dividía,
en el castillo, que envidiar pudiera
Milán, de guarda entró una compañía;
otra en la plaza de la villa, y fuera
a la marina por la orilla fría,
que daba a Denia una grandeza hermosa,
guarda y luz a la noche temerosa.
Al maestre de campo el César mismo
ésta y las otras noches le dio el nombre;
fue el primero el terror del paganismo,
patrón de España, porque al moro asombre;
Felipe apóstol, y Francisco, abismo
de amor, llagado serafín y hombre,
Domingo, y el Vicente que del suelo
valenciano fue honor y luz del cielo.
Bordaba el cielo ya de luces bellas

el manto azul con diferencias varias,
porque salieron todas las estrellas,
y hasta las nebulosas voluntarias.
Entonces Denia, en competencia dellas,
se cubre de lucientes luminarias,
y lo que al suelo le parece el cielo,
entonces parecía al cielo el suelo.
Con curso más veloz que las saetas
al cuarto cielo van como correos
por el aire cohetes o cometas
a referir de Denia los trofeos;
pero siendo sus voces imperfectas,
para decir al cielo sus deseos
dan voces en el aire, mueren luego,
dejando el humo por señal del fuego.
Acabado del Júpiter el día,
Venus se sigue, y más que nunca hermosa,
llamando al sol, que ya también salía,
y huyendo al alba con sus pies de rosa:
que porque el rey católico venía,
por verle se mostraba perezosa;
oyó misa Filipo y al mar vino,
honrando con sus plantas el camino.
Entró por una puente de madera,
para que se embarcase fabricada,
donde la galeota ya le espera,
de veinticuatro remos adornada;
tenía el árbol la real bandera,
y la popa bellísima dorada,
como lo estaba lo demás del casco,
y un tendalete rojo de damasco.
Galcerán Monsoriu la gobierna,
cual nuevo Automedón de Tifis y Argos,
más dignas ellas y él de fama eterna
que esotras dos por sus discursos largos.
No piense el mar que son de edad tan tierna
Filipo e Isabel, pequeños cargos;
allane a Frixo y Helle su camino,
que llevan en el pecho el vellocino.
Debajo de las armas que traía,
del César, entre flámulas y galas,
las del marqués el mar obedecía
desde el asiento de sus vitreas salas,

con un verso latino que decía:
"Debajo de la sombra de tus alas";
y bien decía, que a la sombra viene
del águila y del sol que España tiene.
Entran con él algunos caballeros,
y a su lado el de Denia y de Velada,
y de rojo vestidos los remeros,
la palamenta mueven levantada;
calan los remos, y al partir ligeros
en hombros de Anfitrite coronada,
carga España, oprimiendo sus profundos
el peso del gobierno de dos mundos.
Parece que al entrar dio un alto grito,
diciendo al agua: "¡Oh mar sesgo y quieto!,
éste es el hijo de Filipo invito,
éste es de Carlos el heroico nieto";
y que Neptuno en todo su distrito
mostró humillarse con igual respeto,
de suerte que en las calas y recodos
más baja el agua conocieron todos.
La salva del castillo y de las naves,
y de aquellas lucidas compañías,
que daban a la tierra truenos graves,
fuego a la mar, y al aire fantasías;
los clarines dulcísoños suaves
cajas, voces, trompetas, chirimías,
tal armonía en este tiempo hicieron,
que el cielo, el mar, la tierra suspendieron.
Embarcáronse en otras galeotas
algunos cortesanos, y la gente,
como si fuera a ver indianas flotas,
discurre el mar en barcas diligente;
no fueron las marítimas derrotas
muy largas por el húmido tridente;
las naves vio, y en una, entre otras grandes,
entró su majestad, honrando a Flandes.
El áspero bizcocho y la manteca
probó, como soldado, el león hispano,
otro Alejandro, que la fruta seca
recibió de las manos del villano.
Vuelve a la galeota, el curso trueca
para salir, hallando más cercano
el puerto, en que se vio con maravilla

que él mar por ir tras él dejó la orilla.
Allí toda la gente le aguardaba,
por ver en cifra el bien del cielo todo,
y él mismo a que le viesen lugar daba;
viose el valor y la humildad de un modo.
Subió a caballo al fuerte, que ya estaba
triste por ver al descendiente godo,
que, envidioso del mar, aquellos tiros
era que daba por su rey suspiros.
El sol con menos sombras detenía
a nuestro parecer su carro igneo,
cuando otra vez Filipo al mar salía,
y el sol que tiene al sol por su trofeo;
iban también como el primer día,
enlazando al amor con el deseo,
en palafrenes las hermosas damas,
para abrasar del mar el agua en llamas.
Luego las ninfas de la mar, por vellas,
sacaron las cabezas coronadas
de verdes ovas, descubriendo entre ellas
tersas conchas, lustrosas y doradas,
el limpio aljófar y las perlas bellas,
de blandas ramas de coral colgadas;
mas luego que salió del mar al cielo,
volvióse el coral rojo, el agua hielo.
Asidos a la quilla levantaban
los marítimos dioses el gran peso,
y otros delante de ellos apartaban
la espuma, que es del mar aliento espeso.
Ya que una legua de la mar estaban,
mirando para próspero suceso
en los ojos de Eugenia el norte claro,
vieron un edificio antiguo y raro.
Era una cueva, que la mar batía,
cubierta de peñascos y de riscos,
que entre salados huecos detenía
conchas, cangrejos, pulpos y mariscos.
Allí quieren decir que residía
sobre helechos, hinojos y lentiscos
en otro tiempo el español Proteo,
del mar de Denia antiguo semideo.
Y sí debió de ser, que entrando en ella
Filipo Augusto e Isabel hermosa,

a merendar y a ver lo que por ella
mostró naturaleza prodigiosa;
yendo por agua cierta ninfa bella,
que allí suda la gruta cavernosa,
o vuelve en agua el aire detenido,
le vio en un hueco al dios del mar tendido.
Y dicen (yo no sé si es fabuloso)
que mientras merendó junto a la fuente
oyó esta voz y acento sonoroso,
no digo toda, pero alguna gente:
"Oh Filipo gallardo, generoso,
del divino Filipo descendiente,
que ya pisa la luna con pies santos,
por tantas obras y martirios tantos;
"oh gran Filipo, Olibrio, probo, augusto,
gran César, Frangipanio, Perleonio,
en tiernos años varonil, robusto,
de los futuros hechos testimonio;
espada que en un príncipe tan justo
las sectas inducidas del demonio
ha de segar, y como Alcides luego,
a los cortados cuellos poner fuego;
"oh divina esperanza, luz y amparo
del nuevo siglo, que con vos se dora,
águila del imperio, fénix raro,
del ocaso del sol divina aurora;
una vez y cien mil, príncipe claro,
gocéis tan alta y celestial señora,
y a pesar de mil bárbaros vestiglos,
eternos años e inmortales siglos.
"Pues vio el amor la llama en vos escrita,
venga, que ya es razón, Filipo augusto;
que tan divina piedra margarita
en oro como vos se engasta al justo;
llámala España, el mar la solicita,
Austria os la ofrece con aplauso y gusto,
Dios os la da, San Pedro os la bendice,
y él para en uno todo el mundo dice.
"Mirad, señor, que habiendo ya tenido
con dulce sucesión, para bien nuestro,
entre los otros que hoy al cielo pido,
algún divino semejante vuestro,
para cualquier suceso estoy rendido

con todo el campo de cristal, que os muestro;
no miréis en sus rocas y bajíos,
que más han de allanar vuestros navios.
"Por aquí pasó Carlos, vuestro abuelo;
Túnez le vio, y el agua en otras partes,
y de vuestro gran padre, que honra el cielo,
mil veces las banderas y estandartes;
yo vi temblar el mar y el turco suelo
de los austrinos españoles Martes,
y el poder otomano, orgullo y brío
humillado a los pies de vuestro tío.

"Tiemblen Trípol, Argel, Túnez, Biserta,
Constantinopla, el Cairo, tiemble el mundo
de ver que el mar pisáis, y que en su puerta
ponéis la planta con valor profundo.
Desde ahora, señor, os queda abierta
a vos Tercero, del mayor Segundo:
que no ha de haber con vos de hoy más Alies,
Nimoratos, Chaferes ni Mamíes.

"De hoy más las costas han de estar seguras,
como amparadas de reliquias santas
ya guardo este agua entre estas peñas duras,
porque tocó vuestras reales plantas;
cuenten versos, historias, escrituras
de vuestro abuelo y padre hazañas tantas,
que a lo menos de vos decirles puedo
que con venir de fiesta disteis miedo.

"Pues ¿qué será cuando con peto y gola,
cubierta de penachos la celada,
la banda militar roja española
por ese fuerte pecho atravesada,
os vea con el asta que enarbola
la bandera católica, bordada
de tan altas virtudes y despojos?
A tanto sol no bastarán sus ojos.

"Y vos, clara Isabel, Eugenia clara,
gozad mil años el gallardo esposo;
serenad de las lágrimas la cara,
debidas a aquel príncipe famoso;
hermano, esposo y padre, hoy os ampara
en vuestro primo invicto generoso;
que en solo Alberto el cielo soberano
pudo cifrar tal padre, tal hermano.

"Madrid lloró vuestra fatal partida,
a quien también debéis vuestra crianza;
fue el llanto general, faltó su vida,
faltó su luz, su gloria y su esperanza.
España os pierde, reina esclarecida;
pero queda con justa confianza
que por la joya que hoy Flandes le quita,
Austria nos quiere dar su Margarita.
"¡Oh villa triste! ¡Cuánto bien perdiste
en perder aquel ángel que criaste,
de quien honrada tantos años fuiste,
por cuyo sol Oriente te llamaste!
Mas ¿qué diamante, perla ni ametiste,
con el valor del mundo por engaste,
te dieran en descuento, como ahora,
con nuestra reina e imperial señora?
"Id en buen hora, pues, paloma hermosa,
con la oliva de paz tras el diluvio,
esté la guerra en vuestro siglo ociosa,
pues aparece el sol dorado y rubio;
den las encinas miel, leche sabrosa
corra, y no sangre, el alemán Danubio,
y aunque del sol la luna se divida,
no haya eclipse jamás en nuestra vida."
Dijo; y, en fin, partiendo de la cueva,
ya de noche llegaron a la orilla,
donde Denia la mar alumbrar prueba,
ardiendo en luces la contenta villa;
más salva hubo al amaina que no al leva,
fue alegre fiesta desde el mar oilla;
entró en el fuerte, sin cesar la salva,
donde después representó Villalba.
Como altura mayor de su horizonte
los extremos de Denia el sol bañaba,
y de su pesadumbre el alto monte
del mar en el espejo se miraba;
no hay nube que no huya y se remonte,
de ver que el sol de España le eclipsaba:
que viéndole salir con nuevo estilo,
dejan el cielo azul, puro y tranquilo.
Entra en la mar en una corta barca
el nuevo César de mayor ventura,
porque con el valor de tal monarca

Amidas crea que ha de estar segura;
con el de Denia, que también se embarca,
y el de Velada entretener procura
la mañana, matando algún pescado,
que dejó de una lanza atravesado.
Admirábase el mar, señora mía,
de ver en tan pequeña y débil casa
el que dos mundos a sus pies tenía,
que a su imagen real sirven de basa;
ya daba el claro sol aumento al día,
cuando a la galeota el César pasa,
y hasta que igual distó de los dos polos,
pasea el mar con los que digo solos.
Vuelto al castillo, a la real comida
se dio principio; y ya que se inclinaba
de su meridiano el sol, perdida
la encendida color que le doraba,
Filipo e Isabel esclarecida,
a quien la escuadra hermosa acompañaba
de las damas bellísimas, salieron
a un miraéor, que entonces cielo hicieron.
En la marina de la mar bañada
un fuerte ocupa un círculo espacioso,
todo rodeado de encubierta estrada,
con cinco caballeros, puente y foso;
la fiesta es su conquista, y si pintada
no fuere con estilo cuidadoso,
señora, perdonad: que a breve suma
no puede tanto reducir la pluma.
No me permite amor, que fue castigo
del cielo en mí desde mis años tiernos,
y sin remedio ha de vivir conmigo,
después de muerto yo, siglos eternos,
hablar mucho de Marte, su enemigo,
cuando sus celos son o mis infiernos,
por quien en tantas fiestas como canto,
nube me vuelve junta al mar mi llanto.
Digo, pues, que este fuerte fabricado
estaba orilla el mar, tan bien fingido,
que pudiera de veras conquistado
ser de quien le guardaba defendido;
guardábanle por uno y otro lado
trescientos hombres con igual vestido;

el color era rojo y turco el traje,
preciados de imitar hasta el lenguaje.
   Con tiros, arcabuces y ballestas
los muros muestran pretender guardallos,
para cuyo combate alegre y fiestas
entraron de la costa los caballos;
lanzas, adargas y libreas compuestas
los ojos obligaban a mirallos;
reconocen la tierra diestramente,
el sitio, la defensa, foso y gente.
   Luego dos fuertes compañías entraron
de arcabuceros, que del fuerte cerca
con plomo y fuego el muro saludaron,
respondiendo también los de la cerca;
la levantada puente desataron,
viendo que el escuadrón se les acerca,
y al campo, que a una parte y a otra cruzan,
salen, donde con él escaramuzan.
   Los gastadores, que una compañía
para este efecto prevenida estaba,
llevan con temeraria valentía
leña, que el escuadrón atrincheraba;
mientras en esta parte le servía,
otra más adelante se formaba,
detrás de la cual leña los soldados
tiran al fuerte, y de él están guardados.
   Todas las compañías entran luego,
de armas gallardas y de galas ricas,
los arcabuces previniendo el fuego,
y el acero las astas de las picas;
quedó cuajado el campo y el sol ciego,
y hasta en la esfera en que el furor publicas,
¡oh Marte sanguinoso!, mil centellas
arrojaron tus rápidas estrellas.
   Entran y salen mangas, llegan, tiran,
ganan, pierden, están, mudan, espantan;
ya los del fuerte salen y retiran,
matan, defienden, corren, adelantan;
la parte flaca los cristianos miran,
toneles traen y cañones plantan,
juega la artillería, el furor crece,
responde el mar y el campo se estremece.
   Ya finge aquel soldado que está muerto,

y al son del arcabuz la tierra mide,
ya le llevan aquellos, ya despierto
hace que cobra aliento, y armas pide;
ya cautivan aquel, ya el fuerte abierto;
a su pesar una hora en él reside;
ya corriendo se escapa, y de su gente
recibe el parabién alegremente.

Ya sobre el despojar algún herido
llegan con más furor las camaradas,
el cuerpo arrastran por fingir tendido,
sin los ojos abrir a las espadas;
ya vuelve, a su escuadrón restituido;
ya desde las trincheras enramadas
venganza jura, y salen sus amigos
hasta el muro a buscar los enemigos.

El maestre de campo y el sargento
la plaza miden, acudiendo a todo,
y entre ellos don Juan Vives, siempre atento,
cual Clicie al sol, a nuestro augusto godo,
a cuyo sin igual entendimiento
de tantas fiestas se atribuye el modo;
pero escuchad, que entre las armas fieras
al fuerte van marchando las banderas.

Ya se acercan al foso, y los de dentro
conocen de su esfuerzo las ventajas;
el cielo, el aire, el mar, la tierra, el centro
tiembla al son de las armas y las cajas;
júntanse todos al postrero encuentro;
tíranles piedras, plomo, flechas, rajas;
llegan al foso y van por él arriba,
diciendo a voces: "¡Viva España, viva!"

Al plantar en el muro las banderas,
los turcos que el perdido fuerte encierra
vienen a brazos y a las manos fieras
para cegarlos con echarles tierra.
Estaban de Neptuno las riberas,
con temor del suceso de la guerra,
pobladas de sus árboles y leños,
mirando la fortuna de sus dueños.

Saltan en ellas, y del mar la vía
siguiendo, juzga su temor angosta;
disparándole va la infantería,
a la margen corriendo por la posta;

hasta el agua con furia y osadía
se meten los jinetes de la costa,
que, como si del mar fueran caballos,
nadando presumieron alcanzallos.
Al poner la bandera real en alto,
y humillar el pendón del turco al suelo,
el fuerte de la villa al del asalto
truena y relampaguea como el cielo;
Cintio, de rayos y de fuerzas falto,
en este tiempo se cubrió de un velo,
que, como de la fiesta el sol se nombra,
se disfrazó con máscara de sombra.

CANTO II

Ya la diosa cobarde y atrevida,
tanto de los amantes adorada,
del mundo comenzaba a ser temida,
mostrándose de estrellas coronada,
cuando se vio de resplandor vestida
y de mayores luces adornada,
haciendo el César un teatro oriente,
tres horas ya después del sol ausente.
Este, para la fiesta de un torneo
de tapices y alfombras entoldado,
para poner del premio igual deseo,
fue de Filipo e Isabel honrado;
y de las damas, del amor trofeo,
fue para darles ánimo ocupado,
más bella cada cual que la de Troya,
como diamante reluciendo en joya.
Otro teatro enfrente de éste había,
con la valla ocupado el ancho espacio,
que la plaza del fuerte dividía,
midiendo de los muros al palacio;
en tres condes jueces vio aquel día
Denia a Pompilio, a Néstor sabio, a Horacio:
que así se entiende bien que están presentes
el de Miranda, Albádeliste y Fuentes.
Jueces que el ejército pudieran
mirar de Jerjes y Alejandro Mano,
o si Pompeyo y César compitieran
sobre el imperio del valor romano;

que si de Gerión cabezas fueran,
venciera España al Hércules tebano:
que bien conocen ser lo mejor de ella
Flandes, Sicilia y Nápoles la bella.

Ya del vulgo las hachas y alabardas
el confuso tropel interrumpían,
y las cajas belísonas gallardas
por la puerta del fuerte el viento herían;
huyen como del sol las nubes pardas,
que de las armas con la luz salían,
dejan el aire claro temerosas,
y entran los pajes con libreas vistosas.

Al son de algunas cajas entra luego
por maestre de campo valeroso,
con pie gallardo, como Aquiles griego,
el gran marqués de Sarria, generoso;
la antigua sangre y el valor gallego
mostraba bien el cuerpo y rostro airoso,
con la virtud y bélicos extremos,
dignos de un primogénito de Lemos.

Su prima y su mujer, de Denia ausente,
le hizo entrar con luto por mostralle,
pero aunque entró, señora, honestamente,
vuestra grandeza retrató en el talle.
Bien dijo ser de reyes descendiente;
mas ¿por qué me desvelo en alaballe,
si es todo loor a su valor pequeño?
Vos le tenéis por hijo y yo por dueño.

Asegurado el campo, aunque sin bando,
porque bastó el marqués para seguro,
los pífanos y cajas van entrando,
dando voces los ecos por el muro;
entró como si fuera el conde Orlando,
de blanca plata sobre azul oscuro,
con plantas firmes y con manos francas,
el gran mantenedor entre hachas blancas.

Honraban la campaña, entonces yerma,
los dos del apellido de Cardona,
a cuyas gracias no es razón que duerma
cisne que beba y viva en Helicona;
y el claro sucesor de Denia y Lerma,
de hermoso rostro y de gentil persona,
cuyo ejemplo y virtud en la edad nuestra,

el alma noble que los ojos muestra.
Don Luis Ferrer de blanco le acompaña,
la roja cruz al pecho, y todos cuatro
le apadrinan y meten en campaña,
hasta que llegan al real teatro;
la envidia, viendo lo mejor de España,
correr promete desde Tile a Batro,
porque ya al plazo prometido viene
quien tales armas y virtud mantiene.
De varias plumas entre blanco y celos
era el penacho una arboleda o selva,
y una tigre cobrando sus hijuelos,
para que mansa de cobrarlos vuelva;
la fama de esta empresa hasta los cielos
con las plumas voló diciendo *Chelva,*
y Marte en sus esferas le responde:
"Fama, lleva mis fuerzas al viconde."
Hecha su reverencia, entró en la tienda,
toda cubierta en vistosa pompa
de las picas, que esperan la contienda
y que su brazo las deshaga y rompa.
Mas ya es razón que a lo que viene entienda,
y que su orgullo y fuerzas interrompa
la fama del primer aventurero,
blando a la vista y a las manos fiero.
Con mil cifras de plata en chapería,
naranjado color cubrió las fajas
del tonelete y calzas que vestía,
por más gallardo, hasta la liga bajas;
y con las mismas letras que traía,
de naranjado pífanos y cajas,
un monte entre mil plumas y colores,
y una rosa del sol entre mil flores.
Aes y efes muestran en ausencia,
con mil coronas, que no hay dama alguna
más digna de laurel, en competencia
de cuantas cubre la triforme luna;
y porque su firmeza y fe en Valencia
en la calle del mar de su fortuna
han corrido tormentas y tormentos,
corona de sus firmes pensamientos,
no trajo mote, aunque también pudiera,
porque gustó de hacer el monte mote,

o mostrar que si el peso resistiera,
no teme brazo que su filo embote;
y la rosa del sol vuelta a su esfera,
sin que viento la impida y alborote,
¿quién duda que sin letra conocía
el sol divino a quien mirar debía?

Ya sus gallardos pasos, talle y brío
"don Gaspar Mercader" dicen a voces,
los ecos vuelan por el aire frío,
alentando sus ánimos feroces;
ya se acepta y concierta el desafío,
y ahora es bien, pues su valor conoces,
¡oh fama!, que a la boca el bronce apliques,
con que sus nombres y valor publiques.

El marqués de Serralbo le apadrina,
de grande entendimiento en tiernos años,
a quien también el dulce Apolo inclina
a escribir amorosos desengaños;
con él al son belígero camina,
los propios admirando y los extraños,
de Guadaleste aquel marqués ilustre,
del Turia honor y de Valencia lustre.

Las cajas hacen la señal que suelen,
el sol apresurando las baquetas,
que al encuentro primero los impelen,
los pífanos sirviendo de trompetas;
no se han visto jamás que al aire vuelen,
despedidas del arco, las saetas
con la velocidad que aquí le azota
del blanco fresno la madera rota.

Hechas sus reverencias, los dos cierran,
los brazos mueven tan gallardamente
al concertado son, que pocas yerran
desde la gola a la acerada frente.
Así del vulgo bárbaro destierran
la entremetida ocasionada gente;
porque poniendo con las hachas miedo,
en la margen del campo estuvo quedo.

Embolando del brazo las astillas,
en un compás las reverencias juntas,
sacaron de las vainas las cuchillas,
con la izquierda tentándoles las puntas;
los pernos, las correas, las hebillas,

las colores de cólera difuntas,
rompen, cortan, deshacen, desencajan:
con tal furor las cuchilladas bajan.
Si más que a cinco fueran por costumbre,
vencido de la cólera española,
rindiérase de tanta pesadumbre
al acero del brazo el de la gola;
como del pedernal salta la lumbre,
así despide a su violencia sola
centellas el acero combatido,
abollado, cortado y ofendido.
Suspéndense los brazos, y retira
cada cual el furor, y tras los pasos
juégase el precio: que a virtud que admira,
todos los de la tierra son escasos.
¡Oh gran señora!, si mi humilde lira
donde mil Heliconas y Parnasos
se pueden ocupar, cantar no puede,
con vuestro ingenio disculpado quede.
Que no puedo pintaros el combate
de cada cual de aquestos caballeros,
por dar lugar a que mejor lo trate
quien puede bien este servicio haceros;
y tampoco no es bien que me dilate
en los golpes de lanzas y de aceros,
pues aunque puedan ser o más o menos,
todos son de una suerte y todos buenos.
Con fuertes pasos y robusto brío,
para igualar los nueve de la fama,
y honrar del nombre aquel lugar vacío,
como en el monte de Helicón su dama,
mostrando armado el dulce señorío,
del tronco de quien es heroica rama,
y a quien la fama mil coronas forja,
a la plaza llegó don Juan de Borja.
Don Diego Mercader viene a su lado,
bizarro de armas, plumas y de empresa,
con ademán gallardo al son templado
de Marte, que por hijo le confiesa;
en el penacho un pozo fabricado,
en que la fuerza de su pena expresa,
una herrada en el agua y otra en alto,
con sobra de pesar y de bien falto.

Parece que al contrario opuesto espanta
con cuerpo airoso, con gentil sosiego;
si del amigo un punto se adelanta,
detiénese, y los dos se paran luego;
que cuando el firme pie don Juan levanta,
ya mueve el suyo en un compás don Diego;
Rodamonte es el uno, otro Medoro;
morado es el color, las chapas oro.

Un león, porque en él a Sansón vean,
sobre el alta celada, como roca,
lleva don Juan, y aunque los dos lo sean,
con un panal de miel cerró su boca;
mas cuando la dulzura y fuerza crean
de panal y león, verán que es poca,
por más que el jeroglífico señala,
si a ingenio y fuerza de don Juan se iguala.

A unas sospechas el león aplica,
fuertes al parecer para su daño,
pero el panal en ellas significa
que es dulce un amoroso desengaño.
Al hombro luego la terciada pica,
entró en la plaza un caballero extraño,
pero de la virtud tan propio dueño,
que fue la cifra del valor isleño.

De blanco y oro presentarse trata
el gallardo Albertín de Admeto noble,
cuyo penacho de león remata
firme, cuando la pluma el viento doble;
en dos globos o círculos retrata,
el uno el mundo, el otro el primer noble,
y dice, coronando su cabeza,
la letra: "Con la fe y la fortaleza."

Con él viene Filipo Peñarroja,
por extremo gallardo y gentil hombre;
sobre la luna el pensamiento arroja
en un neblí que disfrazó su nombre.
No es menos la ocasión de su congoja
que empresa celestial en mortal hombre:
que para tales ánimos se hacen
las que tan cerca de los cielos nacen.

En materia de amor, o sea cualquiera,
nunca los altos pensamientos tacho;
que es la imaginación libre y ligera,

fácil el pensamiento, amor muchacho;
y así Filipo fabricó su esfera
sobre dos cercos del galán penacho,
diciendo: "Su valor sobre la luna",
que más subiera, a estar más alta alguna.
Vestidos del color que desespera,
aunque a esperanza el pensamiento inclina,
el fuerte don Cristóbal Zanoguera
y don Vicente de Híjar le apadrina;
a la luz que en sus pechos reverbera,
como cristianos milites caminan,
mostrando que las cruces de sus pechos
fueron la luz de sus heroicos hechos.
Mostrando en el valor de su persona
la sangre de su casa y apellido,
bizarro don Antonio de Cardona
de azul lleno de plata entró vestido;
el pensamiento con la empresa abona,
para mostrar cómo del cielo ha sido,
porque el valor que en alma y cuerpo encierra
no estima, que nacieron en la tierra.
Esto mostraba un pájaro celeste,
al cielo siempre en el volar cercano,
aunque la vida la intención le cueste,
y lleve su esperanza el viento vano.
"Ya viene del marqués de Guadaleste,
el vulgo dice, el generoso hermano";
y él muestra bien con su donaire sólo
que lo pudiera ser del mismo Apolo.
De blanco casto amor, gala española,
don Jaime y don Miguel fueron padrinos,
éste y Sorel y aquél de Figuerola,
de toda gloria y alabanza dinos;
con las plumas el céfiro tremola
entre las perlas y diamantes finos;
mas viendo que entra nuevo aventurero,
dejó las galas y buscó el acero.
Los dos Borjas, don Nofre y don Francisco,
con encarnado, plata y espejuelos,
cada cual de diamantes hecho un risco,
de estrellas se cubrió, como los cielos.
Amor, que es de las almas basilisco,
a don Nofre mostró librar de celos,

que a su maestre dirigió su empresa,
y al patrón de las cruces de Montesa.
Por imitar las armas a la ropa,
honrada de su cruz cualquiera vela,
preñada de llevar el viento en popa,
con la roja señal al viento vuela;
al gran señor de lo mejor de Europa
dirige el mote, y la intención revela
que a Jeorge lleva por patrón más cierto,
siendo norte Felipe y Denia el puerto.
Llegando a él, de súbito se aprende
la nave por la popa en una escala,
y en sus cañones tanto fuego enciende,
que mil cohetes por el viento exhala.
De la popa al bauprés todo se extiende,
y un incendio naval en cifra iguala;
arden las jarcias, vuelan por los vientos
brandales, triza, troza y racamentós.
Como el humano cuerpo ve quedarse
si algún tiempo en el agua muerto estuvo,
que se pueden los huesos numerarse,
nervios y cartilágines que tuvo;
no menos, acabada de quemarse,
la nave, que mirándola entretuvo,
abrasados mostró los chafaldetes,
los árboles mesanos y trinquetes.
Don Francisco llevaba un sol hermoso,
que las rizadas plumas guarnecía,
diciendo que de luz es tan copioso,
que cuanta más le daba, más tenía:
que es de la luz efecto milagroso,
y más si el alma como vela ardía,
por más que enciende, y a su rayo aplica,
no menguar el valor que comunica.
Don Juan, a quien dio Próxita nobleza,
oficio de padrino entonces hizo,
y de don Luis Ferrer la gentileza,
de blanco el uno, el otro de pajizo,
trayendo de la planta a la cabeza
cuanto para galanes satisfizo,
y las cruces de sangre alarbe estrago,
ésta de Jeorge, aquella de Santiago.
En dos caballos, cual si justa fuera,

buscando novedad, que siempre agrada,
gallardo entró don Juan de Zanoguera
con dos Carlos de Borja en la estacada;
paramentos, penachos y cimera,
y calzas de color viva encarnada,
que mil franjas de plata y cifras cuajan,
y hasta las corvas del caballo bajan.

Siguiendo dos criados y un trompeta,
van al galope con destreza rara;
su lanza al ristre cada cual aprieta,
como si entonces en la tela entrara.
El rey se alegra, el vulgo se inquieta,
y en más silencio el alboroto para,
porque puestos a pie sus talles vieron,
y oídos y ojos a sus letras dieron.

Don Carlos dice a una dorada esfera,
que entre las plumas a las Otras iba:
"Su movimiento, porque viva o muera,
todo en mi fe y en mi tormento estriba."
A una estrella don Juan de Zanoguera,
norte por quien a dulce puerto arriba,
dice con alas de su buen deseo:
"De cualquier lugar sus rayos veo."

Que Orlando por su rey o por su reina
así pisó las moras estacadas,
la que en las hebras que se riza y peina
trajo mil almas tanto tiempo atadas.
Pensad, excelentísima virreina,
lanzas rotas, espesas cuchilladas,
buenos pies, buenos cuerpos, buenas manos,
y diestros caballeros valencianos.

Que no es razón contaros quién o cuándo
rompió mejor las picas en la gola
ni dio los cinco golpes, como Orlando:
que toda es gente bélica española.
Estáme el brío y el valor llamando
de vuestra sangre, que ésa tengo sola
para sujeto de mi pluma indina,
y así me voy por donde amor inclina.

Sabed, oh nueva Hipólita famosa,
que vos lo sois, pues con armada gente
librasteis vuestra tierra venturosa
del fiero inglés, vuestro marido ausente,

que el claro don Francisco, en quien reposa
la alta virtud entre la sangre ardiente,
miraba los sucesos del torneo
con noble envidia y con igual deseo.
No suele con la blanca espuma y basca
sonando el tiro o el metal templado,
el caballo español que el freno tasca,
mostrar más brío, del aldaba atado,
que viendo de las lanzas la borrasca
el valeroso mozo ejercitado,
tanto, que para armarse busca adonde,
y al fin halló la tienda del vizconde.
A don Carlos desnuda de su acero,
y a toda furia armado se compone,
empresa y letra, y por su amor sincero
sola una pluma en la celada pone,
verde por su esperanza, que el ligero
viento tan fácilmente descompone,
y así dice, que "basta al pensamiento
poca esperanza, si la lleva el viento".
Salen apadrinándole, señora,
sus dos hermanos y otros caballeros,
donde la fuerza, que de Marte implora,
mostraron bien el brazo y los aceros;
del pardo ocaso a la rosada aurora
no se miran más fúlgidos luceros
que en la hermosura que a salir le incita,
fuera del sol, que en vuestro rostro imita.
Los pasos de la entrada, el cuerpo, el brío,
las lanzas que rompió tan diestramente,
las cuchilladas sin lugar vacío,
la envidia, y no mi amor, lo diga y cuente:
que si lo ha de contar el amor mío,
alargaré la relación presente
a proceso de historia, aunque harto muestra
quien dice que es hechura y sangre vuestra.
La folla concertada amor socorre
con fuerza más que tierna a la batalla,
porque su nombre no deshaga y borre
la envidia, que los hechos grandes calla.
Tócase la oración; encuentra, corre
tres veces la espada por la valla,
y no menos los fuertes valencianos

con pies ligeros y con diestras manos.
Vuelan las astas hechas mil pedazos,
pierde el acero el resplandor bruñido,
suenan las armas al jugar los brazos,
como suele en la yunque el hierro herido;
estaban cerca de venir a brazos,
a no ser el combate desparcido
de los padrinos, que al ponerse en medio
también buscaban para sí remedio.
Al teatro del César pasan luego
los jueces, y el caso comunican,
donde, si al punto de los precios llego,
por diferente galardón suplican.
Quiso juzgar las galas amor ciego,
a cuyo parecer el suyo aplican
las damas, y a los Borjas se le dieron,
que las estrellas de cristal trajeron.
La pica de la folla justamente
dan al vizconde, en todas merecida;
al de Castro la espada, y de la gente
fue la voz a este tiempo interrumpida.
En orden van saliendo alegremente;
la plaza relumbró, de luz vestida;
fueronse el César e Isabel, y luego
tiros al aire dan ruedas de fuego.
El encendido hermano de Latona
bordaba las almenas de oro puro,
con que el fuerte castillo se corona,
huyendo de la noche el manto oscuro,
cuando hacen salva a la real persona
la belicosa guarda, el mar y el muro.
Oyó misa y comió, cesó la salva,
donde después representó Villalva.
Entraron los jurados después de esto
con sus gramallas rojas, fiesta y danzas,
donde los diestros ocupando el puesto,
hicieron muchas fiestas y mudanzas.
Bajó la noche al parecer más presto,
pero dando contentas esperanzas
de la serenidad del día siguiente
con nubes y arreboles del poniente.
El lunes, pues, nuestro Alejandro hispano,
sucesor de Pelayo y de Rodolfo,

austro el uno, y el otro castellano,
entró en la mar y serenóse el golfo;
volaba el barro por el campo llano,
como el caballo alado con Astolfo,
en cuya plaza descubierta y fresca
en caza alegre se volvió la pesca.

Con un tridente, como son jueces
los dioses de la mar alborotados,
mató Filipo diez y nueve peces,
como las liebres por la hierba echados;
los mudos pescadores, que mil veces
estaban en la caza ejercitados.
se admiraban de ver tan gran destreza;
mas es la maña en él naturaleza.

Ya que en nuestro cenit declinar vieron
de su meridiano el sol hermoso,
el César y la infanta al mar volvieron
a ver dos naves en su campo undoso;
y ya después que de la mar salieron,
tronando Marte en bronce sonoroso,
representó Villalva otra comedia,
honesto pasatiempo de hora y media.

Era fama por Denia que Morato
estaba imaginando en sus derrotas,
que ser ladrón del mar tiene por trato
en Ibiza con doce galeotas;
y aunque las falsas armas y el rebato
son para despertar espadas botas,
ésta fue burla y fiesta, y fue tan buena,
que alguno vio de Argel muro y cadena.

Un capitán entró con el aviso,
estando en la comedia, y a las playas
pide que marche gente de improviso,
porque han hecho señal las atalayas.
Tembló de aquesta voz algún Narciso;
que hay espadas medrosas como sayas.
Esparcióse la gente al alboroto,
como con tempestad ganado en soto.

Tocaron a rebato las campanas,
a la mar disparó balas el muro,
ocupando terrados y ventanas
el vulgo, en los peligros mal seguro;
y como está, con luces soberanas

de los cielos poblado el manto oscuro,
así del fuerte el mirador se puebla
de damas, que alumbraron la tiniebla.

Estuvieron en arma los soldados
y alerta toda centinela y posta,
discurriendo los márgenes salados
los ligeros jinetes de la costa.
Yo conozco dos pechos lastimados,
que llevan esperanzas por la posta,
que armados de su acero y de sus llamas,
fueron al fuerte a defender sus damas.

Entraban capitanes, y pedían
al César orden, y él, disimulando,
para lo que en tal caso hacer debían
iba las prevenciones ordenando.
Ya los corrillos de la mar decían
que vían los fanales relumbrando;
ya se halla un hombre que a Madrid promete
llevar moros de Argel de siete en siete.

Amante vimos que ofreció a su dueño
las tocas del bonete de Morato,
para su mucho fuego el mar pequeño,
y con menos presente el pecho ingrato.
En general de todos huye el sueño,
que es de la muerte imagen y retrato,
hasta que el alba, descendiendo aprisa,
nos descifró la burla con su risa.

Y al sucesor de Maximilïano,
por quien Brabante, Geldres y Celanda
están debajo del gobierno hispano,
y de Isabel, que ya los rige y manda;
con ella viene al mar, de espumas cano,
tan bullicioso por buscarlos anda,
y con Denia y Velada el gran monarca
de España y Flandes el tesoro embarca.

Mató la generosa descendiente
de aquel godo ilustrísimo Ricardo
dos peces con la punta de un tridente,
que ver en cetro transformado aguardo;
luego el llagado serafín ardiente,
que con la funda de picote pardo
cubrió el tesoro de su humilde vida,
a comer en su templo los convida.

En comiendo Filipo, de él se parte
a Oliva, de los duques de Gandía,
en quien el cielo tanto bien reparte,
virtud, armas, grandeza y cortesía;
estaban puestos en oculta parte,
por emboscada de la incierta vía,
cien moros con sus tocas y bonetes,
sin temer de la costa los jinetes.
Con los espesos brezos y malezas,
como las liebres entre verdes camas,
apenas descubrían las cabezas
por la espesura de las densas ramas;
salen de las ocultas asperezas
a los coches del rey, infanta y damas,
y alzando el algazara a las estrellas,
quitaron el color de algunas de ellas.
Pero acudiendo de socorro luego
de la guardada costa los caballos,
sin temor de los truenos ni del fuego
con que los moros piensan espantallos,
deshacen el tropel bárbaro y ciego,
asirlos procurando y cautivallos,
y las blancas adargas embrazadas,
juegan el fresno y tientan las espadas.
Ya en carreras, ya en diestros caracoles,
furiosos, al galope el campo cruzan,
y como vengativos españoles,
parece que entre sí los desmenuzan;
párase el sol a vista de mil soles,
mientras que diestramente escaramuzan,
y el discurso también de algún sentido,
antes que se entendiese que es fingido.
Ya que todos entienden que fue traza
para alegrar la tarde y el camino,
dejan los moros descubierta plaza
al César, acudiendo al mar vecino;
el escuadrón los sigue y amenaza
con las señales del patrón divino,
porque, por el honor de sus banderas,
quisieran de las burlas hacer veras.
Así Filipo e Isabel Eugenia,
con grande fiesta en término pequeño,
de la jurisdicción salen de Denia,

mas no del alma de su ilustre dueño;
la rica Persia, Arabia, Tracia, Armenia,
la India en tierra firme o campo isleño,
el mar, el mundo y toda su riqueza
quisieran ofrecer a su grandeza.
  Si los talentos que David contaba
al grande Salomón o Job tenía;
si de Cleopatra, que hoy el mundo alaba,
el convite y las perlas que ofrecía;
si el tributo que el África le daba
a Darío, cuyo imperio obedecía;
  si el oro con que el círculo plebeyo
Nerón cubrió el teatro de Pompeyo;
si el que trajo del rey de Macedonia
Paulo Emilio después del grande estrago;
si el de Lidia, de Gaza y Babilonia;
si el oro que Escipión halló en Cartago;
si el que hay del Tajo hasta la mar Ausonia,
y desde el indio al veneciano lago,
de Antíoco el ejército y tesoro,
con las armas de plata y yelmos de oro;
  yo sé, clara, famosa Catalina,
que en Denia le ofreciera vuestro hermano
con el ánimo heroico, que le inclina
al servicio del César soberano;
mas, pues la misma voluntad divina
humilde estima el corazón humano,
más que los sacrificios de Ifigenia,
yo sé que estima el que le ofrece Denia.
  Que todo el fuego que se vio en la villa
era como en altar de sacrificio,
donde el humilde corazón se humilla,
que por víctima ofrece a su servicio;
la pura voluntad llana y sencilla
es para el cielo el más piadoso oficio;
así fue huésped vuestro claro hermano
del monarca de España soberano.
  Nueva Cornelia, de más nombre dina
que por los Gracos ella, vos, señora,
por tres hijos, que a tal virtud inclina
la mucha que en su padre se atesora:
Eudoxia sabia, docta Cleobulina,
dulce Minerva, que este siglo adora,

tan digna de ocupar en él sujeto
de un príncipe tan alto y tan discreto.
　Señora, perdonad si no he pintado
con más sutil pincel tan ricas fiestas:
que este mi dulce e inmortal cuidado
me tiene vida y alma descompuestas;
para un celoso ausente y olvidado
las mejores del mundo son molestas:
que adonde todo el mundo alegre vino,
yo solo fuí llorando peregrino.

FIN DE "FIESTAS DE DENIA"

ROMANCE A LAS VENTUROSAS BODAS QUE SE CELEBRARON EN LA INSIGNE CIUDAD DE VALENCIA

(Va nombrando todos los Grandes que se hallaron en ella debajo de nombres pastoriles.)

A las bodas venturosas
de Felipe de Madrid,
lo mejor de Manzanares
vino a Valencia del Cid.
Pobres están los concejos,
no tienen con qué venir,
pero amor y lealtad
a todos hace acudir;
empeñan sus heredades,
y comienzan a salir
peones de Colomera,
caballeros de Modín.
Roban las tiendas de suerte,
que aun en solo bocací
hubo alguno que gastó
más de mil maravedís.
Muchos sacaron fiado,
sin reparar en el fin;
que una fiesta resfriada
vuelve a un hombre matachín.
Lo que sacaron apriesa
con la vara de medir,
muchos pagarán despacio
por la de algún alguacil.
Pero sea lo que fuere,
cuando llegue San Martín,
grandes se mostrarán todos,
porque son Grandes al fin.
El gran Rabadán al reino
vino de Valladolid
con galanes labradores
y más floridos que abril.
Diego, su hermano, le sigue,
Juan Padilla y Blas Martín,
Pedro Crespo el de Marruecos,
Mase Alonso y Antón Gil,

sin otra gente del campo,
que pasaban de dos mil;
sesenta rocines cubre
de frisa y guadamecí.
Mendo de Guadalajara,
mayoral grande y gentil,
el del escudo partido
de verde y escarlatín,
también mostró su grandeza
y voluntad de salir
con sus dos gallardos yernos,
Juan Saldaña y Blas Crespín;
que Albano estaba en el Tormes,
y no le pudo seguir,
porque ya las soledades
le han vuelto fray Juan Guarín.
Aquel Pedro, labrador
tan ingenioso y sutil,
que en la mar tembló Morato,
y en la campaña Celín,
dejó los carros del agua,
y vino como un neblí,
a ser águila en la tierra,
como fue en la mar delfín.
No menos con Juan, su hermano,
y otro Pedro Florentín,
honró las bodas gastando
un cerro de Potosí.
Con Juan de Cuéllar, su hijo,
del Ebro, que fue a regir,
Marcos de Alburquerque vino,
otro español paladín.
En estos tiempos y fiestas,
que es cosa y cosa decí,
que estaba preñado el mar,
y gritaba por parir.
El sacristán de Sevilla,
que por eso vino allí,
púsose más que un pimiento
y que unos pies de perdiz,
y con Benito de Lemos,
que a Nápoles quiere ir,
fue a ver si la mar paría,

que nunca lo oyó decir;
por decirlo al Padre Santo,
que ha de pasar por allí,
aunque él lo supo en Ferrara,
y los bendijo en latín
en llegando, el mar preñado,
no lo pudiendo sufrir,
con grandes truenos y voces
parió un ángel de marfil.
Es una perla preciosa
en que se pudo cubrir
la esposa del mejor mozo
que hay de Toledo a París.
Luego el mayoral de Helipe,
que de su pecho gentil
es el san Juan regalado,
y el Jonatás de David,
fue a ver la novia, y Alberto,
que fue cara de Azofrín,
y ahora viene a casarse
con Clara de Balsaín.
Los que van con él parecen,
vestidos de carmesí,
un rosario de coral,
y él a la postre un rubí.
Hablaron los dos un rato;
lo que fue no lo entendí,
y entretanto su cuñado
fue de Valencia a Madrid.
Los que trajeron la nueva
del alemán serafín,
escuchando los de España,
vinieron cantando así:

Del mar a la tierra amiga
ya Margarita salió,
Dios a Helipe se la dio,
San Pedro se la bendiga.

Al justo vino el compás;
porque son los dos tan buenos,
que ni él pudo querer menos,
ni ella pudo querer más.

Dejó la mar enemiga,
y en la tierra amiga entró;
Dios a Helipe se la dio,
San Pedro se la bendiga.
Mientras se llegaba el día
del alegre desposorio,
paseaban el terrero
muchos labradores mozos.
Los tres hijos de Benito,
tan discretos y mañosos,
en todos los ejercicios
se señalan entre todos;
con los músicos de Helipe
en Manzanares famoso,
haciendo los foliones
entraron cantando a coros:

Isabel e Margarita
ambas van a lavar a o mar,
si ven lavar, millor torcer,
namoréme de seu lavar.

Para la boda vecina,
a quien ninguna se iguale,
Margarita del mar sale,
Isabel al mar camina;
cielo torna la marina,
sol la tierra y gloria el mar;
si ven lavar, millor torcer,
namoréme de seu lavar.

Miguel Francisco el Medrano,
en el terrero mil veces
hallaba, como galán,
a Pascuala de Meneses,
que desde el terrado un día
de azahar le dio un ramillete;
que era en Valencia y abril,
y los naranjos florecen.
Sintióse favorecido,
y así, la noche siguiente
una música le dio,
cantando de aquesta suerte:

Arrojóme las naranjuelas
con los ramos del blmco azahar;
arrojómelas y arrojéselas,
y tornóme las a arrojar.

Para que juzgase yo
cuál de las dos son más blancas,
de sus bellas manos francas
azahar del cielo llovió.
El alma le respondió,
que aun era negro el azahar;
arrojómelas y arrojéselas,
y tomómelas a arrojar.
Seguro de ganar entro
en este juego de amor
el fruto de aquella flor,
pues el fruto viene dentro;
porque ganase un encuentro,
gustó de echarme un azahar;
arrojómelas y arrojéselas,
y tomómelas a arrojar.

Pedro, labrador, que vio
andar la fiesta revuelta,
trazó una danza una noche,
y dio una rica librea.
Y tuvo tanta ventura,
que Helipe, vestido de ella,
danzó delante las damas
con divina gentileza.
Tenía una pretensión
Pedro, y no salió con ella,
y enojado de su dicha,
se fue luego de la aldea,
y en otra *flevit amare*;
que él y su padre en la guerra
mil cabezas descubrieron,
y él no cubre su cabeza.
Llegó el día de la boda,
y entró Margarita bella
y el esposo de Isabel
con gran regocijo y fiesta.

Los labradores del Tajo
y algunos de lejas tierras
tan bizarros le acompañan
como si fuera la reina.
Juan Pimentel, que tenía
aquella tierra en Fenicia,
con Benita de los Vélez
mostró notable grandeza,
y Antón Sánchez de Miranda,
que las Italias gobierna
con Pascuala de Bazán,
más linda que una condesa.
El zoizo de la guarda
rigiendo más de sesenta
colorados y amarillos,
y el de las calzas tudescas,
Melchor de Híjar y Belchite
con su Francisca encubierta,
que por honra de Aragón
trajo un carro de oro y seda.
De Flandes, Génova y Austria
trajeron gloria y nobleza
Pedro Andrea y Luis de Umala,
Blas de Orange y Gil Malfera.
Juan López de Albadelista
su gravedad representa,
pero Nájera Manrique
no menos de ella se precia.
Melchor Borja, el de Gandía,
la de sus abuelos muestra,
con Francisco de los Vélez,
gloria y honor de su tierra.
Con este aparato y pompa
llegaron hasta la iglesia,
donde Helipe e Isabel
los dos cuñados esperan.
Allí a los dos casaron
en dos misas con gran fiesta,
el de Roma y Antioquía
con ricas casullas puestas.
A esto la cabeza España,
que oyó a la fama las nuevas,
y las musas del Parnaso

cantaron de esta manera:

Para en uno son los dos,
vivan y guárdelos Dios.

En la más alta montaña
celebra bodas Amor,
y así a la luna mejor
el sol más bello acompaña.
Pues consiste el bien de España
en que se junten los dos,
vivan y guárdelos Dios.
Dios la bendición les dé,
con que Abraham rico estuvo,
más hijos que Jacob tuvo,
y más años que Noé;
del un polo al otro esté
todo sujeto a los dos;
vivan y guárdelos Dios.

DESCRIPCIÓN DE LA TAPADA

NOTAS CRÍTICAS
DESCRIPCIÓN DE LA TAPADA

(MADRID, 1621)

En el mismo volumen en que se publicó el poema mitológico La Filomena, *que titula el libro, y en su tercer lugar, vio la luz por vez primera el poema menor* Descripción de la Tapada, insigne monte y recreación del excelentísimo señor duque de Berganza.

Como su nombre indica, es éste un poema descriptivo, género en el que Lope dejó varias muestras en su obra poética. Ya en el tomo de Rimas *(1602) publicó el poema titulado* Descripción de la Abadía, jardín del duque de Alba(3), *en el que se hacía la de aquella finca de recreo del gran procer, a cuyo servicio estuvo Lope por aquel tiempo. En este volumen misceláneo*—La Filomena—*se incluye esta descripción en noventa y una octavas de la quinta que el duque Teodosio de Berganza tenía en tierras de Portugal, y que llevaba el nombre de* Tapada, *denominación que en lengua portuguesa se daba a toda finca cercada.*

Este poema descriptivo no ofrece extraordinario interés literario ni biográfico, pues ni aporta nuevas orientaciones en el estilo, sino que sigue las ya iniciadas en la Descripción de la Abadía, *como tampoco en el terreno biográfico da ninguna nota o rasgo que sirva para la reconstrucción de la vida del poeta. Es tan sólo una descripción minuciosa de aquella finca de recreo del gran señor, y que, según sospecha Rennert, no conocía Lope directamente, por lo que trata de suplir la información directa con granacopio de conocimientos mitológicos que entremezcla en la descripción, donde da "rienda suelta a sus preferencias botánicas", otras veces ya demostradas por Lope.*

Cabe apuntar, no obstante, la novedad bibliográfica de llevar incluidas el poema tres octavas en latín, italiano y portugués, lenguas en las que se jactaba el Fénix de versificar con soltura, cosa que con tales muestras llega a conseguir.

La obra ésta de Lope, más que una descripción, es, en realidad, una exaltación un tanto artificiosa del duque de Berganza y de su linaje, para lo cual se vale el poeta de los accidentes de la Tapada *y su ornamentación, en la que sobresalen cuatro ninfas, que en los idiomas antes citados cantan las glorias de la estirpe del duque, de su casa y de su pasado de gloria guerrera, como de tristeza también. El poema se reduce, pues, a la glorificación ditirámbica de la casa de Bergansa.*

Literariamente, sólo pueden advertirse a lo largo de las noventa y una octavas ciertos toques de culteranismo, en el que el poeta, a pesar de su aversión a la nueva escuela, cae, tal vez involuntariamente.

---

(3) Véase el tomo I de "Poesía Lírica"de esta "Colección La Crítica Literaria".

BIBLIOGRAFÍA

La *Descripción de la Tapada* se incluyó en el libro misceláneo *La Filomena, con otras diversas rimas, prosas y versos de Lope de Vega Carpió....*—En casa de la viuda de Alonso Martín. Madrid, 1621, en 8.°

En Barcelona, otra edición del mismo año, por Sebastián Cormellas, en 8.°, y otra de 1692, en 4.º

En la *Colección de las obras sueltas* que editó Sancha, en Madrid, se incluyó en el tomo II, páginas 469-493, en 1776.

En la "Biblioteca de Autores Españoles", de Rivadeneyra, vol. XXXVIII, seleccionado por Cayetano Rosell, se incluye este poema.

DESCRIPCIÓN DE LA TAPADA

INSIGNE MONTE Y RECREACIÓN DEL EXCELENTÍSIMO SEÑOR DUQUE DE BERGANZA

Si alguna vez mi pluma, si mi lira,
deidades de Helicona, ilustre coro
ciñó del verde honor que Febo admira,
la nieve en que sufrió desprecio el oro;
del aliento que números inspira
infundid a mi voz pléctro sonoro,
y el monte cantaré Delfos segundo,
Parnaso a Portugal, milagro al mundo.

¡Oh gran Teodosio, con quien siempre tuvo
el Júpiter del reino lusitano
partido imperio, y cuyo Cetro estuvo
por sangre en vos, por leyes en su mano!
La tierra y mar que peregrino anduvo
sacro legislador del orbe indiano,
también parte con vos su monarquía,
como en dos mundos se divide el día.

Ahora entre cuidados generosos
os tenga la grandeza del estado,
ahora en ejercicios más piadosos
en tan altas virtudes ocupado,
ahora fugitivo a los forzosos
reales pensamientos, retirado
en este monte que os describo, haciendo
hurto loable al popular estruendo.

Oíd, no las grandezas que acabaron
vuestros progenitores felizmente,
que hasta la fama bárbara ocuparon
por las últimas líneas del oriente:
mas de las grandes tierras que os dejaron,
aquel monte que juzgan eminente
a cuantos miran con igual porfía,
Argos la noche y Polifemo el día.

Y pues de toda Europa al hombro pesa,
señor, vuestra grandeza soberana,
oíd lo que excelencia portuguesa
parece dicho en lengua castellana;

presto pienso tomar más alta empresa,
aunque divina a toda ciencia humana;
inútil pluma soy, mas siempre veo
que alcanza grandes cosas el deseo.

Cual tierno amante las paredes mira,
que no se atreve al rostro de su dama,
por la grandeza que de vos me admira,
no se atreve mi pluma a vuestra fama;
y así, para cantar templa la lira
mi musa, que os respeta cuanto os ama,
no las virtudes que ese sol descubren,
mas las paredes que tal vez os cubren.

Yace no lejos de la insigne villa
corte de vuestra casa la Tapada,
cercada en nuestra lengua de Castilla,
que tal grandeza pudo ser cercada;
verde, eminente y levantada silla
a silvestre deidad, alta morada
de ocultas ninfas, de enramadas drías,
de floridas napeas y amadrías.

Nunca librara en tí, selva nemea,
Grecia sangre y aromas al valiente
Alcides, por la fiera que desea
rendir Febo envidioso en julio ardiente;
ni a Pan Arcadia, oh rústica Tegea,
coronara de pino la alta frente,
si vieran esta selva y monte oculto,
sacro silencio a su profano culto.

Ni diera enamorado en Ida Frigio,
de quien proceden Simois y Escamandro,
de la hermosura en el mayor litigio,
el premio a Venus Paris Alejandro,
si de naturaleza el gran prodigio,
esfera del Milesio Anaximandro,
mapa del orbe en este monte viera,
ni el Norte de otras osas se vistiera.

Cinco millas de largo, y de contorno
doce, contiene el sitio inaccesible
por la muralla que le ciñe en torno,
a exteriores ofensas imposible;
por cuatro puertas de vistoso adorno
permite el muro tránsito apacible,
donde hallaran mejor verdes abriles,

hibleos campos, niníveos pensiles.
Arroyos dulces, con sonoros saltos,
los campos corren por diversas calles,
y duplican el monte montes altos,
que forman prados y dilatan valles;
esconden sombras (de modestia faltos)
sátiros viles de disformes talles,
las claras selvas a Pomona y Flora,
y duerme en su jardín siestas la aurora.
La nemorosa Tempe, que en Tesalia
con eterno verdor resiste al cielo,
y la que del Guzmán, fértil Vandalia,
esconde libre al castellano hielo;
las más floridas que celebra Italia,
y mira el sol en cultivado suelo,
no igualan este solo parto en parte
de la naturaleza sin el arte.
Por medio de sus árboles sombríos,
selvas que ignora el sol y amenos pagos,
Aceca y Borba, caudalosos ríos,
con mansa presunción forman dos lagos;
juegan lascivos por los vidrios fríos
con alternado son los vientos vagos,
que por imitación del mar quisieran
que sus ondas menguaran y crecieran.
Mas ya que en vez de focas y delfines
vuelan el agua peces plateados,
ya barcos, ya ligeros bergantines
el nevado cristal cortan alados;
no suena por las márgenes y fines
la saloma de gritos acordados,
sino los dulces instrumentos solos
de Orfeos, de Anfiones y de Apolos.
Asidas las nereidas a las quillas,
oponen a los barcos las espaldas,
para poder mejor de las orillas
hurtar boninas y tejer guirnaldas;
dejan tal vez las Cándidas cestillas,
que ocupaban jacintos y esmeraldas,
que en viendo fieras de nadar se valen,
no por los hombres, que a mirarlos salen.
Esta cifra del mar ni vio tormenta,
ni al viento respetó, que a Venus grata,

transforma, como en ella se aposenta,
la superficie en láminas de plata;
serena en su cristal la noche atenta
sus estrellas tan fúlgidas retrata,
que quien pasara por el verde suelo
temer pudiera que pisaba el cielo.
De tanta caza el fértil sitio abunda
en regalada cárcel dilatada,
que aunque la hierba crece, el agua inunda,
descubre faltas donde más colmada;
y como no hay temor que al viento infunda
la voz, de que se muestra recatada,
vienen a ser los números mayores
que el sustento de hierbas y de flores.
Tímido conejuelo, pavoroso
siempre, aunque tiene privilegio y salva,
inquieto come al prado deleitoso
la hierba entre las lágrimas del alba;
desprecia el gamo por la selva ocioso
cogollos tiernos de florida malva,
y al fresno, al tierno aliso, al olmo verde
con seguro temor las hojas muerde.
Más presto lamentaras, ¡oh planeta!,
que del tercero cielo al horizonte
del ciprio Idalio descendiste inquieta,
si Adonis habitara en este monte;
más presto se vistiera de perfeta
púrpura aquella flor, y al Aqueronte
bajara su belleza en sombra vana,
si esta selva te viera en forma humana
Más presto de su sangre los rubíes,
que con tus ojos animaste tanto,
fueran hojas de jaspe carmesíes,
y cándidas aparte de tu llanto;
tantos en ella son los jabalíes,
que su tragedia te causara espanto,
si verlos juntos te dejara ahora
el sol, que en dos crepúsculos te adora.
Segura más que en la Castalia fuente,
la casta diosa su marfil bañara
del claro Borba en el cristal corriente,
o el dulce lago en cuyo centro para;
y de Tebas el príncipe valiente

menos lascivo a ver la cueva entrara,
si aunque tiene más ciervos, de su ofensa
tuviera tales muros por defensa.
No le llorara Cadmo ni Semele,
a quien llamaba con mortal bramido,
como el herido toro ardiendo suele,
por las orejas débiles asido;
no sólo un Argos hay que se desvele,
en lince de cien ojos convertido,
mas tantas guardas, que el ganado y caza
parece que una vista sólo abraza.
Cubre el nativo ardor de manchas de oro
tales toros aquí, que era bastante
cualquiera a ser la imagen de aquel toro
de Fenicia dolor, de Europa amante;
donde se esconde por mayor decoro
Electra, ya del mauritano Atlante
hermosa hija, que celebra tanto
de Troya el fuego con eterno llanto.
No conociera aquí la vaca amada
Juno entre tanta copia como cría
fértil de sus ganados la Tapada,
ni la velaran celos noche y día;
ni de Mercurio fuera conquistada
con retórica dulce su porfía;
pues desvelada en ojos advertidos,
no les puso defensa a los oídos.
Aquí de los caballos, sacrificio
del furibundo Marte, hay tan hermosas
madres, que han dado de que son indicios,
como en el Betis, fáciles esposas;
porque en el curso y el materno oficio
exceden las dehesas gamenosas,
si puede ser que las dejaron graves
de Portugal los céfiros suaves.
En verdes valles de jardines tiene
cuantas flores ha visto el fértil mayo,
que coronado a producirlas viene,
dándole el sol el más templado rayo;
aquí la primavera se entretiene
hasta que sienten último desmayo
las varias almas del humor que adquieren,
con que marchitas blandamente mueren.

Cíñese el alba la dorada frente
del purpúreo clavel y la azucena
cándida, donde el agua transparente
risueña corre entre menuda arena;
cárdeno el lirio entre su verde oriente
las concertadas hojas desordena,
y por mostrar con la hermosura el arte,
de líneas de oro en felpa azul las parte.

La rosa, del delito temerosa
de haber herido con pungente espina
la blanca nieve, cuya sangre hermosa
por castigo le dio color tan fina,
cual suele tierna virgen vergonzosa,
las encendidas hojas determina
en la verde prisión con luz tan breve,
que a ser cometa del jardín se atreve.

Aquí la estrellamar, la cidronela,
el jacinto oriental de dos colores,
pálida filopéndola y brusela,
y el joven que a su sombra dijo amores;
salvia olorosa, arpada pimpinela,
pomposo geldre, ejército de flores,
mejicanas, gigantas, miraveles,
margaritas, jazmines y napeles.

Arde en llamas doradas el indiano
clavel; la manutisa en nácar puro
forma en dos hojas el pensil temprano,
círculos rojos en morado oscuro;
el heliotropio, que persigue en vano
al sol, que de su amor corre seguro,
con otras mil que el aire aromatizan
y los verdes jardines entapizan.

Los árboles en huertas no envidiaran
la primera del mundo, a no ser puesta
de aquel divino agricultor, ni hallaran
la más famosa a su hermosura opuesta;
aquí las aves como en centro paran;
su asilo, su región, su esfera es ésta;
aquí tal vez en ramas, tal en flores
cantan sus celos, alternando amores.

Nadan el aire y los plumosos remos
el diáfano campo libres cortan,
y tocando a las nubes los extremos,

Icaros y cobardes se reportan;
tal vez oyendo amantes Polifemos,
que con rústico acento las exhortan,
ayudan los pastores, que a los prados
suelen comunicar tiernos cuidados.
Que de éstos hay tal copia, que parece
un retrato de Arcadia la espesura
con tantas casas, que a la vista ofrece
la perspectiva de una gran pintura;
si como a partes de ellas se guarnece,
haciendo a la mayor arquitectura,
se pudieran juntar, el monte fuera
ciudad, que nombre a vuestros campos diera.
Su rústica república os divierte,
príncipe heroico, más que los estados,
que con tan alta y venturosa suerte
tenéis más merecidos que heredados;
las aguas puras que la tierra vierte
por fuentes, por arroyos dilatados,
casas, pastores, montes, selvas, ríos,
son del alma tal vez los señoríos.
Aquí descansa un alto pensamiento
del peso del gobierno del Estado,
y con olvido de su mismo intento
depone de los hombros el cuidado;
aquí tal vez un grave entendimiento
se comunica así más descansado,
y como de Argos bárbaros se esconde,
él mismo se pregunta y se responde.
No quiero describir vuestro palacio,
por no quitar al campo soledades,
donde vuestra grandeza halló el espacio,
que ofende populosas las ciudades;
aquel del sol, que en oro y en topacio
bañó su luz, fue esfera de deidades,
mas este vuestro en un desierto suelo
basta que imite fábricas del cielo.
Los dioses de las aguas, que Vulcano
puso con artificio peces y aves,
aquí se ven en río, monte y llano,
si no en columnas, frisos y arquitrabes;
los doce signos, de valiente mano,
las selvas siendo eclípticas suaves,

pues por un Aries tantos ven los prados,
vivos del cielo signos en ganados.
El toro, que pasó la bella dama
por quien ahora Europa nombre tiene,
no sólo tiene toros de más fama,
pero con plaza igual os entretiene;
aquí los corre, silba, grita y llama;
aquí el novillo al herradero viene,
y como vos sois sol, con verlos sólo,
les dais más luz que al Toro en marzo Apolo.
Si allí se mira Cástor abrazado
con Pólux, ya fue tiempo en que se vía,
generoso Duarte, en vos cifrado
más fraternal e ilustre compañía;
esto en abril, en mayo matizado
el Cancro, que mordió, cuando corría,
la bella ninfa por el verde suelo,
por quien ahora le da honor el cielo.
Y en este monte, en vez del ponzoñoso
animal que del cielo fuera indigno,
tiene su forma en Borba caudaloso
el pez que imita su celeste signo;
el león, que por Hércules famoso
de ser casa del sol fue entonces digno,
mejora aquí, pues al león de España
vuestra sangre dignísima acompaña.
¿Dónde mejor que en vos la bella Astrea,
Teodosio excelentísimo, se mira;
la Libra, la igualdad, que os hermosea,
peso que el mundo en vuestra gloria admira;
el Escorpión, que victorioso afea
la vanagloria vil y la mentira,
que dio muerte a Orión, pues que tan fuerte
vuestra invicta virtud le dio la muerte?
Aprendió de las musas de Helicona
el Sagitario a ser tan gran poeta,
que de los que celebran sois corona,
y así tenéis esfera más perfecta;
si Júpiter los pechos galardona
de la bella Amaltea, que interpreta
el Capricornio, ¿cuánto más merece
quien tanta sangre a tanto rey ofrece?
El Acuario en este monte mira

mayor copia que vierte Ganímedes,
y los peces australes, donde admira
Amor, que a los titanes temer puedes;
si Cupido, si Venus se retira
de estas de amor castísimas paredes,
donde virtud tan alta los estorba,
por peces queden entre Aceca y Borba.

Pues si tiene del sol la ardiente casa
los doce meses, ¿dónde como en ésta
así hiela el enero y julio abrasa,
la primavera en sus extremos puesta?
¿Dónde mejor desde los montes pasa
para el fuego voraz lefia dispuesta?
¿Dónde caza mejor en el estío,
ni tal ribera en duplicado río?

¿Qué es ver las frutas, que envidiar pudiera
Aranjuez, de siempre digna fama,
de Aceca y Borba en la mayor ribera,
donde Tajo se junta con Jarama?
Aquí la roja guinda y verde pera,
el membrillo pendiente de la rama,
la manzana teñida en sangre y oro,
afrenta del hespérido tesoro.

La encarcelada nuez, y en el erizo
la robusta castaña y tierna almendra,
bárbaro al monte el níspero invernizo,
que no se ha de comer donde se engendra;
ciruela roja y de color pajizo,
donde el puro color el oro acendra,
con la morada endrina y su flor cana,
y en su verde camisa la avellana.

Aquí el melocotón dora el verano,
nieva el durazno y la granada abierta,
émula del rubí, revienta el grano,
por el celoso pecho descubierta;
coral imita el azufaifo en vano,
y crece sin honor la higuera incierta,
el prudente moral, la selva enjuta,
paladia oliva, ya licor, ya fruta.

No envidia el cinamomo las congojas
con que se viste de su flor leonada,
ni al sicamor primero que las hojas,
pomposo de su túnica morada;

ni en la sazón de las espigas rojas
la flor azul del agnocasto amada,
porque es, sin heredar, profano luto
revestirse de flor árbol sin fruto.
Dédalo no formara el laberinto,
prisión del minotauro Pasifeo,
que en este monte, aunque por mar distinto,
más satisfecho hallara su deseo;
no celebrara Palas su Aracinto
ni Sicilia su fértil Lilibeo;
aquí vive Diana, y aquí sólo
músico es Marte y cazador Apolo.
Salió el anciano Borba de su arena,
coronado de frágiles hinojos,
de oloroso mastranzo y de verbena,
de verdes ovas y corales rojos;
con tardo paso a la ribera amena,
los líquidos cristales por los ojos,
discurriendo a los pies, y en una sombra
le hicieron flores oriental alfombra.
Las selvas, que le vieron recostado,
llamaron las napeas y amadrías,
que dejando los árboles y el prado,
de las aguas sacaron a las drías;
pero de todo el coro a amor sagrado,
y más saliendo en tan festivos días,
cuatro solas llegaron a cantalle,
las más hermosas del ameno valle.
Lucinda portuguesa, que de un velo
azul la nieve cándida cubría,
siendo ella luna y el vestido cielo,
con hermosura igual resplandecía;
tendió las rubias hebras hasta el suelo,
de quien tersos aljófares llovía:
que cuando el sol el occidente dora,
las flores la aclamaron por aurora.
Finarda florentina en el tocado,
tejido a mariposas de colores,
puso un pequeño amor el arco armado,
dándole culpa de matar de amores;
el manto por los hombros derribado,
de varios laberintos y labores,
un pecho descubrió, diciendo que era

amazona de amor casta y ligera.
Laudomira latina en verde tela
engastó la hermosura ilustre y clara;
y porque envidia a su valor recela,
de un teristro o cendal cubrió la cara;
al aire por la espalda el velo vuela,
que con el de su paso en ondas para,
por quien cualquiera vista determina
dulzura urbana y gravedad latina.
Suelto en ondas el mar de sus cabellos,
si bien dulce tormenta padecía
del vago viento, que lascivo en ellos
mil crespas luces dilataba al día;
por dos arcos de amor, por dos más bellos
luceros, que a la noche el sol confía,
en campos de jazmín, de nieve y grana,
fuego espiró Belisa castellana.
El velo de oro del marfil bruñido
partes a la atención permite apenas,
hasta que del coturno guarnecido
prende en lazos de nácar azucenas;
admirado quedó como florido
el prado que pisó, y en vez de arenas,
perlas vistió la margen, y las fuentes
de néctares bañaron sus corrientes.
Borba, que vio las ninfas tan hermosas,
y las tres de sus valles extranjeras,
la causa preguntó que tan gozosas
de las suyas las trajo a sus riberas;
la de Italia le dijo las famosas
casas de su provincia las primeras,
que honraba el duque con su sangre, historia
digna de versos de inmortal memoria.
La que en el traje se mostró latina,
de la casa imperial de Austria le cuenta
la parte que a venir le determina
desde Alemania a Portugal contenta.
Habló la lengua a que mejor se inclina
y que mayor grandeza representa,
loando al duque en Ferdinando y Carlos,
de quien tomó el valor que pudo darlos.
Respondióle tan bien la castellana,
con no menos honor que maravilla,

que con la excelentísima, doña Ana
vino con otras ninfas de Castilla;
y que su muerte, que lloró temprana,
a vivir la obligó su verde orilla,
por ver si entre sus lágrimas confusa
fuese de Portugal nueva Aretusa.

El río entonces le rogó que todas
cantasen alabanzas a los cielos,
o ya pronosticando alegres bodas
al generoso duque de Barcelos;
pues las piras de Egipto, el sol de Rodas,
y los demás milagros y desvelos
del arte y el poder al monte, que hacen
Parnaso celestial, rendidos yacen.

Todas contentas a los claros vientos
desataron las voces acordadas;
y dejando después los instrumentos,
hablaron envidiosas y envidiadas;
las fieras y los árboles atentos,
los prados y las fuentes sosegadas,
así la voz a vuestra casa inclina,
breve elogio de amor, ninfa latina:

Salve oh Parnassi splendor, oh musarum
lucidum decus, et eximia laude,
heros digne, virtutumque tuarum
historiam audi absque blanditia et fraude;
et quamvis mihi est perspectum parum
esse, oh musa, quod scis, incipe, aude,
castalium melam, et ut canam lyra
dulci tan magnum ducem docta inspira.

Así fue prosiguiendo de qué modo
tantos emperadores os honraron,
dando laurel al alemán y al godo,
que vuestra clara estirpe propagaron;
pero siendo imposible hablar en todo,
después que con aplauso la aclamaron,
la de Italia esparció la voz sonora,
cual suele dulce pájaro al aurora.

Chiaro signor, che come sol sgombra
ogni nebbia di me, porgi tua mano,
e al son di l'acqua, in questo lauro a l'ombra
farò cantar le muse in plectro humano;
non tanto lume ignudo stile adombra

gloria felice al regno lusitano,
e cosí canterò del Borda a l'onde
infra bianche rugía e ver di fronde.
De este principio procedió Finarda
en un elogio insigne, a quien la hermosa
Lucinda acompañar discreta aguarda,
no menos grave en lengua que graciosa.
El río, que la mira tan gallarda,
y de cantar la patria codiciosa,
mil lauros le previene, y del idioma
patrio mayor placer, más gloria toma.
Vossa alteza real, ¡oh invicto exemplo!,
desta ditosa e da pasada idade,
en quem tudo he valor cuanto contemplo,
e com alta grandeza urbanidade;
sem ter embeja a Rey de reyes templo,
os olhos de tan alta Magestade
albaixe ao plectro, que hoje canta em rima,
pois he tam certo que quem sabe estima.
Así cantando fue la portuguesa,
con celebrado aplauso, larga historia,
a quien, por la dulzura que profesa,
entrambas concedieron la victoria;
la castellana luego a la alta empresa
intrépida dispuso la memoria;
¡oh musas, perdonad que me dilate,
y que en mi lengua sus grandezas trate!
"Del primero don Juan, dijo, el primero
duque en Berganza, Alfonso, atento estando
el monte, del principio al fin postrero
los términos distintos igualando,
glorioso hijo, a sol tan verdadero,
las virtudes espléndidas mirando,
águila soberanamente unida
a la perenne fuente de su vida.
"Casó con la bellísima señora
doña Beatriz, del grande condestable
Nuño Alvarez Pereira hija, que adora
su patria por su prenda siempre amable;
del pardo ocaso a la rosada aurora,
al sepulcro del tiempo, incontrastable
será la fama de un varón tan claro
en bronce, en oro, en jaspe, en mármol paro.

"De esta dichosa junta e himeneo
nació doña Isabel, que del infante
Don Juan fue esposa, y de tan digno empleo
triunfó la muerte, que no hay bien constante;
mas resultó de su cruel trofeo
gloria a Castilla, que hoy vive en diamante;
porque, casada con don Juan Segundo,
nos dio a Isabel y eterna fama al mundo.

"Nieta, pues, la Católica heredera
del claro Alfonso, duque de Berganza,
que es la gloria mayor o la primera
que esta familia esclarecida alcanza,
Fernando de Aragón, única esfera
del perdido favor de la esperanza,
casó con ella en tan dichosa estrella,
que fue glorioso príncipe por ella.

"Diónos la hermosa Juana, por quien vino
la casa de Austria por Felipe a España,
y a Caterina, de valor divino,
y tal, que a Inglaterra en gloria baña;
y para Dinamarca el peregrino
sujeto de Leonor, mas por hazaña
de mayor nombre aquella gran María,
que honró de Portugal la monarquía;

"que tercera mujer del bisabuelo
glorioso vuestro, don Manuel, florece
segunda vez el lusitano suelo,
y lo que recibió doblado ofrece;
del Primero Felipe el alto cielo
la Europa felicísima enriquece,
el arrogante escita se deshace,
nace el gran Carlos, Ferdinando nace.

"Doña Constanza de Noroña hermosa,
nieta del castellano rey Enrique,
segunda del Primero Alfonso esposa,
porque más fuerza a vuestra línea aplique,
lo fue de don Fernando en paz dichosa
para que más su gloria signifique,
hijo del lusitano rey Duarte,
cetro que con el sol términos parte.

"Nació don Manuel, de donde infiero
segunda vez la linea deducirse
por Isabel y por don Juan Tercero,

para que no pudiese divertirse;
al duque Alfonso sucedió el Primero
Fernando, donde vuelve el tronco a unirse;
el Tercero al Segundo, cuya gloria
a la inmortalidad consagra historia.
"De su esposa Isabel, de los infantes
don Fernando y Beatriz hija dichosa,
benignas las estrellas circunstantes,
don Jaime vio la luz del sol hermosa;
no en pórfido, en zafiros, en diamantes,
generación tan alta, tan gloriosa
escriba el tiempo, si en el tiempo cabe
conservación de máquina tan grave.
"No se precie Alejandro que su padre
fue Júpiter adúltero ni Alcides
de la deshonra de su incasta madre,
de que hoy, Anfitrión, justicia pides;
no es bien que origen fabuloso cuadre,
Roma, a los montes con que el cielo mides,
olvida los dos hijos de la loba,
que la gentilidad al cielo roba.
"Vano subes allá, loco Faetonte,
desvanecida afrenta de Climene,
aunque corriendo al estrellado monte,
cuentes los paralelos que el sol tiene;
tú, sol, tú, padre incierto, a mirar ponte
de quién familia tan dichosa viene,
para que vean Alejandro, Roma
y Alcides que más alto origen toma.
"Del generoso duque de Medina
Sidonia hija Leonor, mujer prudente,
y el duque Jaime heroico a la divina
Isabel procrearon felizmente;
ésta, en altas virtudes peregrina,
como rayo del sol tan eminente,
casó con el infante don Duarte,
hijo de Manuel, hijo de Marte.
"Nació de tal planeta y tal estrella,
que nunca tiempo eclipse, olvido asombre,
ni tenga edad jurisdicción en ella,
Teodosio Quinto, aunque primero en nombre,
casó con Isabel, su prima bella,
donde Alencastro, generoso nombre,

de Ingalaterra os dio parte tan alta,
que el augusto laurel que os ciñe esmalta.
"De aquesta unión, de este himeneo divino,
con virtudes y dotes soberanos,
vuestro padre nació, príncipe diño
de Homeros, de Virgilios, de Lucanos;
a quien igual valor, igual destino
enlazaron las almas y las manos
de aquella serenísima señora,
famosa al occidente y a la aurora.
"La excelsa Catalina, aquel ejemplo
de virtud y grandeza, ¿qué podía
dejar al mundo menos que ese templo,
de cuanto bueno el cielo puede y cría?
Cuando los rayos de ese sol contemplo,
la misma luz que a vuestro sol me guía
la vistame desmaya: que no hay vista
que claridad tan fúlgida resista.
"Aquí los ojos humedece el llanto,
difunta viendo aquella maravilla,
Ana divina, que quisiste tanto,
del condestable sol, luz de Castilla;
tímida voz, mas patria voz levanto
adonde pisa el sol su eterna silla,
por ver si se dignasen sus estrellas
de ver que llora Portugaíl por ellas.
"Mas como en el gran duque de Barcelos,
Duarte, y Alejandro deja al mundo
parte del sol que se llevó a los cielos,
en gloria envuelve aquel dolor profundo;
y en medio de tan graves desconsuelos
al planeta del círculo segundo
igualó el pensamiento, que en su idea
con terrestres memorias cielos vea.
"De aquel excelentísimo Duarte,
hermano vuestro, ¿qué diré sin miedo,
por más que amor me ayude, enseñe el arte,
pues a su proporción tan lejos quedo?
Después que por él tuvo en vos tal parte
la ilustrísima casa de Toledo,
mis musas hacen más alegre salva
al alto nombre de Oropesa y Alba.
"¿Qué hipérbole no fuera corto y vano,

si su valor encarecer quisiera?
Porque vos sólo fuera de su hermano,
y él también sólo vuestro hermano fuera;
en fin, de vuestro nombre lusitano
toda Europa, señor, reyes espera,
y España, por los suyos venturosa,
agradecida más y más gloriosa.
"Mas, ¡ay!, que tiernamente me entristece
la santa muerte del señor más santo,
que de justo dolor materia ofrece
a España, al mundo, que le amaba tanto.
Falta a la tierra, el cielo se enriquece
de alma tan pura; pero cese el llanto,
si en tan divinas prendas deja y copia
su heroica vida y vuestra sangre propia.
"Que Carlos, de su tronco procedido,
Quinto en la esfera donde reina Marte,
al prudente Felipe esclarecido,
para quien falta a la materia el arte,
con tal gloria dará, que reducido
el orbe todo a su poder, la parte
que os pudo dar a vos tan alta suerte,
le dio de Sebastián la infeliz muerte.
"Allí, pequeño niño, herido os veo,
bañado en sangre el tierno rostro hermoso,
del africano bárbaro trofeo,
más que todas sus lunas sol precioso.
¡Oh caso lamentable, que deseo
reprimir con silencio lastimoso,
pues cuando el monte que describo fuera,
su duro centro convirtiera en cera!
"¡Ay África cruel! ¿Cuándo tu arena
de tanta lusitana sangre honrada
verse pensó, ni España de horror llena,
adonde la desdicha fue la espada?"
Aquí quedó, del llanto y de la pena,
la ninfa en vivo llanto transformada;
Borba, con el dolor, hasta el abismo
de sus cristales se arrojó en sí mismo."
Y aquí, señor, también que cuelgue es justo
la lira a un roble de este verde monte
quien de tan alto sol, príncipe augusto,
osó, si bien fue amor, morir Faetonte;

otra mayor, mas no con mayor gusto,
por vuestros altos cielos se remonte;
que yo con sólo amaros he cumplido;
y que vos lo sepáis por premio os pido.

FIN DE LA "DESCRIPCIÓN DE LA TAPADA"

LA MAÑANA DE SAN JUAN EN MADRID

NOTAS CRÍTICAS
LA MAÑANA DE SAN JUAN EN MADRID

(MADRID, 1624)

Este poema menor vio la luz de las prensas en el mismo volumen en que se publicó La Circe, *poema mitológico del que tanto se diferencia por esencia y género.*

Es éste un poema descriptivo-narrativo de una de las típicas fiestas madrileñas del XVII. Lope vio y vivió en el pueblo esta fiesta, y ello basta para apreciar cuánto había de diferenciarse este poema del otro mitológico que le precede en las páginas del volumen.

En la descripción de temas nacionales y populares llegó Lope a tal maestría, que nadie pudo igualarle jamás. Sentía la emoción de lo popular y sabía expresarla en la lengua del pueblo con tal colorido y fuerza que hacía que su obra fuera obra popular sin perder los quilates de la culta, logrando así obra de verdadero valor literario.

Consta este poema de ciento doce octavas—metro, en verdad, menos propicio para el problema que cualquiera de arte menor, que más le hubiera cuadrado al tema—, y en ellas hace la descripción de las populares fiestas madrileñas de aquella ya desaparecida romería en la festividad de San Juan, que tenía lugar en el soto del Manzanares, Casa de Campo y otros parajes aledaños de la villa y corte de Madrid.

Es obra épica menor y del género ya empleado en las Fiestas de Denia, *aunque aquí huye el poeta del estilo un tanto artificioso que en aquel poema narrativo emplea.*

Como obra poética no tiene un gran valor, lo que queda bien compensado con el que tiene de obra costumbrista y de interés documental hoy. En tan curiosa composición, escrita con gran copia de detalles graciosos, hay—como dice Miguel Artigas—bellas descripciones, que son como bien labrados tapices donde pueden admirarse grupos de ninfas, parejas de enamorados, lances de caza, reyertas, enumeraciones de animales, de trajes, escenas llenas de vida, color, ruido y movimiento de ambiente popular, en un lenguaje preciso, salpicado de sorprendentes metáforas. Al final del poema hace su aparición—inevitable en obra de ta época—el Padre Guadarrama, rodeado de ninfas, una de las cuales—Amarilis—entona un himno a la real familia de Felipe IV. Hace el poeta también un elogio del Manzanares con ingenio y gracia, así como una animada descripción del movimiento elegante y mundano de las gentes que en la mañana de San Juan iban a la fiesta a orillas del río y paseaban por los jardines reales, por donde discurría una muchedumbre abigarrada y colorista que juega y canta y baila, dando animación a aquellos cuadros de color vivo que, más tarde, habían de reproducirse en las famosas romerías que inmortalizó el genial pincel de Goya en sus lienzos de asuntos populares.

Este poema, dedicado al conde de Monterrey, fue escrito en el año 1623, si bien no se publicó hasta el 1624, junto con las otras obras que completaron el volumen misceláneo La Circe, con otras rimas y prosas.

BIBLIOGRAFÍA

La mañana de San Juan en Madrid se publicó por primera vez en el volumen misceláneo *La Circe, con otras rimas y prosas..., de Lope de Vega Carpió.*—En casa de la viuda de Alonso Martín. Madrid, 1604, en 8.°

En la *Colección de las obras sueltas* de Lope, editada por Sancha, en Madrid, se incluyó este poema en el tomo III, págs. 107-135, 1776.

En la "Biblioteca de Autores Españoles", de Rivadeneyra, tomo XXXVIII, se incluye también este poema épico menor del Fénix.

En el corriente año 1935, y como conmemoración del tricentenario de Lope, la "Biblioteca Nueva", y en su colección *Tesoro,* ha hecho una edición facsímil, bajo la dirección de don Miguel Artigas.

LA MAÑANA DE SAN JUAN EN MADRID

AL EXCELENTÍSIMO SEÑOR CONDE DE MONTERREY, PRESIDENTE DE ITALIA

Musas, que en Helicón ilustra y dora
Febo, autor de la aurora, entre oro y grana;
pues siempre fuisteis gratas a la aurora,
dad música divina a lira humana:
que bien podréis del verso que atesora,
para que pinte la mejor mañana
que el claro sol, en cuantas líneas gira,
por el dragón egipcio adorna y mira.

Y tú, que en brazos de Titán reposas;
madre de las estrellas y del viento,
el aura mansa que te dan las rosas
inspira en mí de tu florido aliento;
así jamás desprecie las hermosas
colores de tu cándido ornamento
Céfalo ingrato, y el invierno helado
perezosa le tengas abrazado.

Mejor en ti la fuerza estimativa
las intenciones da al entendimiento,
de que fabrique especies y reciba
de imágenes fantásticas aumento;
porque en ti puede obrar con luz más viva
lo que trasciende a todo sentimiento
interior o exterior: tan dulcemente
le templa el rayo de tu luz presente.

Tú, del Parnaso luz, tu amparo sólo
a mi deseo te permite humano,
antes que subas del opuesto polo
anima el plectro a la turbada mano;
asiste, pues, al canto, dulce Apolo;
pero presumo tu favor en vano:
que no pueden caber, aunque lo mandes,
en materias humildes versos grandes.

Y vos, claro señor, a quien el monte
de Helicona hace rey, Pindo y Parnaso,
pues siendo monte rey de este horizonte,
habéis de honrar las cumbres de Pegaso,
permitid que tan alto me remonte,
si a deseos de luz conceden paso

rayos de sol, que al cielo me levante,
de quien os miro entendimiento Atlante.
   Canto la aurora del ilustre día
que el cielo clarifica y el sol dora,
el mundo baña en gloria y alegría
por el profeta que nacido adora;
si al sol subió Faetón, noble osadía,
también ha de tener Faetón la aurora;
pues si este monte fuera el de Tifeo,
él viera el cielo, a que llegar deseo.
   Guardo para ocasión de más decoro
de vuestro gran valor alguna parte,
con la memoria que sepulta en oro
el Indio mar, adonde el sol se parte.
Pagóle España con mayor tesoro
el que del polo Antártico reparte,
que en vuestro heroico padre, que atesora
cuanto en siglos le dio, volvió en un hora.
   Diré el honor que a vuestra patria disteis
besando a Pedro la cruzada abarca,
en que su potestad reconocisteis
en nombre y voz del español monarca;
el gobierno que entonces merecisteis
de cuanto el cetro de su imperio abarca
en el Tirreno mar, y mira el día
por el Tesín, Peloro y Leucosía.
   Debido a vuestro claro entendimiento,
sangre y valor para gobiernos tales,
era el de Italia, haciendo fundamento
en tres partes que son tan principales;
que el gran Felipe, a todas tres atento,
sin otros muchos dotes naturales,
hizo justa elección, y tan debida,
Zúñiga heroico, a la virtud unida.
   Entre muchos lugares que en España
celebran el aurora del Bautista,
Madrid, que humilde Manzanares baña,
el precio pide y el laurel conquista;
coronado de juncia y espadaña,
no como el Tajo, célebre alquimista
de las arenas de oro que retrata,
le paga su tributo en poca plata.
   Baja de una alta sierra con tal brío,

de fuente original, que no de nieve,
que le faltan las fuerzas al estío,
y él mismo con la sed sus aguas bebe;
o ellas se bajan a su centro frío,
donde el arena hasta el humor embebe;
o el sol, que su dulzura considera,
las sube con sus rayos a su esfera.

Si crece alguna vez lluvioso el año,
humildes luego sus corrientes cesan,
que del sacro Felipe en bronce extraño
la estatua insigne sus arenas besan.
Finge unas islas que con verde engaño
silvestres vides cubren y atraviesan,
donde sus blancas flores los espinos
vuelven en cuentas de corales finos.

La puente con soberbio señorío
se sienta ociosa en arcos bien labrados
con intención de pretender un río,
abriendo montes y rompiendo prados;
y como está afrentada en el estío,
viene con dos hileras de soldados
hasta la villa a deshacer sus fuentes,
o a beber, envidiosa, en sus corrientes.

Por sus servicios merecer podría
lo que por imposible la acobarda,
si diese alguna petición el día
que pasa el rey al Angel de la Guarda.
Bellas sirenas y náyades cría
en su corriente perezosa y tarda,
que para la limpieza que codicia
le ofrecen las montañas de Galicia.

Jerjes, si viera entonces tus riberas,
oh siempre frecuentado Manzanares,
no se espantara que sus gentes fieras
talaran tierras y cubrieran mares:
que por entrambas partes lisonjeras
de bailes y de músicas dispares
viera tantos soldados de limpieza,
que amainara el blasón de su grandeza.

Talestris trajo treinta mil mujeres
para ver a Alejandro victorioso:
ya claro río de Amazonas eres,
sin ir al Termodonte caudaloso;

pues a Felipe, cuantas veces quieres,
con número visitas más copioso,
excediendo tus árboles y arenas
la copia de tus músicas sirenas.
Alábense los ríos celebrados
del pez teñido en púrpura sangrienta,
con otras diferencias de pescados,
que la gula flemática alimenta;
que ni por peces ni correr dorados
vencerá tu valor quien más lo intenta:
ríndanse, pues, a tus cantoras ranas
nácares, conchas, púrpuras y granas.
Donde se alaba el Tajo cristalino,
que por carreras de álamos pasea,
nunca de ninfas a tenerlas vino
con sátiros vestidos de librea;
si lleva al mar de España su camino
entre las plantas que cubrir desea,
Manzanares mejor con plantas vivas,
Dafnes al sol, mas nunca fugitivas.
Corra Estrimón oblicuo y arrogante
por la gética lira, y la cabeza
que destroncada del canoro amante
celebra de Euridice la belleza;
y en tus orillas escuadrón lavante
repita sin afectos de tristeza
cromáticos bemoles; que no creo
que destierre Madrid a Timoteo.
Baje del monte Pelia el dulce Anauro,
el Hermo metalífero de Lidia
compita en oro con Pactolo y Dauro,
que Manzanares no los tiene envidia;
Caistro por sus cisnes pida el lauro,
que tanta muda nieve me fastidia;
pero los tuyos no, que a sus acentos
hasta las piedras sirven de instrumentos.
Préciese de sus piedras el Hidaspes,
Ganges de que nació del Paraíso,
de sus hielos el escítico Arimastes,
y de Apolo pastor se alabe Anfriso;
engrandezca Genil sus verdes jaspes,
su rápido volar Paropamiso,
Clitumno de volver blancos los bueyes,

y tú los paños de los mismos reyes.
Las fuentes son del Boristenes pocas
para igualarte a ti, famoso río,
mármoles vivos son y humanas rocas
así el invierno como el seco estío;
ni el Nilo pretendió por siete bocas
tener fuera del mar el señorío,
tú tienes infinitas que te alaban,
tus canas peinan y tus urnas lavan.
Allí la que miró desde el terrado
el pedestre galán salir al toro,
monte de plumas, avestruz dorado,
supuesto que igualando el miedo al oro
y más si le cogió por algún lado,
perdiendo a los balcones el decoro,
hablando va desde la verde orilla,
Atlante de su ropa, hasta la villa.
Allí, cuando en el fúlgido trofeo
de Berenice resplandece Apolo,
en los extremos del león nemeo
y baña en oro el contrapuesto polo,
los sátiros moviendo a su deseo,
eres testigo, oh Manzanares solo,
de más de un mármol que a la Venus Gnidia,
aunque juzgara Paris, diera envidia.
De la encendida sangre temerosas
(como a lo que es salud crédito debo),
se bañan en las ondas amorosas,
lo que dijere Hipócrates apruebo;
y así dicen las ninfas envidiosas
del claro Tajo que no ha visto Febo,
ni en verde primavera ni en estío,
tan celebrado, tan humilde río.
Y como agrada la humildad al cielo,
de manera le cubre y fertiliza,
que toda estancia del ameno suelo
por temple de Tesalia se eterniza.
En sus sotos jamás, si no es al hielo,
se peina el sol ni su cabello enriza;
aunque por dar a algún Vulcano parte,
quisiera ver con Acidalia a Marte.
Esta hierba, este bosque, este pequeño
río, que el roto muro aun hoy corona,

para perder esta mañana el sueño
por su florida margen ocasiona.
A la primera luz Venus sin dueño,
o ya con él, si Marte la perdona,
sale a los bosques, de un cendal vestida,
como Paris la vio juzgando en Ida.
Temerosa la noche apenas sabe,
viendo más luces que ella tiene estrellas,
si viene el día que su curso acabe,
y ya se quiere retirar con ellas;
de los altares el olor suave
la obliga a imaginar las flores bellas,
donde a vueltas de justas devociones,
oye supersticiosas oraciones.
Abre las puertas el purpúreo oriente
para que el alba de su luz corone
la verde selva, y la soberbia puente
a la diversa multitud dispone.
Las torres del alcázar, puesto enfrente,
baña de claridad, aunque perdone
el sol, que tiene allí su cuarta esfera:
que no saliera el sol cuando él saliera.
Su padre, invicto de su edad, un día,
con el vestido arábigo de España,
que nos dejó su antigua monarquía,
marlota, capellar, adarga y caña,
el céfiro del alba desafía
en el jinete que de sangre baña,
en tal aurora, que por justas leyes
obliga tal mañana a tales reyes.
Anticipó la fiesta de esta aurora
nuestro divino César, cuyo brío
no sufre tiempo, y sale y enamora
el mundo, el aire, el cielo, el prado, el río;
probose que era sol que ilustra y dora
invierno, primavera, otoño, estío;
pues en saliendo, fue tan pardo el día,
que vio la fiesta el sol por celosía.
Con esto, a la mañana del Profeta,
faltó su luz al río, al soto, al prado,
que ya con la del cielo se inquieta,
aunque por varias partes alojado;
sale del alba la sutil corneta

por el sauce y el álamo acopado,
y la historia, que aún hoy a Progne espanta,
con más dolor que la labró la canta.
Responden a la dulce filomena
calandrias, mirlas, pardos, jilguerillos,
y a la primera voz que al aire suena,
silencio ponen los armados grillos;
entre juncias, mastranzos y verbena,
espadañas y lirios amarillos,
ayudan los arroyos a las aves
con risa más que con canciones graves.
Ya se ven por los bosques las doncellas,
peinados los cabellos espaciosos,
que esperaron el alba las estrellas,
aunque la noche huyó con pies medrosos;
solteras libres y casadas bellas,
ya con galanes van, ya con esposos;
pero también algunas que los tienen,
con los que no lo son contentas vienen.
Los sombreros de faldas arrogantes,
entre diversas plumas de colores,
adornan trancelines de diamantes,
y a quien le falta, en vez de piedras, flores;
los faldellines, encubiertos antes,
muestran, prestando al alba resplandores,
que celosa del sol los acompaña,
si está más rica o menos cuerda España,
Cual suelen parecer colgadas calles
o la ancha plaza en un insigne fiesta,
parece en sotos, bosques, prados, valles,
tanta color entre los olmos puesta;
allí los bríos, los hermosos talles,
y despejada la hermosura honesta,
descubren el contento y alegría
de este siempre dichoso insigne día.
Brilla el azul tabí y el encarnado,
la primavera al nombre se parece;
no quiere competencia lo morado,
ni el blanco por lo casto la merece.
Alaban penas al color leonado,
lo pajizo asimismo se enriquece,
y como los claveles en las flores,
el nácar tiene imperio en las colores.

Aunque de plata se valió lo verde
por la conformidad con verdes ramas,
gran parte del valor desluce y pierde,
atrevido color para las damas;
pero, por más sutil que el plectro acuerde,
no pintaré, sin ofender sus famas,
el pie de algunas, que con tal cuidado
más se pone en los ojos que en el prado.

Llevar flechas amor en la belleza
de unos hermosos ojos es muy justo,
pero en los pies parece que es bajeza,
aunque al honor lo contradiga el gusto.
Eurídice fue ejemplo de firmeza;
ni celos dio, ni recibió disgusto;
y un día que del pie perdió el decoro,
mordióla un áspid el coturno de oro.

Nunca otra vez en tanto mal te veas,
ninfa, pues gozas de beldad tan rara:
que sólo suele ser remedio en feas
dar a los pies lo que faltó a la cara;
no cante por las márgenes leteas,
sino en puro cristal de fuente clara,
tu esposo Orfeo, cuya dulce lira
hoy en las aguas de Estrimón suspira.

Ya los caballos por el bosque vienen,
ya piensan, con relinchos sonorosos,
que imitan a las aves, que entretienen
el aire con requiebros amorosos:
y como la respuesta en ecos tienen
de los que están más lejos, tan fogosos
pisan la hierba y la menuda arena,
que muestran bien cuán mal amor se enfrena.

Como el ave de Marte corresponde
a la que lejos de su estancia canta,
la pluma encrespa, y viendo que se esconde
la oscura noche, al alba se levanta;
así con voz intrépida responde,
que las aves penígeras espanta,
el animal que al gran Neptuno debe
el freno que bañó púrpura y nieve.

Ya por el río el agua y el arena
levantan, dividiendo el cristal puro,
hasta que llegan de la orilla amena

a la ciudad de hierba al verde muro;
la herida plata dividida suena,
si bien pisada de color oscuro,
agradeciendo el agua que da enfrente
la hierba que abrasaba el sol ardiente.

Ya parece por una y otra parte,
si hallo por Manzanares fondo alguno,
el que en la tierra fue del fiero Marte
espumoso caballo de Netpuno;
y con tanta belleza alguno parte
sin permitir ventaja de ninguno,
que de alguna Semíramis pudiera
ser visto y codiciado en la ribera.

No más hermoso el dios del mar se excusa
de haber la roja Ceres engañado,
o en el templo de Palas a Medusa,
por el cabello en sierpes transformado.
Cuál entra, cuál se espanta, cuál rehusa,
cuál sigue la carroza, y cuál bañado
en el agua que esparce, el fuego vivo
templando va del sol de algún estribo.

Doblada falda airosamente prende
al sombrero con rosa de diamantes,
por cuyas plumas ser celada emprende
al timbre de las armas semejantes;
gruesa cadena desde el hombro tiende,
brillan los eslabones rutilantes
hasta el siniestro lado de la espada,
bordados tiros, guarnición dorada.

La daga larga entre la rosa de oro,
puños y brazos descubriendo apenas,
la capa vuelta al hombro con decoro,
la tela entrega al agua y las arenas;
y cual si fuera Manzanares toro
a vista de sus Cándidas sirenas,
levanta el brazo, y con galán donaire
arremete a la orilla y mata el aire.

Cuál tercia la bordada banda al pecho
sobre la cuera, en cuyo campo expira
la flor del mar, y en dulce amor deshecho,
del sol que adora las cortinas mira;
cuál, de su cuerpo y gala satisfecho,
mientras aquél en tierna voz suspira,

con risa y con requiebros no muy sabios,
ni tiene celos ni temor de agravios.
Cual suele el mar con escuadrón de naves,
cubierto de pintados gallardetes,
lustroso parecer a los suaves
céfiros, alargando los trinquetes,
parece el río, de quien son las aves
en tal navegación dulces brumetes,
los coches naves, las cortinas velas,
y las banderas las diversas telas.
Ni suelen parecer ninfas marinas
en cuadro del Ticiano entre las ramas,
como al correr un coche las cortinas
descubre historias de diversas damas;
algunas tan Penélopes divinas
en la materia de guardar sus famas,
que apenas se dilata a cortesía
la libertad que les permite el día.
Mas algunas, que son menos escasas,
y jamás del melindre el rostro vieron,
Venus de todo amor, en cuyas basas
nunca el dragón de Palas conocieron;
Porcias más de regalos que de brasas,
Cleopatras que a los pechos se pusieron
por áspides de Libia ricas joyas,
y Helenas por quien son herencias troyas;
hablan, presumen, miran, descomponen
toda conversación cuerda y honesta,
y si unas de otras a tratar se ponen,
declárase la envidia contrapuesta.
No hay traje ni hermosura que perdonen;
así se trueca en murmurar la fiesta,
y lo que entonces mal les parecía,
por gala sacan el siguiente día.
Cuál amanece por el fresco viento
que anduvo por las aguas esparcido,
fácil camaleón de su elemento,
sin los jazmines y el clavel fingido;
cuál más curiosa, si el galán atento
mira las otras damas divertido,
saca el color, y con el alba clara
le amanecen dos rosas en la cara.
Allí se junta en descompuesto coro

una familia entera, allí se canta
pastor en fuente o bien vestido moro,
que con repto feroz muralla espanta.
Allí hay un baile, allí se finge un toro;
cuál se echa en hierba o flor, cuál se levanta,
e imita con afectos y razones
los versos y las cómicas acciones;

cuál las figuras que en la corte viven
de su industria y su prosa a la ventura,
hombres que, sin césares, reciben
de cualquiera señor la investidura;
tal vez los que hablan mal y los que escriben
donde apenas se ve falta segura;
pero de éstos también en otra parte
no falta la malicia y sobra el arte.

Cuál, vestido de ramos, representa
un gigante feroz, cuál en las faldas
de Venus reparar la noche intenta,
tendido por alfombras de esmeraldas;
cuál a su Tirsi o Lísida presenta
las mal tejidas rústicas guirnaldas,
y pone con la hiedra trepadora
la verbena, de amor conciliadora.

Huye el conejo tímido, y no sale
del oscuro vivar, que de la gente
en la cueva fenígena se vale,
y acechando la hierba, está impaciente;
triste de ver que la deshaga y tale,
prueba a salir, y como tanta siente,
vuélvese a entrar, y alzando las orejas,
chilla a sus hijos con hambrientas quejas.

Por un castillo, de las guardas casa,
que la del campo en un repecho tiene,
el suelto gamo fugitivo pasa,
y al verde asilo de los montes viene;
el jabalí por la campaña rasa,
huyendo de los bosques, se entretiene,
que, como Venus si le ve suspira,
teme las muchas que en el bosque mira.

Los jardines del rey de la otra parte
del claro río ocupa alguna gente,
que por las blancas sendas se reparte,
ya viendo verde cuadro, ya la fuente;

la compostura alaba, admira el arte,
que le parece que aun está presente,
tejiendo su florífera corona
al Aurora la cándida Pomona.
Yace Neptuno en mármol fabricado,
escultura valiente, que pudiera
dejar a Praxiteles admirado,
y a cuantos celebró la edad primera,
en una cueva, alrededor bañado
de blanda lluvia, que, surtiendo afuera
a las damas que miran importuna,
y el fingido jazmín limpió de alguna.
Otras en una sala que pasean,
de los conductos por secreta mina
salen burladas, sin que el agua vean,
con diverso elemento que el de Egina;
otras la vista en una fuente emplean
en mármol, tan perfecta y peregrina,
que el agua que merece acompañarla
se da prisa a correr para mirarla.
Cuál mira en un caballo, que pudiera
temer Troya otra vez su falso trato,
capaz de tanta gente armada y fiera,
gigante en bronce, y no al cincel ingrato,
con aire igual, con majestad severa
del Tercero Felipe el gran retrato,
máquina que sustenta felizmente
un pedestal de pórfido luciente.
Muchos, por los estanques esparcidos,
en las márgenes hacen su aposento,
si fueron de las guardas admitidos,
en mayor soledad gozando el viento;
los peces, por las ovas escondidos,
aun no tienen seguro su elemento;
que habiendo confusión, jamás se olvida
todo animal de conservar la vida.
La puente, a quien da nombre y señorío
la ciudad imperial, honor de España,
en madera gastada, al viejo río
sólo sirve de báculo de caña.
Por esta parte ya con menos brío,
aunque con más lisonja, le acompaña
la gente que a su margen se avecina,

y al principio de mayo se imagina.
De tanta multitud queda cansado,
de suerte que al agosto se retira,
tomando posesión el sol dorado
de las arenas que desiertas mira.
Tiene una ermita el labrador sagrado,
por quien su verde campo aun hoy suspira,
y aquí con más razón viene la gente
a celebrar su milagrosa fuente.
El Angel, que también su templo tiene
a la vista del soto, y estos días
sabe que el gozo y el placer conviene
con lo que el ángel dijo a Zacarías,
de lo que importa más su altar previene,
y bajan las celestes jerarquías
a acompañar al cándido Cordero
que al mundo muestra el Precursor lucero.
Mas ya los mal templados instrumentos
disformes ecos dan, aunque suaves,
con voz igual a los risueños vientos
que intentan despertar sin luz las aves.
Los tardos animales macilentos,
donde Apuleyo halló sentencias graves,
con voz alegre los ministros rotos
conducen a las sombras de los sotos.
Ya saca el alto cuello el instrumento
entre varias canastas de manjares,
que desmintió al filósofo, contento
de que haya en él milagros singulares:
que si causa calor el movimiento,
no vienen por calor a Manzanares,
y dice "esta mejor filosofía
que mientras más la mueven más se enfría".
Duerma, pues, Manzanares, si se enfada
de que el vino le mengüe alguna orilla:
que no le pedirán agua prestada,
que con ella le venden en la villa.
Ya sale la aromática empanada,
ya el ave el diestro rompe y acuchilla,
ya el animal sabroso cuanto feo,
enemigo del moro y del hebreo.
Por tantas partes los manteles tienden,
ya de Ceres y Baco el bosque estanco,

que el terso lustre de la hierba ofenden,
y trueca el prado ameno el verde en blanco.
Allí las fuerzas a lo más se extienden,
permítese Dionisio a todos franco,
más bravo que el león en que arrogante
se convirtió contra el primer gigante.

Mas como su calor, cuando encendido
por lo mejor del hombre se reparte,
es señor del cerebro y del sentido,
luego sucede a sus incendios Marte.
Habló, miró, pasó, dijo atrevido
alguna cosa a diferente parte,
descubierto galán o rebozado,
y en un instante fue campaña el prado.

Ruedan los instrumentos bacanales;
no hay cuenta de la plata y el sustento;
las mujeres dan voces desiguales,
y más si toca al alma el sentimiento;
las espadas se precian de mortales,
y donde una salió relucen ciento;
mas cuantas desnudar Marte profesa,
viste la paz y vuelven a la mesa.

Faltan algunas cosas, que el confuso
polvo y la turbación sirvió de velo
a más de algún Mercurio, que las puso
con más cuidado en más seguro cielo.
Come la autoridad del que interpuso
su persona a la paz y su buen celo;
refiérese la causa y la porfía,
vertiendo a más licor más valentía.

Allí son las promesas de las damas
de no volver a verse en tales fiestas,
ni dejar otra vez seguras camas
por locas aventuras de florestas.
Ya el incendio solar mayores llamas
tiene a las bocas de Flegonte puestas;
ya tiran él y Etón más encendidos,
con cuerdas de oro al carro eterno asidos.

Yace una isla del palacio enfrente
del gran Felipe, de álamos cubierta,
adonde no han hallado eternamente
ni el sol ventana ni los hombres puerta;
en medio tiene una sonora fuente,

de su principio aun ella misma incierta,
que de un estanque manso detenida,
da al prado flores y a los olmos vida.
   Por verdes zarzas y ásperas malezas
sale a morder al alba y a la tarde
el tierno conejuelo las cortezas,
sin que el polvo encendido le acobarde;
refiere filomena sus tristezas,
sin que de astuto cazador se guarde;
quéjase la oropéndola pintada,
y arrúllase la tórtola casada.
   Aquí del alto padre Guadarrama
corriente hijo Manzanares tiende
el fatigado cuerpo en verde grama,
que por los tiernos céspedes se extiende;
alrededor de la olorosa cama
el hinojo rarísimo trasciende,
y las rojas y blancas maravillas
guarnecen con el trébol las orillas.
   La verde barba por el pardo pecho
como juncia sutil dilata un prado,
el manto de ovas y de lamas hecho,
de plateados peces esmaltado.
Una corona de esparcido helecho
el cabello le ciñe dilatado
por los mojados hombros, de quien pende
el manto que del agua le defiende.
   Severo el rostro, y los hundidos ojos
linces para mirar, y más si tiene
los ojos de la puente por antojos,
con que a mirar la de Toledo viene,
estaba alrededor de sus despojos
un escuadrón de ninfas, que entretiene
al ya caduco padre con historias
de España, de su rey y de sus glorias.
   Tal vez cuentan amores, tal sucesos
trágicos, tal imperios destruidos,
victorias de españoles y progresos
de reinos por las armas adquiridos;
ya los dejan en mármoles impresos
y con letras de bronce defendidos
del tiempo y del olvido, y a la pluma
en anales que el tiempo no consuma.

Climene estaba allí, que entre las nueve
le dio Venus lugar, aunque morena,
y Fílida, de quien Lisipo en nieve
retrató la troyana Policena;
la bella Cintia, a quien el bosque debe
el incendio que Troya debe a Helena;
Dantea, Evandra, Dórida y Silvana,
en la belleza y castidad Diana.
Los sátiros salaces y silenos,
que con los faunos en el bosque andaban,
por los sauces, de ramas y hojas llenos,
las descuidadas ninfas contemplaban;
coronados de pámpanos amenos,
que las pungentes zarzas enlazaban,
de suerte el movimiento suspendían,
que los mismos espinos parecían.
Amarílida bella, que de Orfeo
tuvo la lira y voz con más dulzura
cuanto es mayor valor, mayor trofeo
vencer un alma que una piedra dura,
estaba del anciano semideo
más cerca por la gracia y hermosura;
a quien rogaron todos que cantase
para que el río de correr dejase.
Rogada finalmente e interpuesta
la autoridad del sacro Manzanares,
por ser aurora de tan grande fiesta,
que hasta en los bosques le consagra altares,
templó la lira, y a cantar dispuesta
los dulces versos de un pastor de Henares,
mudó el compás, y enamorado el viento,
acompañó la voz el instrumento.
"Si cuantas aves la región primera
del aire van cortando, esta mañana,
que el hijo de Isabel, que luz no era,
salió a dar luz de luz tan soberana,
o cuantas por la verde primavera
imitan instrumento y voz humana,
me dieran al sujeto de esta aurora
sus lenguas y su música sonora,
"no pudiera cantar la menor parte
ni esforzar el humilde ingenio mío,
ni donde más Apolo se reparte,

Talía, Euterpe, Melpomene y Clío;
ni de Virgilio, ni de Homero el arte,
hermosas ninfas y amoroso río,
del alto alcázar cuya planta baña,
adonde duerme ahora el sol de España.
"Que puesto que el del cielo reverbera
en las torres que veis de su palacio,
aun no ha salido de su cuarta esfera
a ver de cuanto alumbra el largo espacio;
¡quién fuera Livio, quién Sidonio fuera,
quién Séneca español, quién Publio Estacio,
para escribir en verso o en historia
héroe tan digno de inmortal memoria!
"El arco de la lira pasar debe
por la goma de plantas orientales,
donde la primera tierra el agua bebe
de aquellos cuatro ríos celestiales.
Oh gran Felipe, ¿quién cantar se atreve
los rayos de tu sol piramidales,
desde el sacro cenit de tu corona,
a donde es su nadir tórrida zona?
"Yo, ninfa de este bosque, soto y río,
¿qué cantaré que tu alabanza sea?
Oh nuevo, oh claro sol del mundo y mío,
si bien tu luz me ilustra y hermosea,
alzo la frente de su centro frío,
cuya margen te adora y te desea,
cuando por ella pasas para verte
galán, gentil, gallardo, airoso y fuerte.
"Y cuando veo con la gracia y gala
que el caballo belígero corriges,
que el alma en espumoso aliento exhala,
preciado de entender que tú le riges;
o en la carrera, con que al aire iguala,
con el oro bañado en sangre afliges
los heridos ijares que le bates,
donde sus alas son tus acicates;
"me parece, Felipe, que a tus plantas
veo del Asia el dilatado imperio,
y que al chino y al tártaro adelantas
las fuertes armas de tu cetro iberio;
y que por tu valor las llaves santas,
la sacra nave del piloto hesperio,

la religión católica se estima
desde el adusto al más helado clima.
"Dichoso el siglo, no de plata y oro,
de cielo sí, que por tu causa mira
con tal benignidad, que no hay tesoro
como la paz que en tu gobierno admira.
Cubra la mar el desterrado moro,
que por la plata que perdió suspira;
que besarán tus pies y estas riberas
sus lunas, sus caballos y banderas.
"Que para las hazañas y victorias
que te esperan, señor, el cielo habita
quien pienso con piedad que tantas glorias
con sus altas virtudes solicita;
entre cuyas crónicas e historias
tendrá lugar la excelsa Margarita,
señora cuya muerte siente y llora
la noche sin el sol con el aurora.
"¿Qué pudo proceder de dos estrellas
que no fuese tu luz? Clara esperanza
de tus dos mundos, retratado en ellas;
feliz el nuestro a quien tu luz alcanza,
drías, náyades, diosas, ninfas bellas,
cantad todas conmigo en su alabanza;
responda el bosque, el agua fugitiva,
el aire, el eco, el sol: ¡Felipe viva!
"Pues ¿quién podrá tener atrevimiento
para cantar tu gracia y hermosura,
clarísima Isabel, luz y ornamento
del mundo, hija del sol, estrella pura?
¡Qué alegre en tu dichoso nacimiento
estuvo la celeste arquitectura!
¡Qué bien que te miraron sus planetas!
Pero, como eres sol, su luz sujetas.
"Hallaron las virtudes celestiales
su centro en ti, las gracias su alta esfera,
su palacio los dotes naturales,
toda su perfección la edad primera;
ya como el sol los arcos celestiales
bañas de luz, ya hermosa primavera
el aire ilustras, y en sereno cielo
eres Cupido celestial del suelo.
"Apercibe, Lucina, al más dichoso

parto que tuvo a España en esperanza
tu cuidado mayor, pues tan glorioso
suceso tu fortuna diestra alcanza;
y tú, Mantua feliz, al venturoso
infante con segura confianza,
telas del sol y lienzos de la luna,
mantillas de almas y de estrellas cuna.
"Corre de presto, sol, no te arreboles
con tanto espacio en nuestro mar hesperio,
si no es que temas ya que tantos soles
te quiten juntos el dorado imperio;
no pienses que los orbes españoles
te piden que te abrevies sin misterio;
que si los quiere ya dejar María,
sólo esta luz hará perfecto el día.
"María celestial, María hermosa.
María digna de tan gran fortuna,
que la envidie del sol la luz fogosa,
y con celos de Júpiter la luna.
¿En qué jazmín, en qué mosqueta o rosa
amaneció jamás aurora alguna,
como puede mirar el que se atreve
entre los campos de su grana y nieve.
"La luz que lleva el sol para hacer oro
en los montes antárticos, si a ellos
parte de España por mayor tesoro,
la toma de sus rizos y cabellos;
cuantos la ven respetan el decoro
de la hermosura de sus ojos bellos;
que dos cielos de amor en dos zafiros,
más merecen respeto que suspiros".
"Yo he visto aquel rubí de hojas, que tiene
por corona y por nombre Alejandría,
cuando la luz primera en postas viene
con la embajada de que llega el día,
y el aljófar también que se detiene
sobre la pompa, que su margen cría;
pero pensar que iguala con sus labios
es hacer al coral y al cielo agravios.
"Hablo atrevida como ninfa esclava
de su grandeza, gracia y hermosura,
donde la imagen más perfecta acaba
que comenzó la celestial pintura;

el cielo, en fin, pues tan benigno estaba,
te dé como la gracia la ventura,
oh gloria de tus padres soberanos
y espejo de tus ínclitos hermanos.
"Y tú, reina bellísima de Francia,
que nos dejaste en ella tal consuelo,
pues para tal ausencia y tal distancia
no pudiera ser menos que del cielo;
para que no se pierda mi ignorancia,
que a tu divina luz levanta el vuelo,
templa los rayos de tu gran corona,
o mi atrevida presunción perdona,
"Mas ¿quién habrá que el plectro al canto anime
ni extremos tan distantes proporcione
desde tu heroica majestad sublime
a la bajeza en que el temor me pone?
Tu virtud, tu valor, tu ingenio estime
quien para tanta gloria te dispone;
por Isabel te dimos, que no hay cosa
que te pueda tener por más preciosa.
"Aquí reina de tantas voluntades
te criaron las ninfas y las deas,
porque más corazones que ciudades
desde el imperio donde estás poseas;
las celestiales lises por edades
tan largas en la sangre de Austria veas,
que viva, mientras tiene el mundo vida,
al nombre de Borbón divino unida.
"Carlos, de quien bastaba el nombre solo
para saber lo que promete al mundo
en el oriente de su vida Apolo,
de tan excelso principe segundo;
Carlos, que ya del contrapuesto polo
le tiembla cuanto cerca el mar profundo,
pide a Euterpe la voz, la lira a Orfeo;
¡oh, quién hiciera cuerdas el deseo!
"Pero ¿cómo podrá torpe ignorancia
conducirle a su fin sin propia culpa?
Si bien adonde falta la elegancia,
ya tiene amor pensada la disculpa.
No hay lira, pluma, voz y consonancia,
cuando más a Faetón Climene culpa,
como poner el alma por la mano,

sin más lisonja ni artificio humano.
"Tiempo vendrá que canten los pastores,
que del Parnaso en. la difícil cumbre
por sus estudios son habitadores,
de vuestro vivo sol la ardiente lumbre,
la esperanza del fruto por las flores,
modestia, majestad y mansedumbre;
que no puede mi voz sin muchas faltas,
oh Carlos, emprender cosas tan altas.
"Desmaya el arco, el celestial quisiera,
y el mundo superior tener por lira,
Fernando serenísimo, o que fuera
la que con diez estrellas el sol mira;
a la armonía de la eterna esfera,
¿cuál ingenio mortal, cuál pluma aspira,
cuál instrumento igual a su deseo,
si no le da Mercurio a nuevo Orfeo?
"En un alma tan pura y peregrina,
¡qué bien está la púrpura sagrada,
que a la tiara soberana inclina
la majestad germánica heredada!
Sujeto humano y condición divina,
de tan altas virtudes esmaltada,
para menos efectos no naciera,
ni el cielo a tanta luz la dispusiera.
"Vive, nueva columna de la Iglesia,
pon el hombro, si bien Atlante tierno,
a más excelso templo que el de Efesia,
tan digno en tierna edad de tu gobierno;
creced, divinas plantas de Tartesia,
propagad de Filipo el nombre eterno,
y perdonad la voz humilde mía,
o cante Apolo con mayor Talía."
Paró la dulce voz, y el instrumento
quedó con vivo espíritu sonando
en ecos, que también formaba el viento,
los postreros acentos imitando;
el sol iba subiendo, el bosque atento
se fue con el concurso fatigando;
volvió a Madrid la gente, y la alegría
pasó de la mañana al mediodía.

FIN DE "LA MAÑANA DE SAN JUAN EN MADRID"

LA SELVA SIN AMOR

NOTAS CRÍTICAS
LA SELVA SIN AMOR

(MADRID, 1630)

En el mismo volumen en que se publicó, dándole nombre, el poema Laurel de Apolo, *vio la luz de la publicidad por vez primera esta obra poética, que el autor calificó de* égloga pastoral, *y, como tal, más cerca del género dramático que del épico, a que pertenece el* Laurel de Apolo.

Es una égloga pastoril dialogada conforme al uso y estilo de la época, en la que tales representaciones alegóricas —nacidas de la ya decadente novela pastoril— se representaban con harta frecuencia en fiestas de corte y festejos populares. Como es de rigor en tales obras, se desarrolla en ella un asunto mitológico, relacionado aquí con otro real que es reflejo de aquél.

La composición de esta égloga fue de pura circunstancia. La escribió Lope para ser representada ante el rey y su corte en una de aquellas fiestas palaciegas tan frecuentes en los jardines del Buen Retiro, donde el soberano y sus allegados divertían sus ocios entregados a toda suerte de recreaciones. Esta égloga fue cantada, o más bien recitada, sobre la melodía de la música; lo que ha dado pie a algunos historiadores a suponerla como la primera zarzuela española.

La representación fue hecha con toda magnificencia, según el propio Lope; se estrenó en los jardines reales, transformados en encantado palacio gracias a los artificios del ingeniero florentino Cosme Lotti, a quien llamó el propio rey "para que asistiese a su servicio en jardines, fuentes y otras cosas, en que tiene raro y excelente ingenio", como dice el poeta.

Esta obra, llena de gracia e ingenio, consta de un prólogo y siete escenas rimadas en silvas. El asunto, dentro de los estrictos cánones del género, se basa en la intervención del Amor, aconsejado por Venus, en el bosque que rodea al Manzanares, selva sin amor que el propio Cupido transforma en selva amorosa haciendo que las pastoras, antes esquivas a los halagos de la pasión, se rindan al asedio de sus galanes.

Sin que esta obra, literariamente, sea de un gran valor, lo tiene como muestra iversa de la fecundidad en vario género del poeta, y, a pesar de su carácter dramático, la incluimos aquí porque junto con obras de otro género la editó el poeta, y si es obra para representar, es también, por su esencia, obra de elevado lirismo.

BIBLIOGRAFÍA

La selva sin amor se editó por vez primera en el libro *Laurel de Apolo, con otras rimas..., por Lope Félix de Vega Carpio...*—Por Juan González. Madrid, 1630, en 8.°

En la edición de las *Obras sueltas* que hizo Antonio Sancha en Madrid, se incluyó en el tomo I, págs. 223,-255, 1776.

En la "Biblioteca de Autores Españoles", de Rivadeneyra, se incluye en el tomo XXXVIII, seleccionado por Cayetano Rosell.

En la edición de *Obras* de Lope, publicada por la Academia Española, bajo la dirección de Menéndez y Pelayo, se incluye esta égloga en el tomo V, en que se publican leyendas piadosas y comedias pastoriles, pág. 751, 1895.

LA SELVA SIN AMOR

ÉGLOGA PASTORAL, QUE SE CANTÓ A SU MAJESTAD, QUE DIOS GUARDE, EN FIESTAS DE SU SALUD

Al excelentísimo Almirante de Castilla

No habiendo visto vuestra excelencia esta égloga, que se representó cantada a sus majestades y altezas, cosa nueva en España, me pareció imprimirla, para que de esta suerte con menos cuidado la imaginase vuestra excelencia, aunque lo menos que en ella hubo fueron mis versos.

La máquina del teatro hizo Cosme Lotti, ingeniero florentino, por quien su majestad envió a Italia para que asistiese a su servicio en jardines, fuentes y otras cosas, en que tiene raro y excelente ingenio. Nuevo Hierón Alejandrino, y no menos admirable en sus máquinas semovientes que aquel insigne griego, o el alemán famoso que hizo el águila que acompañó por el aire la coronada frente de Carlos V.

La primera vista del teatro, en habiendo corrido la tienda que le cubría, fue un mar en perspectiva, que descubría a los ojos (tanto puede el arte) muchas leguas de agua hasta la ribera opuesta, en cuyo puerto se veían la ciudad y el faro con algunas naves, que haciendo salva disparaban, a quien también de los castillos respondían. Veíanse asimismo algunos peces que fluctuaban según el movimiento de las ondas que, con la misma inconstancia que si fueran verdaderas, se inquietaban, todo con luz artificial, sin que se viese ninguna, y siendo las que formaban aquel fingido día más de trescientas. Aquí Venus, en un carro que tiraban dos cisnes, habló con el Amor, su hijo, que por lo alto de la máquina revolaba. Los instrumentos ocupaban la primera parte del teatro, sin ser vistos, a cuya armonía cantaban las figuras los versos, haciendo en la misma composición de la música las admiraciones, las quejas, los amores, las iras y los demás afectos.

Para el discurso de los pastores se desapareció el teatro marítimo, sin que este movimiento, con ser tan grande, le pudiese penetrar la vista; transformándose el mar en una selva, que significaba el soto de Manzanares con la puente, por quien pasaban en perspectiva cuantas cosas pudieron ser imitadas de las que entran y salen en la corte; y asimismo se veían la Casa de Campo y el Palacio, con cuanto desde aquella parte podía determinar la vista. El bajar los dioses y las demás transformaciones requería más discurso que la égloga, que, aunque era el alma, la hermosura de aquel cuerpo hacía que los oídos se rindiesen a los ojos. Esto para inteligencia basta, pues no es posible pintar el aparato sin fastidio, ni alabar las voces e instrumentos, sino con sólo decir que fue digna fiesta de sus majestades y altezas, y en regocijo de su salud, que siempre vaya en aumento con su felicidad, a que entonces escribí así:

Alza la frente, de cristal ceñida,
que envidian los corales eritreos,
Manzanares humilde, a los trofeos
sacros al ave del Tusón vestida.
Febo español, la luz restituida,
cándida más que en árboles sabeos,
hoy amanece en almas y deseos
por justos votos de su fénix vida.
Sale de oscura noche más hermosa
la blanca aurora a repartir colores,
nieve al jazmín y púrpura a la rosa.
Así Filipo dio rayos mayores,
y amaneciendo su salud dichosa,
los ojos almas y los campos flores.

PRÓLOGO

VENUS Y AMOR

VENUS

Cándidos cisnes, que vestís la espuma
de quien yo procedí, llama amorosa,
aunque ella envidia vuestra blanca pluma,
la superficie discurrid undosa,
cortando con los pechos los cristales
del húmedo elemento;
dividid con los pies verdes corales,
que ignoran tiernos el color sangriento;
desengañad los nácares, que aurora
me presumen, abiertos al rocío
de las preciosas lágrimas que llora
por el hijo querido, en Troya muerto;
en cuyas conchas, breve imperio mío,
también nacen por mí las perlas bellas.
Abrid por estas ondas paso incierto,
pues voy segura en ellas
de que otra vez mi pie produzca rosas,
vengando las celosas
ninfas el verde espino, que me debe
la púrpura nacida entre su nieve.
No envidie el plaustro mío el de mi hermano,
que como el rojo Apolo por los cielos,
surcando el Océano,
haréis por estas ondas paralelos,
y como por su eclíptica dilata
sonoras ruedas de oro,
vosotros las de plata.
Serán, en vez del Aries y del Toro,
signos aquí los peces; mas ¡ay cielos,
qué sombras forman vuestros puros velos!
Que como mengua y crece,
trémula por las ondas aparece;
mas no fue sombra vana:
mi hijo es éste, ¡oh mal nacida fiera!
¿Adonde vas, Amor? Amor, espera.

AMOR

Madre querida mía,
en el mar proceloso
templo las flechas, y entretengo el día
jugando por el aire vagaroso:
que en este dulce juego
me alegra el convertir el agua en fuego.
Mira cuál van huyendo,
así con paz reposes,
tantos marinos dioses,
de quien me estoy riendo;
y en tanta confusión tantos cuidados,
ejércitos de peces abrasados.
¿Hay más alegre vista, madre hermosa,
que en tocando la flecha enamorada,
verlos volver la espalda plateada,
y teñir el cristal sangre amorosa?

VENUS

Bárbaro, ¿ahora juegas?

AMOR

Pues ¿no soy niño yo, querida madre?

VENUS

¿La edad conmigo niegas
tú, de los mismos elementos padre;
tú, por quien todo se produce y cría,
se aumenta y se sustenta?
Amor, Amor, la edad del tiempo tienes;
los dos nacisteis en un mismo día.
¿Ahora juegas, en eterna afrenta
de tu valor? ¿Ahora ocioso vives,
y el arco entero círculo dispones?
¿Para matar nereidas y tritones,
en focas viles, en marinas deas,
de las flechas empleas
el oro venenoso,

de quien no se resiste
ni Marte riguroso
armado de diamante,
ni Júpiter tonante,
que por los campos de Fenicia viste
pacer al blanco pie de Europa un día
las hierbas que pisaba y florecía,
y el que fieros Encélados fulmina,
cisne por Leda, fuego por Egina?
¿La fría luna enciendes,
y de su esfera al monte la desciendes?
¿Y aquí gastas, Amor, por burla y juego
en campos de cristal flechas de fuego?

AMOR

Pues ¿qué deidad habrá que Amor no venza?

VENUS

Bien lo sé yo, tirano:
que aún hoy entre las redes de Vulcano
de los dioses la risa me avergüenza.

AMOR

No más, hermosa Venus, madre mía;
volved en alegría
las perlas y las rosas.

VENUS

Si hoy matas peces viles,
cogerás otro día
pintadas mariposas;
¡qué Alejandros, qué Césares, qué Aquiles!

AMOR

Madre, ¿por qué me afrentas,
si sabes que sé yo de ti vengarme?

VENUS

Por ver que hazañas bárbaras intentas.

AMOR

Pues si suelen pintarme
en una mano un pez y en otra flores,
porque es mi imperio igual en mar y en tierra,
¿por qué no lo ha de ser también la guerra
de mis tiernos amores?

VENUS

Yo no te digo, Amor, que no enamores
la mar, la tierra, el aire, el mismo fuego.
Ame la salamandra, si en él vive;
pero cuando mayores
hazañas te apercibe
Némesis para darte honor y gloria,
¿tienes tú por victoria.
rendir muros de vidrio al transparente
reino sin luz del húmedo tridente?

AMOR

¿Qué hazañas, madre amada?

VENUS

Hay una selva a Dafne consagrada,
opuesta a Pafo, Chipre y Ericina,
en la corte de España, Amor querido,
donde Felipe e Isabel divina
reinan en paz, y muchos años reinen.
Esta selva, este campo, este florido
bosque, por más que sus orillas peinen
las aguas del humilde Manzanares,
que envidian por su dueño inmensos mares,
nunca deshace y pierde
del fresco muro la corona verde.
Esta la selva sin amor se llama,

si no miente la fama;
aquí tiene su corte la hermosura,
aquí el desdén su esfera,
aquí Dafne cruel, áspera y dura;
en paz las fugitivas plantas crecen;
aquí no se obedecen
tus leyes amorosas;
aquí salen al prado desdeñosas
Dorida y Amarilis,
Belisa, Flora y Filis;
y si cogiendo rosas
de las verdes orillas,
en sus blancas cestillas
algún pastor o fauno semideo
las ve curioso y mira con deseo,
dejan las flores y se esconden luego.

AMOR

Madre, no más; yo haré que en vivo fuego
arda la selva de la ninfa al ave;
no he menester la nave,
que ya surcando estrellas
pisa en vez de las ondas luces bellas.
Yo parto a España, que volver deseo
por mi real decoro;
flechas quiero llevar de plomo y de oro,
de desdenes y amores.
Ya parece que veo
las aves suspirar, arder las flores,
las fuentes dilatarse en plata viva,
y quejarse la cierva fugitiva.
¡Así, selva traidora,
así, que sois ahora
el reino de la nieve!
¿Manzanares se atreve
a no pagar tributo al poder mío?

VENUS

Diles, querido Amor, que yo te envío.

AMOR

No, madre, que dirán que estáis celosa
de que haya alguna de ellas más hermosa.
Madre, yo parto; adiós, que cuando vuelva
diréis que es fuego lo que ahora es selva.

ESCENA PRIMERA

SILVIO Y FILIS

SILVIO

Verdes, altos laureles,
adonde aún vive ahora
de Dafne rigurosa el alma ingrata,
cuyos brazos crueles
el sol adora y dora;
pura corriente, sonorosa plata,
adonde se retrata
una divina fiera,
más que en su espino rosa
defendida y hermosa;
mis quejas escuchad antes que muera.
Oíd mi cisne vida,
que canta y llora su mortal partida.

FILIS

Verde bosque sombrío,
florido, ameno prado,
sagrada selva, a Dafne rigurosa,
claro apacible río,
de! lirios coronado,
del honesto desdén patria dichosa,
y de la casta diosa
habitación y esfera,
donde su paz divina
a libertad inclina
la dulce de los años primavera,
oíd mi pensamiento,
que vuela libre en la región del viento.

SILVIO

Yo soy, amor ingrato,
quien, más aborrecido,
amó con más verdad, perdone Apolo,
no Dafne; su retrato

en belleza y olvido
es de mi vida pensamiento solo.
No mira desde el polo
al término del día
el sol mayor belleza,
ni tienen más firmeza,
entre tantos desdenes, que la mía,
pues ingrata la adoro,
del celeste cristal los ejes de oro.

FILIS

Yo soy quien no ha pagado
tributo al amor loco,
tirano sin razón del albedrío,
ni miro con cuidado,
ni amada, me provoco
de ajeno amor para rendir el mío.
Riberas de este río,
libre de amor y exenta,
honesta vida paso;
no hay amoroso caso
que no me tenga a defenderme atenta:
así libre contemplo
mi propia pena en el ajeno ejemplo.

SILVIO

Filis hermosa, ¿adónde?

FILIS

¡Ay triste yo!

SILVIO

Detenté,
vuelve a coger las flores;
que si tu sol se esconde
en el mar de occidente,
mis ojos mares te darán mayores.
¡Ay Filis, qué rigores
castigan mis deseos!
¿Mis dones dejas, mi cuidado afrentas?

¿Qué primitivas flores
no traje a ser trofeos
del blanco pie con que de mí te ausentas?
Las cervices exentas
del yugo, los novillos
a tus plantas rindieron;
de pluma se vistieron
apenas los pintados pajarillos,
cuando en los aires vanos
fueron despojos de tus blancas manos.
Aquí, dulce enemiga,
te traigo ruiseñores,
calandrias y esmaltados colorines,
que a la engañosa liga
y reclamos traidores
bajaron de estas hiedras y jazmines,
porque a pensar te inclines
que así tus ojos fueron;
así dulces llamaron
al alma que engañaron
y las potencias que en su red cayeron,
quedando, ingrata, asidos
en su fingida risa mis sentidos.

FILIS

Extranjero pastor, ¿por qué me sigues?

SILVIO

Oye por cortesía.

FILIS

Cuando a escucharte mi desdén obligues,
¿qué me puedes decir que no me canse?

SILVIO

Que dejes, Filis mía,
que en esas luces mi dolor descanse;
déjame verte, y véngate de verme
abrasar en tus rayos.

FILIS

¿Que tengo de escucharte y ofenderme?

SILVIO

Mis penas, mis desmayos,
mis ansias amorosas, mis fatigas,
mueven los montes y las duras fieras,
con ser de los humanos enemigas;
tú sola perseveras
en ser más fiera y dura;
¡oh grave desventura!
Que lo que un monte mueve
no mueve un tierno pecho,
un rostro hermoso, un corazón humano.
¿Eres mármol, oh Filis, eres nieve?
Recibe de mi mano
esta cárcel piadosa
de tiernos y pintados jilguerillos,
que a traición los prendí por imitarte.

FILIS

Recibiré gozosa
esta prisión de simples paja¡rill.os,
y no por agradarte,
mas para abrir la puerta:
que como al aire van por senda incierta,
así libre de amor me parto.

SILVIO

¡Ay fiera!
¡Si así tu mano libertad me diera!
La suya quieres que en el aire intenten,
piadosa con las cosas que no sienten;
abre la puerta a mi prisión, ingrata;
las almas, no los pájaros, rescata;
¡oh condición de tu desdén tirano!

FILIS

Silvio, cánsaste en vano,
y mueves sin provecho
los montes y las fieras;
vivir libre me agrada,
a Dafne consagrada,
diosa de estas riberas.

SILVIO

¡Oh cuántas confianzas
el amor ha rendido!
¡Ay Filis, cuántas veces el olvido
despertó sus venganzas!
Y cuando amor de ti vencido quede,
podrán los años lo que amor no puede.
Sale la pura noche con el día
en hojas de esmeraldas arrogante;
viene la noche y con la mano fría
marchita su hermosura.
Pues dime tú: cuando el cristal te espante,
¿qué harás, Filis, qué harás?

FILIS

Vivir segura;
y déjame, te ruego

SILVIO

¿Qué cosa sin amor contenta vive?

FILIS

Amor es loco y ciego.

SILVIO

¿Que la soberbia de este bien te prive?

FILIS

Ay, guárdenme los cielos
que yo sepa de amor ni entienda celos.

SILVIO

Filis, Filis cruel, ¿esto permites?
Detente, espera, advierte
que has de llorar mi muerte;
así el amor piadoso hará que imites
el alma de Anaxarte, en piedra helada.
¿A qué mujer pesó de ser amada,
sino es a ti, cruel? ¿Qué haré, que muero?
Si no es la muerte, ¿qué remedio espero?
¡Que se fuese y que muerto me dejase!
Oh selva sin amor, amor te abrase.
Hoy se acabó mi vida,
¡ay Filis homicida!
Hoy a tus manos muero.
Si no es la muerte, ¿qué remedio espero?
¡Que apenas me mirase!
Oh selva sin amor, amor te abrase.

ESCENA II

JACINTO Y SILVIO

JACINTO

Parece que he sentido
entre estos sauces lastimosas quejas.
Hola, pastor perdido,
¿dónde el ganado y el sentido dejas?
¿Qué pena, qué cuidado
te aparta del sentido y del ganado?
¿Qué miras a los cielos?
¿Adonde vas sin alma, Silvio amigo?

SILVIO

En tantos desconsuelos
descansaré contigo,
si puede alguna cosa descansarme,
Jacinto mío, en tanta desventura;
que me matan deseos de matarme.

JACINTO

Silvio, si la amistad sencilla y pura
es el descanso de los males, sólo
el alma, que conoces, te asegura.

SILVIO

Escucha, pues, en tanto
que igualo con el llanto
las quejas tristes del dorado Apolo,
pues tanto a Dafne Filis, siempre ingrata,
en la belleza y el desdén retrata.
De las heladas nieves
del frío Guadarrama
bajé a los campos de Madrid un día;
¡ay, cuánto en horas breves
enciende amor la llama,
que desterró la paz en que vivía!

En esta fuente fría
a Filis vi sentada,
el cabello esparcido
al viento y al olvido,
de sus mismas acciones olvidada,
pareciendo sirena,
con líneas de oro cándida azucena.
Quedé sin vida en viendo
su hermosura, Jacinto;
y ella, en viéndome a mí, las bellas plantas
dio tan ligera huyendo
al verde laberinto,
que venciera Camilas y talantas,
porque de flores tantas
como el prado tenía,
no lastimó ninguna;
así la blanca luna
el verde monte Latmo discurría,
y así la vista en calma,
suspenso yo, la fue siguiendo el alma.
Pregunto a los pastores
su condición y estado,
y todos me aconsejan que me vuelva:
que no saben de amores
las ninfas de este prado.
Aunque amoroso llanto me resuelva,
perdido en esta selva,
no vuelvo al patrio monte :
aquí vivo, aquí muero,
espero y desespero;
ni sé más cielo ya que su horizonte,
porque estos verdes sotos,
pues duerme la razón, producen lotos,
son todas estas fuentés
espejos meduseos;
piedra debo de ser desde aquel día.
¡Ay Dios, cuán diferentes
los humanos deseos
siguiendo van su natural porfía!
Aquí la ingrata mía
de suerte me ha tratado,
que si una roca hubiera,
a Manzanares diera

la vida, entre sus aguas sepultado:
que para mis enojos,
se las aumentan con llorar mis ojos.

JACINTO

No es en los males el menor consuelo,
Silvio, la compañía;
así permite el cielo,
cuando más la esperanza desconfía,
que se mengüe el dolor de padecellos
con ver otros mayores.
Silvio, de Flora vi los ojos bellos;
Flora, del prado honor, y a quien las flores
para vestirse imitan sus colores,
unas tomando nieve y otras grana,
con que también se afeita la mañana;
pero si alguna cosa a su belleza
puede igualar, es sola la dureza.
Palabra no la digo
que me escuche jamás, tan mal me trata:
que como quien encuentra a su enemigo,
así pasa por mí la bella ingrata;
y aunque morir me vea,
muestra que lo desea,
en que verás que no hay tan gran desdicha
que en otro desdichado
no pueda ser mayor, ¡oh Silvio amado!,
y más si tuvo dicha.

SILVIO

Jacinto, ¿cómo pasas tú las horas,
que corren perezosas por los males,
después que a Flora adoras?

JACINTO

Huyo la ociosidad, que en casos tales
con ella son mayores;
pongo a las aves lazos, siembro flores
o persigo los ciervos fugitivos;
planto vides y olivos,

o saco de los corchos otras veces
los panales nativos,
o pongo cebo dulce a simples peces.

SILVIO

Irme quiero contigo.

JACINTO

Silvio, yo soy tu verdadero amigo.

SILVIO

¿Que la cruel se fuese y me dejase?
¡Oh selva sin amor, amor te abrase!

ESCENA III

CORO DE LOS TRES AMORES

Tres amores venimos
en un supuesto,
voluntad y memoria y entendimiento.
Voluntades aman
por lo que entienden,
de lo que han entendido memoria tienen;
divididas quieren en un sujeto
memoria, voluntad y entendimiento.

AMOR, ***solo***

Obediente al imperio
de mi madre ofendida,
del mar de Chipre vengo al suelo iberio.
Este es el centro de la fuerte España,
de su misma aspereza defendida;
éste es Madrid; aquella, la montaña,
de cuyas peñas altas y dispares
desciende perezoso Manzanares,
y de una en otra vega
en sí mismo navega,

hasta que besa el pie del edificio
del gran Felipe espléndido solsticio,
que de su luz inaccesible baña,
y la bella Isabel, gloria de España,
lirio divino que bajó del cielo
en puro hermoso velo.
Aquí su cuarta esfera
con los rayos de Apolo reverbera;
aquí me ofrecen sus amores fruto,
y tengo por tributo
un ángel tan hermoso
de su santo himeneo,
que es amor de mi amor, y amor de amores
¿y qué mayor trofeo
que coronar de flores,
de mirtos y laureles,
mis flechas dulces, ya que no crueles?
Pues la hermosa María,
la reina serenísima de Hungría,
y el invicto Fernando
previenen glorias a mis triunfos, dando
esperanzas suaves
de producir las imperiales aves
en el sagrado nido;
mas ¿cómo, divertido
en su esplendor, no veo
el fin de mi deseo?
Este es el río, el prado, el valle umbroso,
ésta es la selva sin amor; en ésta
vive el desdén cruel, reina el olvido.
¡Oh bárbara floresta,
que a las luces de amor rebelde ha sido!
Hoy arderá tu suelo,
que a la naturaleza, al mismo cielo
ofende tu esperanza.
Estas las ninfas son cuya belleza
me ha perdido el decoro:
prevengo el arco y las saetas de oro.

ESCENA IV

FILIS, FLORA, AMOR

CORO DE LAS DOS JUNTAS

Al Amor, que es niño ciego,
y quiere abrasar la tierra,
armas, armas, guerra, guerra.
Al tirano, que se atreve
a la mejor libertad,
al que sin tratar verdad,
menos paga a quien más debe,
armarse el pecho de nieve
para resistir su fuego.
Al Amor, que es niño y ciego,
y quiere abrasar la tierra,
armas, armas, guerra, guerra.

FILIS

Esto me dijo Silvio, Flora amiga;
pero yo, como siempre, desdeñosa
y de amor enemiga,
del áspid de Euridice temerosa,
huyendo fui por el ameno prado.

FLORA

Jacinto me contaba su cuidado,
Filis, también a mí, que a la ribera
bajé por flores a la luz primera
de la clara mañana
para vestir las aras de Diana;
pero en oyendo yo tratar de amores,
como si un áspid venenoso fuera,
dejé las flores y pisé las flores,
y dando envidia al viento,
burlando su atrevido pensamiento,
tomé venganza en risa.
Mis armas son desdén, y mi divisa
aborrecer los hombres.

FILIS

Para escuchar sus nombres
aún no tengo paciencia.

FLORA

Con poca resistencia
se vence un niño ciego.

AMOR

Ahora tiro y las abraso en fuego.

FILIS

Repara, Flora, y mira
que aquella blanca tórtola suspira;
¿no ves aquella cierva
llamar el gamo, y él pacer la hierba
ocioso y descuidado?
El arroyuelo de este ameno prado
sale a besar las flores,
con lengua de cristal las dice amores;
¿qué novedad es ésta?

FLORA

¡Ay Filis! ¿Por qué causa
alma quejosa apresta
al aire filomena en voz suave,
ya trina, ya se queda en dulce pausa?

FILIS

Advierte que no hay ave
que no cante de amor; todo suspira.
Mira estas vides, mira
cómo con verdes rúbricas se enlazan
a estos olmos que abrazan.

FLORA

¡Ay Dios, algo sospecho!

FILIS

Fuego siento en el pecho.

FLORA

Por la venganza que de ti temía,
callaba yo lo mismo que sentía.

FILIS

No me pesara, Flora,
de ver a Silvio ahora.

FLORA

Ni a mí Jacinto, Filis.

FILIS

¡Ay cielos! ¡Si le viera,
qué tiernos pensamientos le dijera!

ESCENA V

JACINTO, SILVIO, AMOR, FILIS, FLORA

JACINTO

Esto dice la mágica Amarilis,
de cuya ciencia creo
el fin de mi deseo.

SILVIO

No la ha igualado Circe, ni en la selva

ninfa o pastora alguna.

JACINTO

No hay mar que no revuelva;
letras escribe en la triforme luna,
y tiembla sus conjuros Aqueronte.

SILVIO

Hará de un monte valle, y valle un monte.

AMOR

Para mayor venganza del olvido,
con la flecha de plomo herirlos quiero.

SILVIO

Yo pienso que Amarilis ha tenido
lástima de los dos, que el rigor fiero
no siento de la pena que sentía,
no viendo la cruel pastora mía.

JACINTO

Ni me parece a mí que siento ahora,
Silvio, no ver a Flora;
sin duda que la Sabia,
viendo que amor de su desdén se agravia,
nos ha llevado al agua del olvido.

FILIS

¿Mi Silvio no es aquél? ¡Silvio querido!

FLORA

¿Jacinto no es aquél? ¡Jacinto amado!

SILVIO

¿Sois acaso pastoras de este prado?

¿Vivís por estos valles,?
Que parecéis de razonables talles.

FILIS

¿Qué dices, Silvio mío?
Yo soy tu amada Filis.

SILVIO

Ese nombre no he oído
jamás.

FILIS

¡Qué desvarío!
¿A quién habrá que tu rigor no asombre?

FLORA

¿Y tú, Jacinto, ignoras por ventura
que soy tu Flora yo? Mírame atento.

JACINTO

No hay fuera de estos prados hermosura.

FLORA

Jacinto, ¿quién mudó tu pensamiento?

FILIS

Silvio, ¿no me querías?
¿No era tu dueño yo?

SILVIO

Mudan los días,
Filis, las condiciones.

FLORA

Jacinto, ¿tú no escuchas mis razones?

JACINTO

¿Quién da voces aquí tan desiguales?

AMOR

Deidades celestiales,
venid a ver arder el hielo frío;
venid, venid a ver el poder mío;
venid a ver lo que mi fuego puede.

FILIS

Silvio, vuelve a mirarme.

SILVIO

Filis, ¿quieres dejarme?

FLORA

Oye, Jacinto, y sólo le concede
este favor al alma que te adora.

JACINTO

¿Es Flora?

FLORA

Yo soy Flora.

JACINTO

Pues yo quien te aborrece.

AMOR

Como crece el desdén, el amor crece.

JACINTO

Huiré, Flora, de ti: tanto me ofendo
de verte y escucharte.

FLORA

Pues yo te iré siguiendo.

JACINTO

Aborrecerte es fuerza.

FLORA

Y fuerza amarte.

FILIS

¿Serás tú por ventura,
Silvio; de condición tan fiera y dura?

SILVIO

Seré, por no escucharte, el mismo viento.

FILIS

Y yo en seguirte el mismo pensamiento.

AMOR

Madre, ya estás vengada:
de hoy más será llamada
de ninfas y pastores
la selva sin amor, selva de amores.

ESCENA VI

MANZANARES, AMOR

MANZANARES

¿Quién eres tú, rapaz, quién, que insolente
de tu veneno ardiente
inficionas el claro imperio mío?
Ninfas de mi ribera, un niño ciego
penetra lince vuestro centro frío,
y mi puro cristal convierte en fuego.
Prendedle, muera luego
quien viene a interrumpir vuestro reposo.

AMOR

Madre, diosa de amor, planeta hermoso,
favor, pues he venido a obedecerte.

ESCENA VII

MANZANARES, AMOR, JACINTO, SILVIO, FILIS, FLORA, VENUS

VENUS

Villano Manzanares, ¿de esta suerte
se trata al hijo mío?
¿Quien arde el Océano
osa afrentar un río
que apenas en invierno tiene aumento?
En pago de tu loco atrevimiento,
esta flecha te envío,
que tu corriente seque en el verano,
tanto, que por tu margen, siempre amena,
seas cadáver de abrasada arena;
verá tu centro el sol.

MANZANARES

Deten la mano,
piedad, madre de Amor, piedad, que muero;
si agua me falta, ¿qué remedio espero?
Mas, Venus, ya que yo, siendo elemento
tan frío y siempre de tu fuego exento,
quieres que sea salamandra en agua
y que mi hielo se convierta en fragua,
no permitas que pase
pastor por esta selva
sin que también se abrase
y en amoroso fuego se resuelva.
Los dioses y los reyes
iguales han de establecer las leyes.
Amen, pues amo yo, pero señala
a quién tengo de amar.

VENUS

No sé quién sea.

MANZANARES

Amor, tira una flecha a Galatea.

VENUS

Aunque esta fuente en su cristal me avisa
que en el desdén y la hermosura iguala
a Narciso Narcisa...

AMOR

Madre, no pienses a quién ame un río
vestido de ovas y de hielo frío;
yo haré que bajen a bañarse damas,
que por julio le abrasen en sus llamas.

MANZANARES

Amor, no más crueldad; en paz quedemos.

AMOR

¿Bañarse en tu cristal llamas castigo?

VENUS

Ven, dulce Amor, conmigo.

AMOR

Madre, ya voy, pero los dos extremos
de olvido en los pastores
serán de hoy más extremos en amores
con esta flecha de oro.

JACINTO

¡Ay Silvio, a Flora adoro!

SILVIO

Yo a Filis, a quien antes despreciaba.

JACINTO

¡Amor divino, poderosa aljaba!

CORO DE TODOS

Quede en los olmos de esta margen verde,
para que siempre la memoria acuerde
de esta historia el ejemplo,
en el sagrado templo
de la amorosa fama,
escrito que se llama
de ninfas y pastores
la selva sin amor, selva de amores.

FIN DE "LA SELVA SIN AMOR"

LAUREL DE APOLO

NOTAS CRÍTICAS
LAUREL DE APOLO

(MADRID, 1630)

Este poema es obra ya de la vejez del Fénix, mas no por ello menos logrado y vigoroso que los escritos en años de plenitud del poeta.

Desde la cumbre de su gloria quiso Lope mirar el panorama literario de España que se extendía a su alrededor y dar sobre sus contemporáneos la opinión que le merecían: obra parcial, por consiguiente, mas no apasionada.

Es el Laurel de Apolo *un poema laudatorio de los poetas y artistas, al modo de otros que ya circulaban en nuestra literatura y en la italiana.*

De muy distintas maneras ha sido juzgado este poema por cuantos han estudiado la polifacética obra del Fénix. Desde los que vieron en esta obra una mera relación o catálogo de poetas, como el señor Cerda y Rico, hasta los que le han asignado un valor personal de crítica que lo aleja de ser mero catálogo para acercarlo a la obra consciente de crítica subjetiva y serena, como lo considera el ilustre lopista Cayetano de La Barrera, que se alzó contra opinión tan frívola sobre el poema de Lope, para apreciar en él valores subjetivos y descubrir entre sus versos gustos, opiniones, malquerencias e ideas literarias y estéticas del poeta en esta obra reflejadas.

Válese Lope en este poema de un argumento convencional que da pie a un desfile de más de doscientos ochenta poetas de España y Portugal, treinta y seis franceses e italianos, veinticuatro ingenios de la antigüedad y diez pintores españoles famosos, que asisten a una fiesta celebrada en el monte de Helicona el 29 de abril de 1628, en la que ha de adjudicarse el premio al mejor poeta. Para todos cuantos poetas desfilan por los versos del poema tiene el Fénix palabras de encomio, ya abiertamente o bien, a veces, un poco reticente, aunque, por lo general, desde la cúspide de la fama en que el poeta se asienta ya, es indulgente para todos, a quienes trata con una benignidad paternal que dictan los años y la experiencia, aunque en momentos no olvida Lope aquel orgullo que la conciencia de su valor y su gloria le daban.

Redúcese el convencional argumento a la narración de cómo son llamados por los bronces de la Fama y en nombre de Apolo todos los candidatos al simbólico laurel del dios de la Poesía. A tal concierto acuden de todos los confines del imperio lingüístico español artistas de la palabra; así llegan de las márgenes del Tajo y del Guadalquivir, del Duero y del Genil, del Turia, del Ebro, del Sil, del Pisuerga, del Tormes, del Henares y del Manzanares, que es tanto como decir de toda la faz de España dividida en cuencas hidrográficas. A los poetas de tan diversos lugares reunidos se unen los que proceden de las islas adyacentes, de América y de todos cuantos sitios se conoce y habla la lengua de Castilla. Reunidos todos llegan al Parnaso, en cuya cumbre se celebra el poético torneo que ha de adjudicar el premio al vencedor, que obtendrá el acceso cerca del dios y de sus Musas.

Lope se enfrenta en su poema con toda aquella muchedumbre de poetas contemporáneos suyos, para todos los cuales tiene palabras de elogio más o menos fervoroso, más o menos sincero, lo que hace decir a Vossler que este poema es una visión académica a medias solemne y humorística del panorama literario en que vivió y escribió el Fénix, que, espíritu popular genuino, no dejó nunca, ni aun en los momentos solemnes, aquel cierto humor socarrón que aquí—ya frisando en los sesenta y seis años— deja su acritud para ser tan sólo bonachonamente burlón.

Respecto al género, tiene este poema sus antecedentes, que no hace falta buscar en ajenas literaturas, sino en la nuestra nacional. El Canto del Turia, *de Gil Polo, en la novela pastoril* La Diana enamorada *hace el elogio de los poetas valencianos de la época del autor. Más próximo aún,* El Viaje del Parnaso, *de Cervantes, publicado en 1614, es también una relación de los poetas de la época, y a su vez obra inspirada en este género de poemas, tan cultivado en la literatura italiana renacentista, como el* Viagio di Parnaso, *de Cesare Caporali. La costumbre italiana pasó a España con la influencia renacentista y en nuestra literatura tuvo gran cultivo, ya que aquí—como dice el propio Lope en el prólogo del poema — es de admirar "cuán alimentada y florida está el arte de escribir versos en España".*

Larga fue la gestación del Laurel de Apolo, *ya que el poeta no quiso hacer obra frívola y buscó la documentación y conocimiento directo de los poetas juzgados, a fin de no aventurarse a dar opiniones que no fueran definitivas.*

En el otoño de 1629 dio por terminado su poema, en el que venía trabajando el poeta—según opinión de sus biógrafos—desde septiembre de 1623 por lo menos. No se publicó hasta el año 1630.

La obra divídese en diez cantos escritos en silvas y alcanza un total de cerca de siete mil versos.

Es de advertir que la mayor parte de los criterios vertidos por Lope en su poema son coincidentes con el que sobre los mismos poetas ha dado definitivamente la posteridad, lo que nos da idea de la clarividencia de Lope en sus juicios sobre los poetas de su tiempo, juicio no fácil de formular tan cerca de los juzgados. Claro es que sus más fervorosos alabanzas y encomios se reservan a los amigos particulares del poeta, y, en cambio, es ligera y a veces deleznable la opinión, cuando no adversa, que le merecen poetas ilustres que en la vida fueron enemigos de letras del Fénix. Así, el elogio de Cervantes es flojo e inexpresivo en relación con los demás, y en otras ocasiones es desmesuradamente elogioso el juicio de otros poetas hoy casi desconocidos. De Góngora habla Lope primeramente de pasada y por segunda vez le nombra para clavarle el dardo de unas frases intencionadas contra su Polifemo.

Omite Lope bastantes nombres de poetas ilustres de su tiempo, omisión que hacen notar los críticos y biógrafos del Fénix; mas ha de tenerse en cuenta que en otras ocasiones habló de aquellos poetas que aquí parece olvidar. Además, en el prólogo del poema justifica de antemano ciertas omisiones, como al mismo tiempo justifica la inclusión de otros poetas mediocres, que a esta inclusión deben no haber sido olvidados del todo.

Finalmente, hemos de hacer notar que en este poema no faltan del todo las notas autobiográficas, que van diluidas a través de las largas silvas del poema, como así también se puede en ellas apreciar el conocimiento que Lope tenía de ciertas artes y de las cuestiones históricoliterarias, como la métrica y las luchas que por implantar la italiana se entablaron entre los poetas castellanos; el origen latino de los metros españoles y sus opiniones personales sobre estas materias estéticas en discusión en el tiempo de Lope.

Aparte de la crítica literaria que Lope formula en este poema, son de notar en él algunas digresiones poéticas que recuerdan los mejores momentos de la producción lírica del Fénix; así, El baño de Diana, *entre las silvas V y VI,* y El Narciso, *incluido en la silva X.*

Al final de este poema, como apéndice, incluímos la tabla que los editores de las Obras sueltas *de Lope dieron en aquella edición, de los poetas citados en el* Laurel de Apolo.

BIBLIOGRAFÍA

Laurel de Apolo, con otras rimas... por Lope Félix de Vega Carpió...—Por Juan González. Madrid, 1630, en 8.°

En la edición de las *Obras sueltas* que hizo Sancha, en Madrid, se incluyó en el tomo I, págs. XXI-XXXVII y *1-221*.

En Londres se hizo una edición en dieciocho manuscritos por Leclere y C. en 1824.

En la "Biblioteca de Autores Españoles", de Rivadeneyra, tomo XXXVIII, se incluye este poema.

LAUREL DE APOLO

Al excelentísimo señor dan Juan Alfonso Enríquez de Cabrera, Almirante de Castilla

Apolo, excelentísimo señor, deseó laurear en España algún poeta, con justo sentimiento de que la Universidad de Alcalá hubiese olvidado este género de premio entre las diferencias de sus grados, pues le tenía con notables circunstancias y honores cuando yo estudiaba las primeras letras; por cuyo olvido la Academia de Madrid y su protector don Félix Arias Girón laurearon, con gran aplauso de señores e ingenios, a Vicente Espinel, único poeta latino y castellano de aquellos tiempos; y así en éste mandó a la fama que publicase cortes en el Parnaso, para que a ellas viniesen los pretendientes de mayores méritos. Celebráronse en el monte Helicona, a 29 del mes de abril del año de 28. Lo sucedido en ellas escribí en este discurso, y pareciéndome que, no sólo para mí, sino para tantos ingenios, era necesario gran protector y Mecenas, hice elección de vuestra excelencia, con aprobación de las musas. Y así, por voto se le consagro, pues ¿quién lo pudiera ser de tantos y tales, que cada uno es un libro de erudición inmensa, sino quien tiene derivada la grandeza y magnanimidad de tantos reyes, que por hábito de su real naturaleza pudiera obrarlas, sin las heroicas virtudes que con tanto esplendor le constituyen sujeto de eternas y gloriosas alabanzas, y aumentadas para los que tratan de buenas letras con la honra que hace a los libros y a los ingenios la estimación de su raro juicio? Todos, y yo en su nombre, con la esclavitud debida, y heredada por mis padres, a la inmortal memoria del señor Almirante don Luis, abuelo de vuestra excelencia, le ofrecen plumas para su alabanza y deseos para su vida, que con alta prosperidad nuestro Señor aumente, etc. De Madrid, último de enero de 1630.

Capellán y criado de vuestra excelencia,

FREY LOPE FÉLIX DE VEGA CARPIÓ

Quid timeam hostili minantia spicula dextrae,
si mihi tu clypeus, si mihi Caesar ades?

PRÓLOGO

El admirarse tienen algunos hombres por corto caudal de entendimiento; yo no fiaría mucho del suyo; porque, siendo opinión de Aristóteles que de la admiración nació la filosofía, mal dijo Erasmo, como otras muchas cosas, que era parte de felicidad el no admirarse; y si de ella procedió el inquirir las causas, y de esta especulación las ciencias, ¿cómo puede ser la admiración ignorancia, si el deseo de saber es natural y la admiración el principio de haber sabido? Yo, al contrario, presumo que el admirarse nace de un humilde reconocimiento al cielo, que dio tan alta sabiduría a los hombres. Malignidad y depravado ánimo llamó Plinio el no admirarse de lo que fuese digno de admiración, y pudiera añadir que es ingratitud y arrogancia. De que nace que muchos digan mal de cuanto miran, sientan mal de cuanto ven, y aun podría ser que estudiasen en secreto de lo que murmuran en público, de que se quejaba el divino Jerónimo. ¡Oh vanidad de los hombres no reconocer al cielo, que pudo hacer más en otros de lo que hizo en ellos! Yo, señor lector, me admiro de cuán aumentada y florida está el arte de escribir versos en España, y no veo lucir ingenio qeu con virtuosa emulación no me haga reconocer cuán lejos estoy de imitarle; que, aunque es verdad que no me agrado del nuevo estilo de algunos, no por eso dejo de reconocer sus grandes ingenios y venerar sus escritos; que el agravio de nuestra lengua, si lo es, el mismo tiempo volverá por él o se conocerá que lo ha sido. Deseo tuve siempre de ejecutar esta admiración en más largo discurso, celebrando tantos y tan ilustres ingenios como produce España, y más en tiempo que tan favorecida vive esta facultad de las dos mayores coronas, divina y humana; pero, embarazado de mi ignorancia, y pareciéndome difícil propósito, lo he dilatado. Persuadido, finalmente, como dicen siempre los que escriben libros, más de mi propio deseo que de mis amigos, en más breve tratado escribí este *Laurel de Apolo,* que tenía prometido a las musas de mi patria. El ánimo dirá su discurso: alabanzas son de todos; ninguna mayor mía que haberlos alabado. Lástima sería que por alguno que no conociese o se me hubiese pasado de la memoria en los de mi patria (que en las otras sólo celebro pocos, por no causar fastidio) me sucediese ganar enemigos, donde la ignorancia no puede ser malicia, ni el defecto de la memoria culpa grave. Pero, por no salir del propósito de admirarme, San Agustín dijo que la cosa más admirable en la naturaleza era amar los enemigos, y esto pienso hacer yo, por hacer alguna cosa admirable. En lo más o menos alabados soy digno de reprensión, porque me guiaba lo que se me ofrecía, y no había tomado medida tan puntual a todos: que un oficial yerra un vestido, un arquitecto un edificio y un pintor un retrato; y es diferente simetría el alma de los ingenios que el cuerpo y rostro de los hombres y la firmeza de los edificios.

LAUREL DE APOLO

SILVA PRIMERA

Dejad las varias telas,
la púrpura y el oró,
clarísima corona
del monte de Helicona;
herid las dulces cuerdas paralelas.
Gima el arco sonoro;
bañad en indio electro
las siempre juntas cerdas,
o suene al golpe el prevenido plectro,
que vestido de grana,
sin ofender las cuerdas,
las toca dulcemente.
Acompañad, divinas, lira humana,
por el dorado lazo resonando
con recíproca voz el aire blando;
que ya de los cristales de esta fuente,
urna de arenas de oro y de zafiros,
como es lágrimas toda su corriente,
nos ayudan las quejas y suspiros.
Venid, que os llama el mismo sol que os guía,
que para no dejar sin luz el día,
y asistir a la tierra,
a la décima musa, dulce guerra
del mundo, el plaustro fulgurante fía;
que en tanto que le goza el sacro monte,
le da las riendas de Flegón y Etonte,
si bien teme que sea
nereida celestial, nuevo Faetonte,
abrasando la senda de Amaltea,
y el mundo, incendio de sus bellos ojos,
los amorosos rayos dilatando,
que a Climene renueven los enojos,
y las justas tristezas
aumente a las Helíades llorando
el ámbar que destilan sus cortezas,
con dura execración quejas formando

del escorpión aleve,
que al tierno joven espantó de suerte,
que le mató en el cielo,
donde jamás poder tuvo la muerte.
Finalmente, su imperio sustituye
vuestra décima musa; sol de hielo,
mientras hace las cortes del Parnaso,
al Oriente da luz, sombra al ocaso,
términos a las horas constituye,
alma de fuego en cristalino velo,
salamandra de amor en llama helada,
tórrida zona cuando más templada,
rayo, cometa, luz, estrella, fuego,
Amor con vista, por efectos ciego,
que así de su esplendor los polos viste,
que no es menester sol donde ella asiste.
Vos, príncipe ilustrísimo, a quien tanto
debéis de honor, castálides hermosas,
un rato suspended al tierno canto
las alas vagarosas
de graves pensamientos,
a los negocios del Estado atentos,
o a divertir ausencias
(floridas por los campos diligencias)
del gran león de España,
que en tantos mares las guedejas baña,
cuya sangre tenéis limpia en el pecho
de quien vive glorioso y satisfecho,
la vuestra propagando
por línea del católico Fernando,
nieto de aquel Enríquez generoso,
aquel Fadrique invicto y victorioso,
cuya hija dio reyes a Castilla,
a la corona de Aragón triforme,
y adonde baña la fecunda orilla
el mar la fértil copa
de la blanca sirena
que despreció las flores con la pena
de la robada Europa;
heroína conforme
a sus progenitores,
mayores para ser vuestros mayores.
Oíd, pues, el Laurel que justamente

fuera debido a vuestra heroica frente,
pues tanto honráis las letras y las musas
veréis cómo difusas
los ingenios laurean
que las cumbres difíciles pasean
de Pimpla y de Bibetro,
que se propone el siempre verde cetro
de Dafnes, aun ingrata en tierna rama,
a quien España Proto-Apolo llama;
materia digna de mayor sujeto,
y de la envidia más heroico objeto;
que no quisiera ver monarca alguno,
sino que todo cuanto España oyera
poesistocracia fuera;
añadiréis a vuestros libros uno,
y a vuestra gloria innumerables sumas
de historias, de laureles y de plumas,
si bien vuestros antiguos coroneles
del más alto laurel serán laureles.
Ya la fama sonora,
saliendo por las puertas de la aurora,
el "velo transparente
bordaba con el oro de la frente
del tierno sol infante,
y al eterno instrumento de diamante
tantas almas canoras infundía
cuantos su boca alientos dividía,
publicando las cortes españolas.
Ya se encrespaban de la mar las olas,
asomando sus ninfas las cabezas,
que ceñían marítimos hinojos,
corales verdes con señal de rojos;
quejándose el cristal rompido a piezas,
por donde el sol hirió las vitreas salas,
saliendo tantas juntas,
que le mojaban las rizadas puntas
de las veloces alas,
que tira el agua en competencia balas,
y formando de hielo sus centellas,
que hay espumas que intentan ser estrellas.
Ya por los bosques verdes hamadríadas,
oreadas y dríadas,
los cabellos tendidos,

de trepadoras hiedras guarnecidos,
atentas escuchaban;
hasta las aves en silencio estaban,
sin escucharse por la selva amena
trágica filomena,
alternando las flores,
para vestir los campos, las colores.
Las abiertas las hojas extendían,
y las inclusas el botón abrían,
sin que lirio se viese
que no le dividiese
línea de oro sutil lo azul oscuro,
ni rosa el nácar puro
de los unidos átomos dorados;
y de suerte callaron en los prados
los limpios arroyuelos,
que de verlos parados,
pensaron las arenas que eran hielos;
y suspendió la máquina divina
la celestial pretina,
y del carro del sol las altas ruedas
pisaron las espléndidas veredas,
sin aquella armonía
que compone de números el día,
ni distinguir las horas
cuando las rosas dividió sonoras,
diciendo que mandaba el claro Apolo
que todos los ingenios de este polo,
o aunque fuese en el mar de Trapobana,
como se hablase lengua castellana,
sin aceptar persona,
viniesen a los valles de Helicona,
sustituyendo su poder los muertos,
pues en la fama viven inmortales,
de sus méritos ciertos,
en vida y muerte iguales,
para dar el laurel al que por votos
de amor, de envidia y de interés remotos,
partes tuviese y méritos mayores,
con que a la gloria del laurel llegase,
pues era cosa injusta que faltase
divino archipceta
dignísimo a los deíficos honores,

que nacido en los brazos de las musas,
después tuviese erudición perfeta;
que hay pocos, raros, cuando son infusas,
habiendo de repúblicas menores
príncipes laureados.
Pero porque los muchos convocados
del uno y otro hespérico horizonte
serían para huéspedes de un monte
multitud insufrible
y de ingenios equívocos terrible,
mandó que no pudiese al gran teatro
venir más copia que de solos cuatro,
pues cuatro eran bastantes
de los más conocidos e importantes;
cosa que no causó pena ni agravio,
porque en esta materia de poesía,
¿quién hay que no se tenga por más sabio,
natural filautía?
¿Quién hay que no presuma
que es del fénix arábico su pluma,
y como si bebiera,
o Títiro o Sincero, en la ribera
del Arno, el Mincio, el Tibre,
escriba libros de que Dios nos libre?
¿Quién hay versificante que se vea
en el líquido espejo de Narciso
(si el propio amor las ondas lisonjea),
ciego a la claridad, sordo al aviso,
que ya con los coturnos o los zuecos
no se enamore de sus mismos ecos?
¿Quién hay que no perfile sus estancias
de un trilingüe escuadrón de extravagancias,
y como Merlinice,
no responda que Góngora lo dice,
capítulo tercero de la esparza,
donde pintó la garza?
Como si más que basa fuese basis,
y hurtar las voces imitar las frasis;
como si aquel ingenio soberano,
que frisó con el nombre de divino,
el griego y el latino,
el francés y el toscano,
pudiese traducirle ajena mano.

Los ríos españoles,
haciendo visos, repitiendo soles,
hasta salir las hélices nocturnas,
dejaron brevemente
por la orilla aromática las urnas,
y apartando las ovas de la frente,
sus ninfas convocaron,
que juntas admiraron
el caso nunca oído,
y el laurel confirieron prometido.
En un carro salió triunfante el Duero,
más portugués allí que castellano,
cerúleo el cuerpo y el cabello cano,
la voz quebrada y el mirar severo;
tirábanle dos cisnes, que podían
(tal esplendor y candidez tenían)
ser celestes figuras;
hirió las aguas puras
con el tridente, y de ellas
salieron juntas cuatro ninfas bellas,
que si después que del troyano fuego
por el atrida griego
huyó el troyano sucesor de Anquises,
fundó a Lisboa el elocuente Ulises,
bien pudiera tenerlas por sirenas;
estamparon la playa, y las arenas
en aljófar volvieron,
y al claro Duero atentamente oyeron
lo que de la alta fama refería.
En tanto el Betis a mirar salía
la novedad extraña,
y contemplando la ciudad que baña,
en quien el claro sol principio hacía
en cada vidrio de su templo al día,
más laureles se finge y más trofeo
que produce Pangeo
mejillas del aurora,
si así llama las rosas que colora.
Por otra parte mira
la ciudad en el agua transparente,
de edificios portátiles fundada,
y de mirar se admira
la máquina eminente

cuyas velas trajeron desvelada
tanta envidia holandesa;
y codicioso de tan alta empresa,
también sus ninfas llama,
que descubriendo por la verde lama
coronadas de oliva las cabezas,
mostraron sus riquezas
en los velos de perlas de Cubagua,
que en nácar cría el sol cuajando el agua;
y por su hijo llora,
hasta que viene el sol, la blanca aurora.
No menos del dorado Tajo al viento,
luego que al claro acento
de la fama solícita escucharon,
las cabezas espléndidas sacaron,
crespos tendiendo, para más decoro,
por campos de marfil cabellos de oro,
Cimodoce, Diamene y Climene,
y la que igual no tiene,
que en tiempo del divino Garcilaso
(¡oh injusta piedra! ¡Oh lamentable caso!)
la escuchaban cantar los dos pastores,
cuyos dulces amores
estaban las ovejas escuchando,
de pacer olvidadas, y él cantando
"aquella voluntad honesta y pura".
El río por la bárbara espesura
de juncia y espadañas,
debajo del dosel de verdes cañas
los tiempos refería
en que apenas había
flor, peña, margen, rama
ni lugar eminente
que como en Grecia no tuviese fama,
donde árbol, monte, peña, lago o fuente
jamás quedó sin nombre por sus plumas.
Con esto a los presentes
nombró, si bien con partes diferentes,
y fugitivo se vistió de espumas.
Porque nombrar un príncipe poeta
no es dado a la opinión de un hombre solo,
que es la elección perfeta
el aplauso común de polo a polo,

y es ignorancia y arrogante caso
hacerse palatino del Parnaso.
Aquí, si nuestro intento
fuera pasar a la primera Hesperia,
que del antiguo Atlante el nombre toma,
¿con qué purpúreo espléndido ornamento
diera feliz materia
el claro espejo en que se mira Roma?
Saliera el Tíber undoso y cristalino
que vio Virgilios y Enios,
y tantos fertilísimos ingenios,
por quien son sus riberas inmortales,
y coronara por mejor latino,
sobre los tres laureles celestiales,
las sacras sienes del pastor divino,
lustre inmortal del nombre barberino,
sagrado archimandrita,
en cuya santa mano deposita
Pedro el cayado de oro
y la llave mayor de su tesoro.
Hijo al fin de Florencia,
cátedra universal de toda ciencia,
donde traslada Grecia los liceos
con mayores trofeos
que de Homeros y oscuros Licofrontes,
en Angelos, Mirándulas, Marsilios,
más célebres que Tulios y Virgilios.
Hoy, pues, alma ciudad, los siete montes
al gran Mafeo humilla,
y tú la verde orilla
excede hasta besar sus pies sagrados,
oh siempre dulce y venerable río,
y del afecto mío
deja en humildes versos informados
sus Cándidos oídos, donde sólo
debiera resonar délfico Apolo,
que leyendo sus líricos divinos,
enmudecieran griegos y latinos;
y más en los heroicos, donde admira
de Horacio el plectro y de Anfión la lira,
o el Títiro de Mantua, los pastores,
honor del campo y gloria de las flores,
cuando en su fértil quinta

el ocio ameno retirado pinta,
y el descanso en que vive,
en estos versos que a Laurencio escribe.
Ya los campos las lluvias humedecen,
templa el calor el aura, y el estío
huye ligeramente,
los prados llaman y los aires crecen.
Aquí se espacia y goza el gusto mío,
midiendo el largo campo alegremente.
Mas ¿cómo, pluma, intrépida, pudiste
correr al sacro Febo la cortina,
y a la musa latina
la española atreviste?
Bárbaro Apeles de Alejandro fuiste.
Vuelve a cubrir la imagen soberana
del celestial Orfeo,
oráculo sagrado de su pluma,
que no puede sufrir la vista humana,
aunque de ave de Júpiter presuma,
el puro resplandor del sol Mafeo.
Por ti, sacro pastor, por ti poseo
el honor que los ojos de la envidia
deslumbrados fastidia,
porque ser de tu mano
no le puede igualar mérito humano.
Alégranse los buenos
de los bienes ajenos;
los malos se entristecen
porque no los merecen;
clarísimo argumento
de noble nacimiento
enseña quien se agrada
de la virtud premiada,
como arguye bajeza
y envidia la tristeza.
Nunca tales extremos
en nobles almas vemos;
si de tener honor el darle viene,
ninguno puede dar lo que no tiene;
a quien el deshonor público sobra,
con darle al bueno piensa que le cobra;
mas, como sus desdichas descubrieron,
vuelven a sí lo que a los otros dieron.

Pero comiencen ya las nobles musas
las justas alabanzas, sin que formen
con la ignorancia excusas,
cuando no con los méritos conformen;
pues bien este discurso mereciera,
si de uno solo, y no de tantos, fuera.
Que ya a la voz de la verbosa fama,
que al sagrado laurel ingenios llama,
círculos de cristal el Tajo encrespa,
en rizos de oro de la arena crespa,
y a ver los que convoca,
trepar intenta la sublime roca,
adonde atenta mira
tanta de Amor y Marte docta lira,
acudiendo el primero
el Títiro español, nuevo Sincero,
cuya divina musa toledana
dio poder a la lengua castellana;
Gregorio Hernández, a quien hoy le deben,
aunque otros muchos prueben
a querer igualar su ingenio raro,
Virgilio y Sanazaro
hablar con elegancia, y no con vana
pompa inútil, la lengua castellana,
como diciendo en fácil melodía:
"¡Ay dulces prendas cuando Dios quería!"
O en el parto sagrado de la Estrella
que cupo todo el sol del cielo en ella,
con estilo más limpio, más hermoso,
cándido y puro que la luz del día:
"Tú sola conducir, diva María,
puedes mi musa a puerto de reposo;
puedes, y tú querrás; y ansí, entro cierto
de hallar a tu divino parto puerto."
El claro Garcilaso de la Vega,
aunque de mil laureles coronado,
que nadie el principado
de aquella edad le niega,
también dio su poder en causa propia
de su casa ilustrísima a los Arcos,
heroico descendiente,
tan libre de Zoilos y Aristarcos,
que parece oponerle cosa impropia;

pero dice la fama que se intente,
y aunque hoy vive la fuente
"que en medio del invierno está templada,
y en el verano más que nieve helada",
pasan los siglos, y en distintas sumas,
naciendo vidas, se renuevan plumas,
águilas y fenices,
aunque en la estimación menos felices;
si bien más justo fuera
que al Hércules ninguno compitiera.
Luego, y tan justamente
laureada la frente
de Angélica suave,
flor tan debida a quien imita al ave,
cantando con dulcísima armonía,
al alba santa que nos trajo el día
con mil votos de exceso
se opuso Valdivieso,
por quien ahora el arpa belemnita
los tiples celestiales resucita,
y el divino José de nuevo alcanza
la gloria accidental de su alabanza.
Mas ya las santas musas apercibe
aquel que muerto en mi memoria vive,
y siempre vivirá con dolor tanto,
que me deshace el alma en tierno llanto
Elisio Medinilla,
a quien las verdes selvas lastimadas
diciendo están por una y otra orilla:
"Aquí por estas peñas enramadas
cantó la Concepción en alto estilo,
mientras que yo del parto de María
la noche felicísima escribía."
El Tajo, que a los dos nos escuchaba,
y ahora corre convertido en Nilo,
en vez de murmurar, también cantaba,
y para más exagerar su pena,
aun le parece que es pequeño río,
y tristemente suena:
"Elisio, Elisio mío."
Pero, pues no respondes,
y a mis voces y lágrirnas te escondes,
descansa en paz, que por las verdes ramas

de este laurel, hasta tu nombre ingrato,
colgarán mis pastores epigramas
a tu infeliz retrato,
infamando la espada
de tu sangre y mis lágrimas bañada.
Servid, pimpleas, néctar y ambrosía
en una rica mesa al ointio Apolo,
cuando llegue en Toledo al mediodía,
que él la merece solo,
versos también después para esta empresa
del ingenio feliz de Blas de Mesa.
Aunque bebiendo del fecundo vaso
aromático humor, es cierto axioma
que el poeta discreto fuerzas toma,
mejor está a las damas del Parnaso
beber cristal de linfas transparente,
pues Gaspar de la Fuente les dio fuente,
y es Jusepe de Herrera
florida de su monte primavera.
A las cerdas del arco
repasa, ¡oh Clío!, el ámbar, porque cantes
los versos elegantes
de Isidro Suárez y Gaspar del Barco,
y laureados premia
por su docta academia
a Mata, Ovando, Paz, Bustillo y Haro:
Serrano, ingenio claro,
Marcos Ruiz, Martínez y Zurita,
y el pretendido lauro solicita
para Antonio de Herrera.
Tú, Minerva, también con manos largas
de Diego Bosque y de Gaspar de Vargas
ciñe las frentes de la verda esfera
debida a los ingenios toledanos,
de espada y pluma cesares romanos.
Si por claros varones
soberbio presumiste
laurear la cabeza,
¡oh rey de ríos, venerable Tajo!,
ahora es más razón que la corones
por una insigne y celestial belleza.
Y si del alto alcázar pretendiste
tus ondas igualar al fundamento,

contra la calidad de tu elemento,
desde las urnas de tu centro bajo,
con más razón por las escalas sube,
bebiendo de ti mismo como nube,
a dar cristal deshecho al edificio,
en cuyo frontispicio
pueden bañar las aves alemanas
las negras alas en las ondas canas,
glorioso de mirar la bizarría
de doña Ana de Ayala,
cuya hermosura y gala
ser alma de las musas merecía.
Por ella tu ribera
es siempre primavera;
de ella aprenden las aves
números dulces que trinar suaves;
y si miras atento
a su hermosura igual su entendimiento,
admira que juntó naturaleza
a ingenio tan sutil tanta belleza.
Entre la insigne y prodigiosa escuela
de damas toledanas,
que en discreción son únicas fenices,
de Barrionuevo doña Clara vuela,
pasando, celestial, líneas humanas,
con las plumas de versos tan felices,
colores de retóricos matices
a la esfera del sol, donde las dora
entre los cercos de la blanca aurora.
Si de Rivadeneyra
doña Isabel escribe,
¿cómo la fama vive
de cuantas laureó Roma ni Atenas?
Porque sus rimas, de conceptos llenas,
exceden las de Laura Terraquina,
cuanto fue la toscana
divinamente humana,
y ésta siempre divina.
¡Oh musas esparcid candidas flores,
que canta al Dios de amor versos de amores,
y si el cordero por canceles mira,
Dios habla, el cielo escucha, amor suspira.
La fama, que contenta discurría

por la montaña de edificios altos,
nunca de nobles ni de ingenios faltos,
dos halló menos que estimar solía.
Estaba Febo en la mitad del día,
cuando, no sin enojos,
volvió las luces de los claros ojos,
con que penetra, como lince eterno,
del solio de la luna al lago Averno,
y por el golfo de León a Italia,
dejando a un lado la facunda Galia,
y halló en la bella Nápoles regente
a Gregorio de Angulo,
al español Tibulo,
al toledano Horacio, al elocuente
y dulce Anacreonte,
mandándole que luego parta al monte;
pero excusóse, que sirviendo estaba,
y puesto que la fama porfiaba,
no fue posible que de allí saliese,
porque aprobó la envidia que no fuese.
Alzó las alas bellas
el pájaro inmortal de eterno pico
a la reina del mar Mediterráneo,
que está como la luna en las estrellas,
y fertiliza aquel terreno rico
copiosa Ceres de abundante grano;
mas discurrió desde Sicilia en vano
el Peloro, Pachino y Lilibeo,
donde gimen Encélado y Tifeo,
y un mármol sólo halló, que así decía:
"Aquí yace Gaspar de Barrionuevo;
"respeta, ¡oh huésped!, la ceniza fría.
"Murió la luz de Febo,
"murió con la humildad la cortesía,
"el donaire, la gracia, la dulzura:
"así la sombra de las almas dura."
Pero en sazón de pena tan notable,
las justas suspender lágrimas pudo
de fray Miguel Cejudo,
el ingenio admirable
en una y otra lira,
pues con latina y castellana aspira
a que por Valdepeñas Calatrava,

si bien en la región del aire estaba,
sea el délfico monte
del alado Pegaso, que le debe
por pizarras de plata el cristal puro,
que en conchas de oro bebe;
aquel por quien llegó Belerofonte
hasta el celeste muro.
Vive, ingenio feliz, vive seguro
que a su templo te llama
el soplo en oro de la eterna fama,
para que Guadiana en lauros vuelva
las neas, cuyas islas le hacen selva.
Pero permita, pues se precia tanto
de galán de las musas,
que se celebre aquel heroico espanto
de nuestro patrio ibero,
pitagórico espíritu de Homero;
pues todas nueve infusas
pusieron en sus labios
la dulce elocución, que a tantos sabios
tuvo suspenso el grave entendimiento.
Aquel dulce portento,
doña Laurencia de Zurita, ilustre
admiración del mundo,
ingenio tan profundo,
que la fama, la suya, para lustre
de sí misma la pide,
escribió sacros hinos,
en versos tan divinos,
que con el mismo sol dímetros mide;
que no era ya plautina
la lengua facundísima latina;
Laurencia se llamaba.
Con tanta erudición la profesaba,
añadiendo a su ingenio la hermosura
de la virtud, que eternamente dura.

Tomás Graeián, que fue su digno esposo,
de las cifras de Apolo secretario,
como del gran Felipe,
yace también en inmortal reposo;
pero el olvido, a toda luz contrario,
no puede ser que su valor disipe.
Del laurel pretendido participe,

como su heroico padre, celebrado
por tantas lenguas y por tantas ciencias.
Su siglo fue dorado,
que todo le vivió, sus hijos viendo,
de santos y de sabios coronado.
¡Oh milagro estupendo!
Que alcance un hombre a ver todos discretos
sus hijos caros y sus dulces nietos.

Pero volviendo aquel lugar dichoso
que fue de fray Miguel patria florida,
la fama con el vuelo vagaroso
en los tornos del aire sostenida,
cual suele en la extendida
tierra mirar el águila la presa,
miró para esta empresa
a doña Ana de Castro, y no la hallaba,
porque en la corte de Felipe estaba.

¡Oh tú, nueva Corina!,
que olvidas la del griego Arquelodoro,
a quien Dafne se inclina
y el cisne más canoro,
¿de quién mejor pudiera
fiar Apolo los coturnos de oro,
si Píndaro viviera,
para laurel de tanto desafío?
¡Oh ninfa ya de nuestro patrio río!,
pretende el lauro verde,
que nunca al hielo la esmeralda pierde;
y pues das a Felipe eternidades,
reserva para ti siglos de edades.

Gloria de Cuenca, Baltasar Porreno,
en el verso latino y castellano
de tanta erudición se muestra lleno
cuanta puede alcanzar límite humano,
Tulio español, Demóstenes cristiano.

Fray Alonso Ramón, puesto que olvida
las musas por la historia,
Cuenca le ofrezca duplicada gloria,
a sus letras debida,
pues le ha dado más frutos, más tesoro,
si los libros son más que plata y oro,
entrando más por ti, dichoso Júcar,
que a España por la barra de Sanlúcar.

Alábese Buendía
de los muchos que ha dado a la poesía
Juan Izquierdo de Piña, a quien coronan
las musas, que su ingenio perfeccionan,
que en llegando a las musas,
todas parece que las tiene infusas;
pero alabarle es vano pensamiento,
que sus libros dirán su entendimiento.
Linares, arrogante justamente,
a la voz de la fama alzó la frente
por Pedro de Padilla,
Padilla, de aquel siglo maravilla,
en que las musas, aunque hermosas damas,
andaban en los brazos de sus amas.
Pero la sierra, que en la verde orilla
del claro mar de España
el pie de mármol baña,
adonde yace Ronda,
querrá también que Apolo corresponda
a lo que debe al inventor suave
de la cuerda, que fue de las vihuelas
silencio menos grave,
y las dulces sonoras espinelas,
no décimas del número de verso,
que impropiamente puso
el vulgo vil, y califica el uso,
o los que fueron a su fama adversos;
pues de Espinel es justo que se llamen
y que su nombre eternamente aclamen.
Las rimas españolas
fueron entonces en su acento solas,
cuando cantaba, en dulce amor deshecho:
"Rompe las venas del ardiente pecho";
y sus himnos divinos,
iguales a los griegos y latinos
de aquellos falsos dioses.
Tú, pues, eternamente en paz reposes,
¡oh padre de las musas, docto Orfeo,
de músicos y cisnes corifeo,
que con las cuerdas nuevas
hoy pudieras haber fundado a Tebas!
Honraste a Manzanares,
que venera en humilde sepultura

lo que el Tajo envidió, Tormes y Henares;
mas tu memoria eternamente dura.
Noventa años viviste;
nadie te dio favor, poco escribiste.
Sea la tierra leve
a quien Apolo tantas glorias debe.

SILVA II

La colonia inmortal de los romanos,
de todas las naciones admirada,
en el estrecho Atlántico sentada,
a quien la ninfa Antártica en las manos
está siempre ofreciendo plata y oro,
dorando sendas por montañas de agua,
margaritas Cubagua,
la China lo mejor de su tesoro,
formando con esmaltes de colores
en campos de oro pabellón de flores,
y las aves de vista tan hermosa,
que viéndolas parece
que fue naturaleza fabulosa,
y que es mentira cuanto canta y crece;
finalmente, Sevilla,
sola por todas siete maravilla,
por el siniestro lado baña el muro
en el espejo puro
de las ondas del Betis,
por cuya puerta coronada Tetis
de coral vergonzoso,
todo curso de Febo luminoso
en caballos marinos la enriquece,
la que en piedad florece,
en letras, armas y en ingenios raros,
nobleza ilustre de ascendientes claros,
la rica y populosa
del mar de España esposa,
como en todas acciones
tuvo siempre científicos varones,
no quiso en ésta que faltar pudiese
ingenio que las hojas mereciese,
desde el primer desdén de Dafne altivas,
y así, tener pensaba

tantos verdes laureles como olivas,
si el premio de justicia se le daba.
La fama, en fin, con dilatado vuelo,
no sólo por la parte de su cielo,
pero por todas las demás ciudades
del distrito andaluz corrió ligera,
provocando diversas facultades,
y a todas, dulcemente lisonjera,
los deíficos laureles prometía;
y como pretendía
que adonde nuestra lengua propia fuese
la gloria del laurel se conociese,
partióse con el sol por el ocaso,
y para referir el nuevo caso
prestole al vago viento
las alas de su presto movimiento,
viendo que de volar se divertía,
jugando con los velos,
que trasladaban luces a los cielos.
Mas viendo que salía
de los confines de la noche el día,
en un yerto peñasco,
sobre la mar pendiente,
los pies en agua y en el sol la frente,
alborotó las musas de Cairasco,
que esdrujular el mundo
amenazaron con rigor profundo.
Pero dejando aparte las Terceras,
que vieron rebeladas las banderas
del gran marqués de Santa Cruz famoso,
Bazán, Aquiles siempre victorioso,
por Paria y por Cumana
dejó en un semicírculo a Cripana,
Cubagua y Margarita,
desde donde las alas solicita
para ver las penínsulas australes,
y cortando arreboles celestiales,
y olvidando Floridas y Españolas,
pasó veloz las mejicanas olas.
Finalmente, en el polo de Calixto
del pájaro no visto
las estrellas antárticas temblaron,
y los diamantes de temor guardaron.

Que el mar Septentrional su trompa oyera
en la última Tile,
el aire navegando vagarosa,
si propia a Escocia nuestra lengua fuera
pues que por serlo en la remota Chile,
con fuerza sonorosa
las musas despertó de Pedro de Oña,
no con ruda zampoña,
sino con lira grave,
poema heroico, armónico y suave
del patriarca Ignacio de Loyola,
entre los cisnes de las Indias sola.
Las Indias, en ingenios mundo nuevo,
que en ellas puso más cuidado Febo
que en el oro que cría;
testigo la sagrada teología
con que fray Lucas de Mendoza honora
el pulpito, por quien la blanca aurora
viene de España con más presto paso
a despertar las sombras del ocaso;
y Apolo, de mirar que en verso admira,
mas ¿qué se admira, si le dio su lira?
Al doctor Juan de Arámbulo pudiera,
grave jurisconsulto,
dar la fama el laurel de aquella esfera,
por no dejarle a nuestro polo oculto;
pero, pues es retórico suave,
parte forzosa a profesión tan grave,
como a su culta musa,
ella podrá difusa
dilatar a dos mundos su alabanza;
que, como el sol del uno al otro alcanza,
podrán los versos de su clara idea.
Y siempre dulce tu memoria sea,
generoso prelado,
doctísimo Bernardo de Valbuena.
Tenías tú el cayado
de Puerto Rico cuando el fiero Enrique,
holandés rebelado,
robó tu librería,
pero tu ingenio no, que no podía,
aunque las fuerzas del olvido aplique.
¡Qué bien cantaste al español Bernardo!

¡Qué bien al Siglo de oro!
Tú fuiste su prelado y su tesoro,
y tesoro tan rico en Puerto Rico,
que nunca Puerto Rico fue tan Rico.
Cristóbal de la O, letra perfeta,
como a ninguna intersección sujeta,
que, sin (principio y fin, nos muestra clara
la eternidad, no menos se prometa
su heroica y dulce pluma,
que por única y rara
ser inmortal presuma.
Ya nuestro polo tanto ingenio estima;
porque mal se ocultara,
pues que la fama fue por él a Lima,
y de la O, donde su nombre acaba,
sacó la admiración con que le alaba.
Aquí con alta pluma don Rodrigo
de Carvajal y Robles, describiendo
la famosa Conquista de Antequera,
halló la fama y la llevó consigo,
tantas regiones penetrando y viendo,
que del Betis le trajo a la ribera;
y haciendo por su hijo
festivo regocijo,
las bellas ninfas el laurel partieron;
y como ya sus dulces musas vieron
restituidas a su patria amada,
tomó la pluma Amor, Marte la espada.
Si a Juan Rodríguez de León no hubiera
dado con larga mano
el cielo otro León, que fue su hermano,
¿quién con león tan bravo compitiera?
Este en la sacra esfera
del sol del Evangelio resplandece
con tan heroica acción, que el mundo admira,
y aquél con vivo espíritu engrandece
cuanto en el polo de Calixto mira
Febo, que de oro y plata le enriquece,
y más que el sol los dos con tantas leyes
del cielo y del consejo de los reyes.
En Méjico la fama,
que, como el sol, descubre cuanto mira,
a don Juan de Alareón halló, que aspira

con dulce ingenio a la divina rama,
la máxima cumplida
de lo que puede la virtud unida.
Santa Fe de Bogotá bien quisiera
que su Amarilis el laurel ganara,
como su fénix rara,
y que el mejor de España le perdiera;
mas dice en medio el mar que se contente
de que la llame sel el Occidente,
porque estar en dos mundos no podía,
sin ser el uno noche, el otro día.
Parece que se opone a competencia
en Quito aquella Safo, aquella Erina,
que si doña Jerónima divina
se mereció llamar por excelencia,
¿qué ingenio, qué cultura, qué elocuencia
podrá oponerse a perfecciones tales,
que sustancias imitan celestiales?
Pues ya sus manos bellas
estampan él Velasco en las estrellas.
Del otro polo, Pola de Argentaria,
y viene bien a erudición tan varia,
pues que don Luis Ladrón, su esposo, es llano
que mejor de Lucano
se pudiera llamar que de Guevara.
Y más con prenda tan perfecta y rara.
¡Dichoso quien hurtó tan linda joya,
sin el peligro de perderse Troya!
Pero dióselo el cielo, aunque recelo
que puede la virtud robar el cielo.
Con esto, a varias partes divertida,
ya la miraba la mar y ya la tierra
la voladora fama,
ya ribera antártica extendida,
por donde el paso del tridente cierra,
y al margen sale el ámbar puro en lama.
Ya la primera guerra
en su clara memoria revolvía;
que miraba a Colón le parecía,
y del bravo Cortés la heroica mano,
español Josué, David cristiano,
y aquel que fue el más rico de los hombres,
digno de eternos y de ilustres nombres,

aquel marqués Pizarro,
hasta en morir bizarro,
trocándole una letra:
luego los Andes bárbaros penetra,
descubriendo las barcas
de un solo tronco abierto,
que se atreven al golfo como al puerto;
y luego en la provincia de las Charcas,
aquel famoso Porco,
que tiene tantas almas en el Orco,
monte preñado de inexhaustas minas;
el Cuzco, en diecisiete australes grados,
y cubriendo ceniza las marinas
volcanes, que a los orbes estrellados
infestan con centellas,
y fugitiva de ellas
rompió las nubes como blanca espuma
al Paraguay y al reino de Tucuma.
Aquí Luis Pardo estuvo,
ingenio felicísimo, si diera
más a la pluma y menos a la espada;
mas la contienda que en su pecho tuvo
el Dios sangriento dé la quinta esfera,
siempre la vista de diamante armada,
con el docto Cilenio,
fue causa que inclinase más su ingenio
al estruendo marcial; si bien tenía
a Venus, que de trino le miraba,
con que templar este rigor solía,
y deponiendo la fiereza amaba.
Pues olvidando a Flandes,
donde tuviera por hazañas grandes
los cargos más honrosos de la guerra,
amigos, ocio, amor y propia tierra,
le dieron Lotos; y una Circe hermosa
(no de otra suerte que detuvo al griego
después de aquel fatal trcyano fuego),
dulcemente engañosa,
rémora fue de nuestro gran poeta;
mas siendo más hermosa que discreta,
daba lugar a un hombre poderoso
que la hablaba de noche de secreto.
El poeta, celoso,

no armado de satírico soneto
ni de prólogos fríos,
con tantos ignorantes desvarios,
sino de su valor y de su queja,
quitó los embozados de la reja,
de suerte que de cuatro, dos se fueron;
que los dos que esperaron, no pudieron.
Con esto fue forzosa diligencia
embarcarse a las Indias con la flota.
La dama lamentó su injusta ausencia,
porque la vida rota
adora en los amores criminales;
pero al fin de seis meses, que tenía
nuevas de que vivía
entre los argentados minerales
del reino de Tucuma,
la noche del mayor de los nacidos,
para ver una huerta prevenidos
el arráez y el barco,
que estaba media legua de Sevilla,
rompió del Betis la nevada espuma,
siendo piloto Amor y el remo el arco.
Llegados a la orilla,
cortó el arráez ramos, renovando
los que estaban marchitos, y durmiendo,
lisonjeado del susurro blando
del agua y viento, poco más de un hora,
despertó con los rayos de la aurora;
y a la ciudad volviendo,
se fue la dama, y él quedó pagado
del viaje y del sueño.
Estaba por la tarde con su dueño
a la orilla del agua el barco atado,
cuando algunos indianos, viendo el leño
de mil árboles indios enramado,
bejucos de guaquimos,
camaironas de arroba los racimos,
aguacates, mageyes, achiotes,
quitayas, guamas, tunas y zapotes,
preguntaban de dónde había traído
árboles que en la India habían nacido,
tan frescos a Sevilla.
El arráez juraba

que los cortó de la primera huerta,
que cerca de la orilla
del Betis claro a media legua estaba,
dejando los marchitos, que llevaba,
sin ver la gente o descubrir la puerta;
de donde se extendió por cosa cierta,
y porque declaró que había tenido
un sueño, que le tuvo en tanto olvido,
que aun despertando le turbó la vista,
que fue y vino la noche del Bautista,
pues no hay otra razón que se presuma,
desde Sevilla al reino de Tucuma.
　Pero dejando el contrapuesto polo
la clara fama con el mismo Apolo,
amaneció en España, y el fecundo
Betis dulce miró, Tíber segundo,
en la patria de Séneca famosa,
por tantas excelencias gloriosa.
Allí con alta voz despierta el río,
que con gallardo brío
a Góngora previene,
que estaba en los cristales de Hipocrene
escribiendo a las cándidas auroras,
"éstas que me dictó rimas sonoras".
Y corriendo, de juncos guarnecido,
como él dijo dormido,
bien enseñado de la misma fama,
cristal por las dos márgenes derrama,
hasta llegar a verse en los palacios,
de donde toma el sol rubios topacios,
y excediendo la orilla,
despertó los ingenios de Sevilla,
y en su triunfo, en su honor, corona y gloria,
del marqués de Tarifa la memoria,
porque con ella honrado
tuviese tal opuesto el principado;
a cuya frente fuera
breve, aunque digna, esfera
todo el laurel; mas ya por hojas bellas
adonde nace el sol sirven estrellas,
que como más triunfantes,
trocó las esmeraldas en diamantes,
dejándonos la copia

de su genio ilustrísimo tan propia,
que en la efigie con alma resplandece
del duque de Alcalá, donde parece
que trasladó el ingenio con la vida;
príncipe cuya fama esclarecida
por virtudes y letras será eterna
en cuanto el sol su eclíptica gobierna,
pues advirtiendo a tantas facultades,
se ven en una edad tantas edades.
   Mas bien sé yo quién fuera
digno a este siglo de inmortal corona,
y al Betis olivífero trajera
los laureles del monte de Helicona;
porque naciendo por su verde orilla
laureles, coronaran a Sevilla,
y los laureles y olivares fueran
la paz con que las letras florecieran;
que no fue de los cielos sin auxilio
que naciese otra vez Guzmán Virgilio
en la sagrada Roma,
de donde el nombre y la influencia toma
para igualar después el suyo eterno;
mas reservado al español gobierno,
y a tan altos cuidados ofrecido,
sin poner los estudios en olvido,
que un tiempo hicieron tan glorioso al Tormes,
y a los principios de su edad conformes,
rasgó los versos, que en sus tiernos años
pintaron del amor dulces engaños,
con grave sentimiento de las musas,
que no quisieron admitir excusas.
Lloró el Amor, que fue de aquel efeto
causa esencial; sintiolo el claro objeto,
perdiendo tanta gloria su hermosura,
y otra fuente más pura
formaron las parnásides deidades
de su llanto en las verdes soledades
del monte donde habitan,
y buscar los fragmentos solicitan;
que, como por su edad versos de amores
donde cayeron se volvieron flores,
las hojas esperanza en verdes velos,
claveles el favor, lirios los celos.

Pero después del justo sentimiento,
que fuera darle igual atrevimiento,
el docto Herrera vino,
llamado en aquel evo
no menos que divino,
atributo de Apolo a España nuevo;
Herrera, que al Petrarca desafía,
cuando en sus rimas comenzó diciendo:
"Osé y temí, mas pudo la osadía."
Con este gran ingenio previniendo
musas latinas, griegas y españolas,
con arrogancia entumeció las olas,
y a los muros arroja
pedazos de cristal, como que llama
al célebre Francisco de Rioja;
pero luego sabiendo que desama
la inquietud de las cortes y el bullicio,
no quiso perturbarle,
porque fuese dejarle
de su respeto indicio;
y despertar en su lugar le agrada
la memoria llorosa
de aquel joven don Diego de Quijada,
que la muerte envidiosa,
transformada en arado,
cortó sin tiempo, como flor en prado,
o como suele en siesta calurosa
rendir la dormidera
de sus labores la nevada esfera
al rayo, que pirámide la mira,
y remitióme su poder tan cierto,
que vive en mí la fe de aquel amigo
por quien mi musa trágica suspira
como cuando vivió después de muerto
y morirá conmigo,
si bien él alma llevará en celestes
eternos giros otro nuevo Orestes.
Aquí don Juan de Arguijo,
del sacro Apolo y de las musas hijo,
¿qué lugar no tuviera si viviera?
Mas si viviera, ¿quién lugar tuviera?
Pero con sustituto
bien es que goce de su ingenio el fruto,

y que de aquel varón insigne sea
eterna la memoria ilustre en cuanto
merece día por la luz febea.
Mas interrumpa de su muerte el llanto
la virtud, el estudio y la nobleza,
que de don Juan de Jáuregui se admira,
si en él pincel la singular destreza,
si en la pluma el ingenio, si en la lira
la mano, que permite solamente
(cuando su propia estimación lo intente)
dudosa competencia de sí mismo,
que en musas y pinceles no le hubiera
si él propio de sí mismo no lo fuera.
Y no sufriendo sondas el abismo
Y de ciencias en su espíritu difusas,
Y término mudo soy; silencio, musas,
Y que cuando pluma os pida
para una línea del pincel valiente,
¿qué pensamiento habrá que la divida?
Y cuando retratar la pluma intente,
Y ¿con qué pincel, teñido en oro y grana,
Y dándome sus colores
la tabla celestial de la mañana?
Mas, pues que sus virtudes son mayores
que plumas y pinceles,
divida su laurel en dos laureles.
¿Qué elogio no será distinto y breve,
si la pluma se atreve
a tantas obras y tan bien escritas
de don Diego Jiménez, cuyo Inciso
pequeño inciso hiciera
el término más alto,
castigando la pluma, porque quiso
proporcionar distancias infinitas,
que a tanto sol de tan ilustre esfera
el ingenio mayor quedara falto.
Luego ¿no será justo que presuma
por ver los rayos abrasar la pluma?
De Francisco Pacheco los pinceles
y la pluma famosa
igualen con la tabla verso y prosa.
Sea bético Apeles,
y como rayo de su misma esfera

sea el planeta con que nazca Herrera,
que, viniendo con él y dentro de ella,
adonde Herrera es sol, Pacheco estrella.
¿A qué región, a qué desierta parte,
a qué remota orilla,
¡oh Pedro de Medina Medinilla!,
llevó tu pluma el envidioso Marte?
¿Qué bárbaro horizonte,
poeta celebérrimo de España,
qué indiano mar, qué monte,
tu lira infelicísima acompaña?
Pero ¿cómo, si fuiste nuestro Apolo,
no acabas de volver a nuestro polo?
Mas, pues tu sol del indio mar no viene,
¡ay Dios, si eterna noche te detiene!
Traslade la deidad que reina en Delos,
aunque con justos celos,
Rodrigo de Ribera, a tu florida
margen la verde ninfa, que ofrecida
tiene a tu digna frente;
que más difícilmente
se alcanzará el laurel, que te corona
de ti que de la cumbre de Helicona,
cuando ingenio mortal llegar presuma
al palio ilustre de tu docta pluma,
quedando para ser del sol esfera,
más alta que su monte la ribera.
A Fernando de Soria
llamaba el Betis, por, tener segura
del pretendido premio la victoria,
que tanto ingenio y letras le asegura;
mas viéndole asimismo retirado,
dijo a sus ninfas: "En mayor cuidado
debe de estar atento,
no perturbéis su claro entendimiento."
De la provincia bética en los fines,
mirando al Occidente,
Cádiz de peñas coronó la frente,
a quien respetan focas y delfines
por el alto blasón de Carlos Quinto,
de las puertas del África distinto;
aquí Gabriel Airolo
es de las musas celebrado Apolo,

porque de las columnas de su genio
no ha pasado jamás mortal ingenio.
Mas ya por la extendida Andalucía
ríos de menos fama nos previenen
que ilustres hijos tienen,
y se opone con lírica poesía
doña Cristobalina, tan segura
como de su hermosura,
de su pluma famosa,
sibila de Antequera,
que quien la escucha sabia y mira hermosa,
allí piensa que fue de amor la esfera.
Doctísimo Tejada,
Narváez de la pluma,
como sus caballeros por la espada,
ninguno con más títulos presuma;
y la frente espaciosa
ceñida de laurel tenga Espinosa,
como méritos, justa confianza.
Y en la misma ciudad. Aguilar sea
su fama y su esperanza,
y sin haberlo visto nadie crea
que sin manos escribe.
Escribe, ingenio, y vive;
estorbos fueran vanos,
pues el ingenio te sirvió de manos.
Ya de su fértil y abundosa esfera
Jerez de la Frontera,
por donde el mar el Calpe insigne baña
columna al cielo y término de España,
como si ahora en las escuelas fuera,
que no hay sin flores dulce primavera,
a fray Alonso de Trujillo opone,
porque sus muros el laurel corone,
siendo felice tránsito pasarse
las musas desde humanas a divinas;
porque, si cuando humanas fueron dinas
de ser divinas, ¿qué podrá llamarse
cuando divinas son con la excelencia
de aquella celestial cándida ciencia?
Que no implica a su amor, antes le aumenta,
el celebrarle en números sagrados;
y si fuere objeción que sus cuidados

del Tíber por la margen alimenta,
dilatando su dulce monarquía,
tan alta vive en Roma la poesía,
que no hay desde ella un paso
a la cumbre más alta del Parnaso.
Arte divino, ¿quién decir pudiera
aquí tus altos loores,
si de mi intento el fundamento fuera?
Dejando sus divinos profesores
en las letras sagradas,
y tantos escritores,
plumas de tantas plumas celebradas,
honrara yo mi patria justamente
con Dámaso divino,
Apolo, de su cielo cristalino,
a quien los rayos de la docta frente
sobre el laurel pontifical decoro
cubrió de tres sagrados cercos de oro,
con el santo Oriencio,
y el poeta de mártires Prudencio
a toda España honrara.
¡Oh Virgen! Tú, que la diadema clara
ceñiste de laurel, y a quien se humilla
como a patrona heroica de Castilla,
¿qué versos no escribiste
cuando de amor extática bebiste
más luz que las seráficas esferas?
Y tú, famoso rey, que el lauro esperas
accidental de la romana silla,
Alfonso santo, ¿qué divinos loores
no dijiste a la reina de Sevilla,
de reyes y de amores?
Pero volviendo al punto
de nuestro panegírico y asunto,
no se olvidó Baeza
de llamar a Bonilla
octava en el Parnaso maravilla,
honrando su cabeza
los laureles sagrados
a las divinas musas dedicados.
Ni en Ecija dejara
el florido Luis Vélez de Guevara
de ser su nuevo Apolo,

que pudo darle solo,
y solo en sus escritos,
con flores de conceptos inauditos,
lo que los tres que faltan;
así sus versos de oro
con blando estilo la materia esmaltan.
Mas ya quejoso el celo y el decoro
del cristalino Dauro,
quiere que tenga oposición el lauro,
que bastará el doctísimo Bérrío,
jurisconsulto insigne,
que a no temer que tanta envidia indigne,
siendo tan lejos del intento mío,
le antepusiera a cuantos
ilustran becas y ennoblecen mantos;
y más cuando decía
por tus loores, celestial María,
la lira, que fue luz de nuestro polo,
en lágrimas bañada:
"Al árbol de victoria está colgada
el arpa de David, que no de Apolo."
¡Oh musas! Recibid al doctor Mira,
que con tanta justicia al lauro aspira,
si la inexhausta vena,
de hermosos versos y conceptos llena,
enriqueció vuestras sagradas minas
en materias humanas y divinas;
que el antiguo Silvestre
basta que sólo muestre
el gran nombre que tuvo
cuando en la cumbre del Parnaso estuvo.
Y viva en los dos Sotos
mejor que en los de Ténedos remotos
Faselis y Tegira,
Apolo, por la lira
del médico excedente,
que en las minas de oro
escribió la ventura de Medoro.
Y aquel Pedro, teólogo eminente,
que escribiendo de amor los desengaños,
hizo a su fénix de su pecho oriente,
mejor contra la fuerza de los años,
que en aromas sabeos,

en sus versos de amor y en sus deseos.
Al siempre claro Turia
hiciera Apolo injuria
si no ciñera de oro justamente
del canónigo Tárraga la frente,
que ya con su memoria alarga el paso
para subir al palio y al Parnaso
con Gaspar Aguilar, que competía
con él en la dramática poesía.
¡Oh tú, don Luis Ferrer!, ¿cómo no templas
la dulcísima lira,
pues tu sonoro canto el mundo admira,
si la ocasión contemplas
en que puedes honrar tu patria hermosa
de ingenios, que produce como flores,
pues tienes voz y mano milagrosa?
Entre los cuales, paladín de amores
y gentilezas de armas nunca oídas,
el conde de Buñol al lauro ofrece
espadas bien regidas
y plumas bien cortadas,
de generosa mano gobernadas,
que en Marte y en Apolo resplandece
su acero con su lira,
que cuando el uno vence, el otro admira.
De Vicente Gascón el nombre sólo
anticipada la victoria lleva,
porque a su pluma nuevas alas deba
la que volando va de polo a polo.
Ninfas del sacro Turia, ya Pactolo,
tejed verdes guirnaldas
de flores de oro y hojas de esmeraldas;
que son las de Helicona
a tanto vencedor breve corona.
Pero sea desmayo
de los opositores
en armas y en amores
el vivo ingenio, el rayo,
el espíritu ardiente
de don Guillen de Castro,
a quien de su ascendente
fue tan feliz el astro,
que, despreciando jaspe y alabastro,

piden sus versos oro y bronce eterno,
ya se enoje Marcial o endulce tierno.
Y si cualquiera de los que hay propuestos
en la ocasión faltara,
Izquierdo, como digno de altos puestos,
la mano de su nombre acompañara;
mas Castilla repara
en ver que escribe tan prudente y cuerdo,
que no pensaron que era Apolo Izquierdo.
Parece que esperando el claro Segre
en la puerta de España, Barcelona,
y el Rubricato alegre,
adonde el mar corona
la playa de corales,
a don Francisco Tamarid me ofrecen,
Ausias de los doctos provenzales
y de los catalanes generosos,
marciales y estudiosos
(que no implica a las ciencias ser marciales),
que en una y otra lengua la enriquecen.
¡Oh, cuánto la ennoblecen,
don Diego Rocaberti, vuestras musas,
de erudición tan rara circunfusas!
Histórico poeta,
que pone a las columnas españolas
floridas laureolas
en dorada tarjeta,
con el blasón ilustre
de su ingenio y su sangre eterno lustre.
¡Oh Juliana Morella, oh gran constancia,
con quien fuera plebeya la arrogancia
hoy de Argentaría Pola,
aunque fue como tu docta española!
Porque mejor por ti, que has hecho cuatro
las gracias, y las musas diez, pudiera,
que por Safo, Antipatro
decir aquella hipérbole, que fuera
más ajustada a un ángel, pues lo ha sido
la que todas las ciencias ha leído
públicamente en cátedras y escuelas;
con que ya las Casandras y Marcelas
pierden la fama, y a tu frente hermosa
rinden en paz la rama victoriosa;

que en tus sienes heroicas y divinas
las del laurel son hojas sibilinas,
haciéndoles en toda competencia
ventaja tus virtudes y tu ciencia.
    Ebro famoso en la ciudad augusta,
que los cesáreos muros encadenas,
¿quién con causa más justa
ingenios puede dar para Mecenas
de cuantos hoy escriben?
Dime, pues, si aperciben
las plumas al laurel los dos Lupercios,
españoles Horacios y Propercios;
aquel cuya memoria le descubre
tan heroico, diciendo:
"Llevó tras sí los pámpanos octubre."
Bien sabes que por él le está pidiendo
para corona de su eterno mármol,
o que se parta entre los dos el árbol;
porque el docto Leonardo de Argensola,
pluma argentada como fénix sola,
si no fuera su hermano,
todo lo merecía,
mayormente escribiendo
aquel conflicto horrendo
en la primera aurora
del balbuciente día,
pues que contar las horas no sabía,
cuando la luz traidora
osó decir hermosa y arrogante,
teniendo a las demás por inferiores:
"Y las estrellas, que hizo Dios mayores,
con pompa digna pisaré arrogante."
    Aquella parte que del Ebro mira
a las nevadas cumbres de Moncayo
formó de estrellas un ingenio rayo,
que Apolo al mundo tira;
entre las glorias de Aragón admira
don Francisco de Zayas,
¡oh envidia!, si de rayos te desmayas.
Este es de los mayores
que los aires vistió de resplandores;
pero a su patria, de esperanzas lleno
en el zafiro elemental sereno,

Favonio alegra, que produce flores,
las nubes purpurando;
por quien las musas, que el acento blando
de sus hermosos versos consideran,
a Horacio tienen y a Virgilio esperan.
　　Juan Bautista Felices, en su nombre
ya tiene la victoria declarada.
No el Ebro sólo, el mundo todo asombre
el arco de su lira, coronada
de tantas varias flores
cuantos son los amores
que cantaba en sus versos a la Reina
para cuyas divinas plantas bellas
su plata celestial la luna peina.
¡Dichoso aquel pilar que es cielo en ellas!
　　Si don Martín Carrillo el premio intenta,
ingenio universal, corona y gloria
de su dichosa patria, ¿cuál ingenio
presume en tanto mar correr tormenta?
Si al verso, si a la historia
corre su erudición con igual genio,
¡oh Livio! ¡Oh mitridático Partenio!
¡Oh ilustre aragonés! A tu memoria
ofrecen para bronces inscripciones
cuantos claros varones
celebra España por sujetos graves;
y si te han de alabar por lo que sabes,
¿quién puede haber que intrépido presuma
en los rayos del sol mirar tu pluma?
　　Para que el Ebro eternamente vea
que ilustremente vive
don Martín de Bolea
en la inmortal trompeta de la fama,
cuyo sonoro círculo le llama,
hoy en altas pirámides le escribe,
haciendo a los dorados capiteles
trofeo de armas, y armas de laureles.
　　Y al capitán Artieda,
aunque Valencia lamentarse pueda,
pondrá en sus cuatro Zaragoza el día
que de la numerosa monarquía
Apolo nombre un senador supremo,
que como aquel celeste Polifemo,

único dé su luz a los dos polos,
pues no es un siglo para dos Apolos.
Preciada de las musas Oropesa,
dijo que en el Parnaso graduado
don Francisco de Herrera Maldonado,
había de ser el héroe de esta empresa;
porque si España de alabar no cesa
sus versos y su prosa,
ellos dulces y graves y ella hermosa,
a ninguno mejor le competía;
concedieron la historia y la poesía,
y a la envidia cruel, que no se excusa,
mostraron el espejo de Medusa.
Mas ya Mérida antigua, siempre ilustre,
las dulces Hipocrénides provoca,
para que eternamente las ilustre
el conde de la Roca;
roca en el mar fundada,
del viento y de las olas respetada,
si a la envidia permite competencia
su nobleza, virtud, ingenio y ciencia;
porque cualquiera rasgo de su pluma
será rayo mortal que la consuma.
Y siempre el nombre de don Juan de Vera,
inmortal del Parnaso primavera,
Pensil, Tempe, Pangeo,
y florífero Hibleo,
o cante historias o lamente amores,
será su Vera anticipada en flores.

SILVA III

Tendida en las riberas
del mar de España dulcemente yace
la célebre Lisboa,
de las tierras iberas
la más ilustre y de más alta loa,
que mira cuando nace
la luz pitonicida,
alma del mundo y de los hombres vida.
Miño la lisonjea,
el Tajo la ennoblece,
el Duero la divide,

Mondego la pasea,
toda nación la vive o la desea,
la India la enriquece,
y el mar la trae cuanto quiere y pide.
Su gente belicosa
pasó la Trapobana
con impulso divino y fuerza humana,
sujetando su mano poderosa
los etíopes rudos y abrasados,
y viendo los remotos horizontes
de los cafres pintados,
bárbaros lotófagos arrogantes,
mares desnudos y vestidos montes,
teatro infausto de los dos amantes,
bellísima Leonor, Manuel de Sosa,
que hoy llora su tragedia lastimosa
el mar, arrepentido
de haberlos a su playa conducido,
cuando abrazada con dos niños bellos
bebió sus almas, y ellos
la suya al mismo tiempo, cuyas vidas
de lágrimas, de fe, de amor nacidas,
pagó su esposo con perder el seso,
que no se debe más a un mal suceso.
Aquellos, finalmente,
que cargaron de bélicos trofeos,
de moros e indios, naves y deseos
por los remotos mares del Oriente,
y en sus triunfos marciales
pusieron entre varios animales
yertos rinocerontes,
como animados montes,
que no los vio jamás en su teatro
Roma, que sujetó las partes cuatro
que componen el orbe,
por más que el mar impetuoso estorbe
sus naves y sus pechos,
más armados de honor que de pertrechos.
Pues si dejando a Marte
mira la fama de Minerva el arte,
con tu nombre, ilustrísimo Rodrigo,
primer archipastor de Lusitania,
real Acuña, cuyos rayos sigo

dulce Mecenas de mi ruda Urania,
sin Amadores, sin Osorios, fuera
tu ingenio sol y Portugal su esfera.
Si yo tuviera aquí tu voz suave,
Francisco de Macedo,
tu retórica dulce y amorosa,
o tu lira latina culta y grave,
perdiera a tanta empresa el justo miedo;
pero, si como fue dificultosa
fuera imposible, amor imaginara
Dédalo que conmigo al sol volara.
Llegando, pues, la fama
a la mayor ciudad que España aclama,
por justas causas despertar no quiso,
y fue discreto aviso,
al gran Saa de Miranda
que le deje Melpómene le manda;
y al divino Camoes
en indianos aloes
que riega el Ganges y produce Hidaspes,
durmiendo en bronce, pórfidos y jaspes
(fortuna extraña, que al ingenio aplico
la vida pobre y el sepulcro rico);
porque si despertaran,
y a las cortes parnásides llevaran,
docto Corte Real, tu nombre solo,
aun no quedara con el suyo Apolo,
como lo muestran hoy vuestras Lusiadas,
postrando Eneidas y venciendo Iliadas.
¡Qué triste suerte, qué notables penas,
acabada la vida hallar Mecenas!
Mas no por eso puede
dejar de ser gloriosa vuestra fama;
si bien, claro Luis, la tuya excede
por cuanta luz derrama
el farol didimeo,
y más cuando te veo
bañar pluma de fénix tinta de oro,
diciendo con decoro
y majestad sonora
por la lealtad, que nunca el tiempo olvida,
que mais anos servira, se naon fora
para tan largo amor tan curta a vida.

Pero no se atreviendo con respeto
a tu divina lira
el Tajo lusitano,
ilustrísimo Nuño de Mendoza,
haciendo igual conceto
de la que Mantua admira
y Parténope goza,
de la que templa tu gallarda mano
en honra del idioma castellano,
a Bernáldez ofrece,
y dice que ser príncipe merece,
cantando Alcido un dia ao son das agoas;
y con sus rimas trípodas a Pavoas,
que honró la lengua castellana tanto,
y el ara del Cordero sacrosanto,
cantando en voz cual la materia triste:
"Sobre el suelo que leda flor no viste,
hórrido toldo la arboleda extiende."
Y a Lobo, que defiende
a corderillos nuevos,
que presumen de Febos,
la entrada del Parnaso,
y con razón, pues tiene al primer paso
y en las riberas del ameno río
aquellas dos floridas primaveras,
que nunca las podrá vencer estío,
ni fuera justo que profanen fieras
las flores que se miran con respeto,
igual propuso de su gran conceto.
Cuando Montemayor con su Diana
ennobleció la lengua castellana,
lugar noble tuviera;
mas ya pasó la edad en que pudiera
llamarse el mayor monte de Partenio,
si le ayudaran letras, el ingenio
con que escribió su Píramo divino,
hurtado o traducido del Marino.
Pero ¿por dónde fue sin esta guía
quien tuvo tan dulcísima Talía?
Aquí confuso el Tajo,
a imaginar se puso
con voz quejosa, aunque en acento bajo,
porque de Antonio López sé interpuso

la grave filomena;
y la considerada y rica vena
que del doctor Silveira le conduce
adonde el sol con menos rayos luce,
desde que de oro puro a Etonte enfrena;
y viendo tales plumas,
que cada cual pudiera
por tres veces heroicas graves sumas
ser de la fama, si otro mundo hubiera,
volando por las cortes de Castilla,
aunque de entrambos reinos maravilla,
quejoso de que al fin le desamparan,
él y sus ninfas cándidas declaran
que no vayan los dos ni sean opuestos;
y entre muchos científicos supuestos
eligen a Faría,
que en historia y poesía
saben que no pudiera
darle mayor la lusitana esfera.
Aunque de tantos con razón se precia,
que pueden envidiar Italia y Grecia
como lo muestran hoy tantos escritos
vestidos de conceptos inauditos,
elocuciones, frasis y colores,
frutos de letras y de versos llores.
Entre los cuales, si favor me diera
la décima divina moradora
de aquella fuente, que al nacer la aurora
en sus ondas de plata reverbera,
don Vicente Noguera
tuviera asiento entre latinos grave,
laurel entre toscanos,
palma entre castellanos,
por la dulzura del hablar süave,
y entre franceses y alemanes fuera
florida primavera,
que como ella de tantas diferencias
de alegres flores se compone y viste,
así de varias lenguas y de ciencias
en que la docta erudición consiste.
¿Qué libro se escribió que no le viese?
¿Qué ingenio floreció que no le honrase?
¿En qué lengua se habló que no supiese?

¿Qué ciencia se inventó que no alcanzase?
Oh musas castellanas y latinas
francesas, alemanas y toscanas,
coronad las riberas lusitanas
de lirios, arrayanes y boninas;
no quede en vuestras fuentes cristalinas
laurel que en ellas su hermosura mire,
donde Dafne amorosa no suspire,
por no bajar a coronar la frente
de este, de todos vencedor, Vicente.
Si pudiera tener la fama aumento
y gloria lusitana,
doña Bernarda de Ferreira fuera,
a cuyo portugués entendimiento
y pluma castellana
la España libertada España debe;
porque sola pudiera
partir entre los reinos esta gloria:
tan poderosa inteligencia mueve
estos dos orbes con su dulce historia,
con tanta erudición, con tanto lustre,
que ella queda inmortal y España ilustre.
Cuando en tu lira, lusitano Orfeo,
Manuel Gallegos, las batallas cantes
de Encélado y Tifeo,
no admire el alto premio tu deseo;
que alcanzarán con versos elegantes
estrellas por laureles tus gigantes.
Pero dejando el reino ilustre aparte,
a quien Apolo y Marte
dieron con beneplácito divino
el nombre lusitano y el latino,
ya la real Plasencia
de don Antonio de Monroy blasona,
de cuyo ingenio y conocida ciencia
sus timbres arma y su blasón corona.
Y al sol de la nobleza y la poesía,
don Micael Solís, que el pecho esmalta
la blanca insignia, embajador de Malta,
propone para hacer mayor el día,
y pretende con gala y valentía
don Fernando Bermúdez que la fama
las esmeraldas de la verde rama

a su gallardo entendimiento ofrezca,
para que se ennoblezca
el uno al otro de quedar honrado,
tanto el laurel como el que fue premiado.
　Mas ya la gran montaña, en quien guardada
la fe, la sangre y la lealtad estuvo,
que limpia, y no manchada,
más pura que su nieve la mantuvo
(primera patria mía),
a don Antonio de Mendoza envía,
aquel famoso Hurtado
de las musas, que al monte de Helicona
de las montañas trasladó el cuidado,
que tan vivos espíritus corona.
A quien Apolo délfico previene
tantos laureles como letras tiene
todo discurso que su mano escribe,
de las altas ideas que concibe.
Bizarro ingenio, dulcemente grave,
raro maestro del hablar suave,
gallardo en prosa y verso,
conceptuoso, fácil, puro y terso,
que con la Vida de la Virgen bella,
al lado de su sol parece estrella.
　Navarra la corona merecida
pide que tenga de justicia y gracia,
como si fuera el músico de Tracia,
Sebastián de Alvarado, en su Heroída,
a quien tan obligados
estarán los ingenios españoles,
pues de su pluma honrados,
todos parecen en su espejo soles.
　¡Qué segura que pide la Rio ja
para el famoso Zarate, su hijo,
con justo de las musas regocijo,
todo un laurel, sin que le falte hoja!
Tan bien debido, cuanto dulce suena
la pastoril avena,
que Erato entre bucólicas alaba,
cuando Silvio cantaba
en los bosques sombríos:
"Arboles, compañeros de estos ríos."
　Aspire luego de Pegaso al monte

el dulce traductor de Anacreonte,
cuyos estudios con perpetua gloria
libraron del olvido su memoria;
aunque dijo que todos se escondiesen
cuando los rayos de su ingenio viesen.
    Galicia, nunca fértil de poetas,
mas sí de casas nobles,
ilustres capitanes y letrados,
por no dejar sus partes imperfetas,
cual blanca palma entre robustos robles,
por donde los cabellos coronados
de mirto y de verbena,
el Sil anciano blandamente suena,
un príncipe llamaba
de Lemos y de monte de Helicona,
porque juntar pensaba
al coronel de perlas
del árbol de las musas la corona,
y de un círculo solo componerlas;
que perlas y laureles juntamente
adornan bien de un gran señor la frente.
Mas como ya pisaba las estrellas,
o le besaban ya las plantas ellas
con manto militar e insignia verde,
el claro y siempre amado señor mío
las esperanzas pierde,
y volviéndose mar, se anega el río,
que entrándose en el llanto de sí mismo,
de río se hizo mar, de mar abismo,
y todos juntos, río, mar y enojos,
no pueden igualarse con mis ojos.
    Supla tan gran lugar, pues le merece,
de don Alonso Ordóñez la eminencia,
pues con tanta virtud, nobleza y ciencia
las castellanas musas enriquece;
y tu filosofía
abraza en sus estudios la poesía,
probando que sin ella
no es pluma la que escribe, sino estrella.
    El dulce cristalífero Pisuerga,
que, como centro del sagrado Apolo,
tantos ingenios délficos alberga,
a aquel en lo dramático tan solo,

que no ha tenido igual desde aquel punto
que el coturno dorado fue su asunto,
Miguel Sánchez, que ha sido
el primero maestro que han tenido
las musas de Terencio,
propuso, aunque con trágico silencio.
Matole el sol de la inclemente Vera,
porque le anticipó la primavera,
y con la variedad de las colores,
pensó que los conceptos eran flores.
Don Gabriel del Corral, cuya famosa
Cintia al laurel aspira,
desde Italia suspira,
y válido de dama tan hermosa,
verde laurel procura,
como por su valor, por su hermosura.
Y Fernando, manojo de la corte,
y manojo de espigas sazonadas,
con diamantes atadas,
que no envidian el círculo del norte,
en la mano legífera de Astrea,
mejores que en la copia de Amaltea,
las presenta a los reyes,
que es manojo de versos y de leyes.
Pero ¿cómo, Pisuerga, no le pides
a don Francisco Gómez que presuma
con divino pincel y docta pluma
ser de las musas invencible Alcides?
Dile que el apellido de Reguera
es de los cuadros del jardín de Euterpe,
que como arroyo o cristalina sierpe
fertiliza su margen lisonjera;
y pues el premio justamente espera,
dile que en sus medallas se retrate,
y que él mismo se escriba,
si quiere que su nombre se dilate
y que en los paralelos del sol viva.
El fénix, que lloró Pisuerga tanto,
y que mató Plasencia,
en don Gabriel de Enao hoy resucita.
Venid, musas, venid al dulce canto;
que a sus letras, virtudes y prudencia,
la fama eterno bronce solicita;

decid que se permita
a nuestro humilde estilo su alabanza;
llegue el amor donde el poder no alcanza;
que donde no alcanzó el entendimiento,
por lo menos llegó el atrevimiento;
que llegar a atreverse
ya fue saber, pues fue saber perderse.
    Medina, en cuyo campo solamente
pudo hallarse la cueva del Parnaso,
ofrece diligente
a Baldo en el espíritu de Lasso,
al docto don Francisco de la Cueva,
que los versos de Píndaro renueva;
tan gran ingenio, que con triste suerte
la más sangrienta ley lloró su muerte:
que deben con razón llorar las leyes
los que honran patrias y engrandecen reyes.
    ¡Qué triste de su pluma nos advierte,
si bien en verde edad primero fruto,
Porcia, después que del famoso Bruto
supo y creyó la miserable suerte!
Llorad, pues, juntas, de su muerte ciertas,
musas y leyes, si no sois las muertas;
y yo también por las que obligan tanto,
de la eterna amistad vínculo santo,
diciendo a su divino entendimiento
con triste musa en lamentable acento:
    "Paulo, jurisconsulto soberano,
que del César de eterna monarquía,
y el supremo Pontífice tenía
todo el digesto en la divina mano;
    "el que al hebreo, al griego y al romano
la instituta católica escribía,
en una decisión dijo que había
de morir una vez el hombre humano."
    ¡Oh ilustre don Francisco, oh siempre clara
luz de las letras! Si la muerte oyera,
y tu divino ingenio la informara,
a la ley del morir réplica hubiera;
que tu divina voz la dilatara,
si menos que de Dios sentencia fuera.
    Tormes, de blancos álamos ceñido,
que le sirven de sombra, y él a ellos

de espejo claro y puro,
sobre pizarras frágiles tendido,
corriéndole cristales los cabellos
con que de Salamanca ilustra el muro
(cuyas islas de arena
canté, llorando mi amorosa pena;
que tanto me costó buscar su olvido,
estudiante de amar en sus riberas,
más que de sus escuelas celebradas,
flores del tiempo, en nieve transformadas,
invierno ya de verdes primaveras;
pues del tiempo perdido
sólo queda quedar arrepentido);
Tormes, en fin, a Céspedes propone,
cuyos céspedes eran fundamento
que a propagar dispone
el fértil elemento
para el laurel tan digno de su frente.
    Y a Sánchez, el retórico eminente,
Mercurio de las ciencias,
sintaxis de sus muchas diferencias,
a quien debe el poeta Juan de Mena
exposición de varias letras llena,
y Garcilaso el tiento
que a su docto comento
intentaron retóricos malsines
en tiendas de poetas florentines,
poniéndole sin causa en mala fama
"el prendedero de oro de su dama".
    No habiéndose quejado, como es claro,
siendo parte, y aun todo, Sanazaro,
disfrazábase el hurto, y ya es de modo,
que al propio dueño se lo venden todo.
Escalan libros, manuscritos tientan,
unos trasladan mal y otros inventan;
que no hay, o sea público o secreto,
seguro verso, frasi ni conceto,
y aciertan bien, porque de aquí a veinte años
ni los propios sabrán ni los extraños
si fue, cuando el concepto o verso espante,
primero el inventor que el trasladante.
    ¡Qué alegre propusiera el claro Tormes
con votos uniformes

un estudiante rico y generoso,
y no menos gallardo que estudioso,
de quien dijo la fama
que se volvió por unos celos dama,
si supiera la parte
donde se fue a estudiar de Ovidio el arte
la bella Feliciana, que hoy requiebra,
y entre pizarras y álamos celebra,
quebrando en ellos vidrios fugitivos,
y la llamara con acentos vivos!
Pues mintiendo su nombre,
y transformada en hombre,
oyó filosofía,
y por curiosidad astrología;
aunque si se rebela, como suele,
no hay verdad que revele,
y de aquella científica academia
mereció los laureles con que premia;
no de otra suerte que a Platón divino
aquella celebrada mantinea
que en forma de varón a Grecia vino.
Mas, como amor pasión del alma sea,
    y natural pensión de los discretos,
y como la experiencia y los efetos
nos muestran que jamás ha sido ingrato
a la amistad y al trato,
si no le mira mal alguna estrella,
puso los ojos Feliciana bella
en un ilustre mozo
que apenas el rubí del labio el bozo
con el oro ofendía,
descubriendo en un día
cuanto la honestidad calló tres años,
logrando sus engaños
los dos firmes amantes,
de sus mismas pasiones estudiantes,
hasta que Feliciana tuvo celos,
y con lágrimas, voces y desvelos
dijeron de mil modos
lo que ella a solo amor, celos a todos.
Con esto fue forzoso que el ausencia
saliese por fiadora a la imprudencia
de haberse declarado;

mas ¿cuándo amor calló desesperado?
Don Félix se quedó, fuese la dama,
que nueva Safo Salamanca llama,
escribiendo a sus celos pesadumbres,
luego que penetró las altas cumbres
del cano eternamente Guadarrama;
porque ¿cómo podía
vivir, siendo mujer, donde tenía
hábito y nombre de hombre,
tan bizarro galán y gentilhombre,
que con notable gracia entretenía
damas, que con amores y desvelos
a unas daba favores y a otras celos,
haciendo que muriesen en la fuente
que de Narciso, por su error, se nombra,
de su mismo accidente,
enamoradas de su propia sombra?
Milagro fue de amor que al nuevo Orfeo,
cuando no le matase ajeno empleo,
no le matasen ellas,
para que colocara en las estrellas
Febo más dulce lira
que la que al cisne admira,
corriendo por el Tormes su cabeza,
como la que cantando su tristeza
entre las ondas de Estrimón suspira.
Mas de los versos que en igual destreza
componía y cantaba,
que a la pluma la voz acompañaba,
estos solos llegaron a mis manos,
llamados, de su nombre, felicianos.
Dijo el Amor, sentado en las orillas
"de un arroyuelo puro, manso y lento:
Silencio, florecillas,
no retocéis con el lascivo viento;
que duerme Galatea, y si despierta,
tened por cosa cierta
que no habéis de ser flores,
en viendo sus colores,
ni yo de hoy más Amor si ella me mira
¡tan dulces flechas de sus ojos tira!".

Humíllense las cumbres del Parnaso
al divino Francisco de la Torre,

celebrado del mismo Garcilaso,
a cuyo lado dignamente corre.
Mas ya Febo socorre
su lira, que llevaba, como a Orfeo
la suya el Estrimón, ésta el Leteo;
porque pueden las musas castellanas
salir hermosas sin teñir las canas.
Honren el claro Tormes dos Gonzalos,
delicias y regalos,
ambrosía de las musas,
y néctares difusas,
ilustres vates del dorado Apolo:
Monroy el uno, de Anfión traslado,
y Rodríguez el otro, celebrado
por luz de nuestro polo
al boreal Arturo.
Pero dejando el muro
que ciñe con laureles inmortales
la madre de las ciencias,
las alas levantó de sus cristales
por altas eminencias,
aquella que naciendo
en los soplos más débiles del aura
indivisible instante,
tales fuerzas restaura
en el vulgar estruendo,
que de pigmeo en hórrido gigante
discurre convertida,
tan fácil y atrevida,
que mezclando mentiras y verdades
de palacios, de reinos, de ciudades,
atravesando mares y desiertos,
es viva voz de oráculos inciertos.

SILVA IV

Con divinos pinceles
y extremados colores,
como latino Apeles,
y de los más insignes inventores,
pintó la casa de la fama Ovidio;
su estudio, su invención, su ingenio envidio.
Pero, puesto que fue digna pintura,

para ocupar el más ilustre espacio
de la inmortalidad en el palacio,
faltole al cuadro la mejor figura,
pues debiera tener el que debía
la dulce filosófica poesía,
que ilustres capitanes celebrando,
sus hazañas cantando,
o ingenios claros y sus doctas sumas,
colocaron sus armas y sus plumas
en los archivos de la eterna fama.
Hoy a las puertas de su templo llama
una justa memoria,
digna de honor y gloria,
antes que pase el alto Guadarrama,
que mi maestro Córdoba me ofrece,
y las musas latinas me dan voces,
pues con tan justa causa la merece.
¡Oh ilustre ingenio! Muchos siglos goces
el premio de tu nombre esclarecido,
rebelde a las injurias del olvido;
y el dignísimo padre Salablanca,
elevado poeta,
divina imitación del real profeta,
señalé piedra blanca
aquel ilustre día
que a los dos nos leyó filosofía,
con los demás discípulos que ahora
laurel o mitra las cabezas dora;
¡con qué versos dulcísimos, sutiles,
tocaste los perfiles
de los rayos seráficos hermosos
con los labios fogosos,
cuando tierno decías
tales versos a Dios, que parecías,
de amores abrasado,
el carro ardiente de tu padre Elías!
Adonde transformado
eras, divino Orfeo,
de tu Elisa Eliseo,
siguiendo la alta empresa
de tu madre santísima, Teresa,
que así cantaba amores,
que a desmayos de amor sirven de flores:

que son de amores tiernas circunstancias
quejarse el alma en dulces consonancias.
¿Quién tuvo amor que fuese
sin alma racional como las fieras?
¿Quién pudo amar de veras
que versos no emprendiese?
Las acciones primeras
de amor es lamentarse en armonía,
porque la fantasía
elige luego hipérboles que puedan
significar las penas o las glorias
que al sentimiento, si es problema, excedan
pintar discursos, describir historias,
que. tiene Amor sus guerras y victorias,
y las quiere leer, aunque está ciego,
porque son sus carácteres de fuego;
y más siendo el amor amor divino,
que amor que no es de Dios es desatino.
¡Qué bien que conociste
el amor soberano,
Augustino León, fray Luis divino,
oh dulce analogía de Augustino!
¡Con qué verdad nos diste
al rey profeta en verso castellano,
que con tanta elegancia tradujiste!
¡Oh cuánto le debiste,
como en tus mismas obras encareces,
a la envidia cruel, por quien mereces
laureles inmortales!
Tu prosa y verso iguales
conservarán la gloria de tu nombre,
y los Nombres de Cristo soberano
te le darán eterno, porque asombre
la dulce pluma de tu heroica mano
de tu persecución la causa injusta.
Tú fuiste gloria de Augustino augusta,
tú el honor de la lengua castellana,
que deseaste introducir escrita,
viendo que a la romana tanto imita,
que puede competir con la romana.
Si en esta edad vivieras
fuerte león en su defensa fueras.
Mas ya previene el alto Guadarrama,

convertido en intrépido Briareo,
o el Cáucaso, que oprime a Prometeo,
presumiendo el laurel del sol la llama,
precipitarse a tan profundo abismo,
gigante de sí mismo,
y con sombra o con nieve
a la alta puente de Hércules se atreve.
  Oh tú, que entre peñascos, blando Eresma,
parece que te agobia
el peso de la puente de Segovia,
celebra el claro nombre de Ledesma,
pues corre satisfecho
que no fue tu cristal más que su pecho.
  Y de Balbas, poeta castellano,
tus ecos, pues lo eres,
respondan siempre llano,
que mientras llano fueres
no te podrás perder, como otros ríos,
por sendas tortuosas,
ni en tu cristal padecerás estíos.
  Pero ya las canciones amorosas
de tu pastor Pesquera,
que del amor lo era,
te piden que te acuerdes
que fue el honor de tus riberas verdes,
y el que daba bucólicos cantares
a Felipe Roger y a Palomares:
Roger, honor de Flandes, gloria y lustre,
y Palomares de Sevilla ilustre;
entrambos en la flor de sus deseos
para lograrse mal dulces Orfeos.
  Al docto Colmenares, donde habitan,
como en sus dulces cárceles inclusas,
que al aurora los prados solicitan,
ejércitos de letras y de musas,
pues sus estudios en el fruto imitan
partos de tantas flores,
estímeles su patria y rinda honores,
porque la copia que en sus versos veo
no la tuvo jamás el campo hibleo.
  Y tú, ciudad famosa,
gloria del timbre del blasón de España,
Avila, por tus méritos dichosa

en cuanto Febo mira y Tetis baña,
madre de tantos Héctores y Aquiles,
que han hecho al mundo las hazañas viles
de griegos y romanos,
las plumas y las armas en las manos,
con influencia igual, con igual parte
de Apolo que de Marte,
al heroico Verdugo al premio envía,
porque lo sea de la envidia fiera,
cuya dulce armonía,
imitación de la celeste esfera,
donde su dulce lira considero,
sin admitir primero
ni permitir segundo,
cantó la gloria de Teresa al. mundo.
Pero ¿quién se levanta revestido
de álamo blanco, y de laurel ceñido?
Parece al claro Henares caudaloso.
¡Oh río venturoso!
Padre de ingenios célebres al mundo,
que laurear solías
tus doctos hijos los felices días
del siglo que jamás tendrá segundo;
cierto será que llega
a la voz de la fama sonorosa
aquel ingenio, universal, profundo,
el docto Marco Antonio de la Vega,
ilustre en verso y erudito en prosa,
cuya pluma quejosa
parece que hoy escribe en los cuidados
de su estilo amoroso:
"Estos, y bien serán pasos contados,
cual no los dio jamás pie doloroso."
En el doctor Garay hallarás luego
oposiciones al latino y griego,
felicísimo río,
cuando en aplauso de la docta Clío
le viste coronar méritamente;
y él dijo en sus canciones:
"Tengo una honrada frente,
de laurel coronada."
¡Felice edad pasada,
que honrabas los científicos varones!

¿Cuándo será que premies y repares
la gloria de tus hijos, sacro Henares?
En la lengua sagrada
mira también la musa celebrada
de Alonso Sánchez, cuyo ingenio incluye,
entre otras ciencias, tal destreza en verso,
que de David el arpa sustituye,
sonora por el ámbito universo;
en dorado metal, en mármol terso
fabrícale columna en tu ribera,
que a los siglos refiera
las alabanzas que mi amor oculta;
tales, que siendo amor, las dificulta.
Mas ¿cómo tu academia
no propone al divino Figueroa,
si con verde laurel sus hijos premia?
Pero dirás que el atributo loa
cuanto decir pudiste.
Dichoso río, que decir le oíste
con tan suave acento y armonía,
que los nobles espíritus eleva:
"De paso en paso injusto amor me lleva,
cuando dejarme descansar debía."
Ciudades compitieron por Homero,
y por Liñán ahora, pues le goza
Castilla y le pretende Zaragoza
y el Ebro claro, a quien vivió primero;
ingenio raro y dulce, aunque severo,
que jamás halló cosa que no fuese
o sentencia o donaire:
que nunca fue desaire
la gravedad mezclada con el gusto.
Pero también es justo
que Pedro de Mendoza,
que otros laureles inmortales goza,
tenga el glorioso nombre que le dieron,
para que vivan siglos infinitos
sus heroicos escritos,
que el laurel de aquel siglo merecieron.
Y que viva en el templo de la fama,
aunque muerto en la puente de Sicilia,
aquel Pastor de Fílida famoso,
Gálvez Montalvo, que la envidia aclama

por uno de la délfica familia,
dignísimo del árbol victorioso,
mayormente cantando,
en lágrimas deshechos:
"Ojos a gloria de mis ojos hechos."
Y aunque tanto dolor me está excusando,
¿qué laurel no le deben
las musas castellanas,
que con letras humanas
rayos divinos beben,
a aquel mancebo ilustre y desdichado,
don Luis de Vargas, que las ondas fieras
del mar Tirreno tienen sepultado?
Llorad, ninfas, llorad en sus riberas,
no perlas ya, sino corales rojos,
porque parezca sangre el triste llanto.
Pero ¿dónde entretanto
estaban vuestros ojos?
¿Muriendo por amor no le ayudasteis?
De envidia de su dama le dejasteis,
como a Leandro, entre las ondas ciego,
beber la muerte, y no matar el fuego.
Séale el agua leve,
pues a la tierra aun tierra no le debe.
Don Alonso de Ercilla
tan ricas Indias en su ingenio tiene,
que desde Chile viene
a enriquecer las musas de Castilla,
pues del opuesto polo
trajo el oro en la frente, como Apolo;
porque después del grave Garcilaso
fue Colón de las Indias del Parnaso,
y más cuando en el lírico instrumento
cantaba, en tiernos años lastimado:
"Que ya mis desventuras han hallado
el término que tiene el sufrimiento."
Efectos de mi genio y mi fortuna,
que me enseñaste versos en la cuna,
dulce memoria del principio amado
del ser que tengo, a quien la vida debo,
en este panegírico me llama
ingrato y olvidado;
pero, si no me atrevo,

no fue falta de amor, sino de fama,
que obligación me fuerza, amor me inflama.
Mas si Félix de Vega no la tuvo,
basta sáber que en el Parnaso estuvo,
habiendo hallado yo sus borradores,
versos eran a Dios llenos de amores;
y aunque en el tiempo que escribió los versos
no eran tan crespos como ahora y tersos,
ni las musas tenían tantos bríos,
mejores me parecen que los míos.
En la hermosa ciudad que baña el Turia
esta memoria fúnebre y gloriosa
al capitán Virués hiciera injuria.
¡Oh ingenio singular! En paz reposa,
a quien las musas cómicas debieron
los mejores principios que tuvieron.
Celebradas tragedias escribiste,
sacro Parnaso a Monserrate hiciste,
escribiendo en la guerra aquella suma:
"Tomando ya la espada, ya la pluma."
Vaya también la fama,
amante Apolo de la verde rama,
el nombre dilatando
por cuanto cielo el sol los polos mide,
de Pedro de Láinez celebrando
la pura estrella, que a la noche impide
el paso original, que maldecía
el que esperaba tras la noche el día.
En cuyo tiempo el ínclito don Diego
de Mendoza tenía
del Parnaso de amor la monarquía
con tan justo y pacífico sosiego,
que la misma de Apolo preeminencia
pusiera en contingencia;
mas fue, cuanto discreto, desdichado
en bien hurtado, como mal impreso;
mas no fue mucho exceso,
que, pues era Mendoza, fuese Hurtado.
Don Fernando de Acuña ilustremente
bebió en la margen de la sacra fuente,
cuando escribió para mayor trofeo
de la dificultad de su deseo:
"Que el más seguro golpe de acertarse,

por darse con más fuerza, suele errarse."
En ella doctamente halló a Museo
aquel gentil Boscán, que en el Parnaso
trocó la voluntad con Garcilaso,
pintando el joven, cuya ardiente llama
pasó por tantas aguas a su dama
entre sirenas y marinos peces,
viéndole muchas veces
más galán sin vestido:
que no es el alma el exterior sentido.
Memoria se le debe a Castillejo,
aunque hablaba tan mal del verso largo,
porque le pareció que era extranjero,
haciendo entonces, sin tomar consejo,
a Garcilaso cargo,
que fue su dulce traductor primero,
de que a España traía
contra el arte mayor nueva poesía,
como si Safo castellana fuera,
pues el arte mayor le imita y sigue,
y ella fue la primera.
Pero porque es razón que el verso obligue,
Fama, detén el vuelo,
pues gozas en el aire tierra y cielo.
Como reliquia fue de los romanos
nuestra lengua y dialecto,
que ya corre imperfecto;
tomaron los antiguos castellanos
la medida del verso a los latinos,
como se ve en Horacio al grande Augusto,
o en los sagrados hinos,
de quien también hacer memoria es justo,
pues los tiene la Iglesia en tanto precio;
de Elpis, dulce poetisa,
en los versos fenisa,
y mujer de Boecio:
que algunas hay de ingenios tan seráficos,
que como las sibilas son proféticos.
De estos endecasílabos y sáficos,
pentámetros también y acataléticos,
los del arte mayor son imitados,
dulces en el poeta Juan de Mena,
y ya desestimados:

así las canas nuestra edad condena.
Aunque parece más asclepiadeo
este verso mayor, que medir veo
mezclado con glicónico,
cuyo sonido armónico
tiene el que canta el alba al pan divino
por el doctor Angélico de Aquino.
Como también usó los consonantes
en el himno más célebre del mundo,
que nuestro verso corto imita en todo,
pues no tenemos antes
otro ejemplar primero ni segundo;
aunque es admiración que el verso, el modo
no le imitase Italia, sino España,
pues era más extraña
de su sacro inventor la patria nuestra.
En las endechas muestra
ser también imitado del latino
el verso castellano,
como se ve en el hino
(si bien sin los esdrújulos más llano)
que se canta el Adviento
en dímetros y yámbicos sonoros,
versos de Ambrosio santo;
y aunque para adornar un pensamiento
con figuras, colores y decoros
no se levantan nuestras coplas tanto,
que perfectos poemas
se puedan escribir en ellas solas,
para las sutilezas españolas
y altísimos conceptos son supremas
a cuantos versos hoy Italia tiene,
pues en tan poco espacio a decir viene
lo que en todo un soneto,
que de la conclusión forma el conceto.
En fin, el verso largo, que trajeron
Boscán y Garcilaso,
"que a Tansilo, a Miturno, al culto Taso"
dicen que le debieron,
es en España ya lo que solía
ser el arte mayor, a quien hicieron
príncipe del Parnaso,
dándole con razón la monarquía

de la heroica poesía,
por ser su exornación inaccesible,
a que no se levantan, ni es posible,
las coplas castellanas;
si bien, después de ser puras y llanas,
son de naturaleza tan suave,
que exceden en dulzura al verso grave,
en quien con descansado entendimiento
se goza el pensamiento,
y llegan al oído
juntos los consonantes y el sentido,
haciendo en su lección claros efetos,
sin que se dificulten los concetos.
Así Montemayor las escribía,
así Gálvez Montalvo dulcemente,
así Liñán, y ahora los modernos :
que como éstas nos es propia poesía,
como la más heroica y excelente,
ingenios españoles hace eternos,
no le negando la grandeza justa
al verso largo, cuando dulce admira,
y con la docta claridad se ajusta:
que cuando de lo claro se retira
al limbo de sí mismo,
no está lejos de dar en barbarismo.
Al verso largo, en fin, principio dieron
con estancias de a seis los sicilianos,
a quien después dos versos añadieron
los poetas toscanos,
en que cantaron moros africanos,
y hazañas de franceses paladines,
ferrareses y doctos florentines:
que la insigne Florencia
es madre universal de toda ciencia,
y España esperar puede,
pues en número excede,
poemas singulares,
pues dan voces los campos y los mares
del Nuevo Mundo a los ingenios grandes:
que 110 son hechos de los doce pares
los de españoles en Italia y Flandes.
Mas ya la clara fama
a proseguir sus pretendientes llama

con la marcial trompeta desde lejos,
sin perdonar que de la impuesta culpa
ha sido este paréntesis disculpa.
Guadalajara, donde dan reflejos
de las ciencias de Henares tantos soles,
aunque vuelve los mismos tornasoles
que suelen al del cielo los espejos,
dice que al cielo sus ingenios debe,
que no a la esfera que tan cerca vive;
y para que lo pruebe,
el de don Juan Enríquez apercibe,
aquel que osó pintar de amor la vista;
porque si ciego no hay quien le resista,
¿qué hará con ella amor? Mas tema luego
no se arrepienta de no verle ciego,
que por el mismo estilo
su mismo ingenio castigó a Perilo;
y amor, si no corrige el pensamiento,
volveráse tirano de Agrigento;
pero quien supo hallar a amor con vista,
también tendrá virtud que le resista.
Don Jacinto de Torres, cuyas rimas
pueden al instrumento
prestar de Apolo más sutiles primas,
que aquel a cuyo son estaba atento
el rápido Estrimón parado en hielo,
seguramente puede
pedir que el lauro entre los dos se quede,
sin que tal amistad tenga recelo
de partir el imperio, si fue justo
dividirle entre Júpiter y Augusto.
De hoy más, porque la envidia no se atreva,
pues Jiménez Patón enseña y prueba
que están en su retórica difusas,
llámese Villanueva de las musas,
y no de los Infantes Villanueva.
Las figuras confusas
antes de su elocuencia,
con el sol de su ingenio y de su ciencia
tan claros manifiestan sus secretos,
que le deben colores y concetos
cuantas plumas escriben
y en la docta región de Apolo viven.

La elocuencia española,
que fluctuaba entre una y otra ola,
puerto agradezca a su valiente pluma,
pues en cualquiera suma
del que no sabe le hallará la nave,
y para saber más el que más sabe.
　Tiene por don Fernando Ballesteros
seguro Villanueva el lauro verde,
como la voz al instrumento acuerde,
que no mella la pluma los aceros.
Esmalte de los nobles caballeros
es la virtud, que con la ciencia enlaza
la gloria y fama que a las dos abraza.
　Ya por los altos montes que mirando
están las claras aguas de Segura,
que la ciudad leal de Murcia baña,
y de Guadalutín, que despertando
del sueño, que le lleva en linfa pura,
se espanta de mirarse mar de España,
la voladora fama desengaña
a los ingenios de mayor decoro
en el verso y la historia:
que pretende Cascales
con justa presunción las hojas de oro,
haciendo memorial de su memoria,
sin los estudios, a su nombre iguales
en tantas facultades generales,
el arte de escribir versos, que arguye
que quien perfectamente constituye
cómo ha de ser un célebre poeta,
él mismo será el arte más perfeta.
　No menos atención puso mirando
cuán amorosamente que ceñía
lo desdeñoso del pastor de Anfriso
la frente de Ferrer, asegurando
que con sus doctos líricos tenía
de las musas del monte cierto aviso
que darle el premio quiso
el sacro Apolo algunos años antes;
mas como siempre hay votos repugnantes,
quedóse por su gusto
Dafne en su fuente, porque no era justo
que si ella le quería,

fuese la competencia de aquel día
dudosa contingencia:
que no quiere quien ama competencia.
Mas ya de Manzanares la ribera
con su siempre florida primavera
de ingenios felicísimos me llama,
señor excelentísimo, y la fama
allá despliega el pabellón de plumas,
y miran en las Cándidas espumas
la sombra de sus galas
las ninfas, que en estrados
de transparentes salas,
de arenas de oro y conchas relevados,
tejiendo están alfombras de colores
para el fruto de flores
que traiga presto a luz Lucina diestra
de Isabel de Borbón, señora nuestra.

SILVA V

Antes que viese en medio de la tierra
su eterna paz el mundo,
y Marte formidable e iracundo
cerrase más humilde que arrogante
el templo de la guerra,
resonando las puertas de diamante,
y los puros intérpretes divinos
cantasen dulces hinos
a la venida del Cordero santo,
que al hielo, y hielo tanto,
en pobre diversorio
celebró su divino desposorio
con la naturaleza nuestra humana,
había ya mil veces
corrido el sol del Aries a los Peces
por sendas de oro en círculos de grana,
cuando el hijo, famoso de Tiberio,
gran rey de los latinos,
después de discurrir reinos extraños,
fundó a Madrid, primero que el imperio
del mundo sujetase el cuello a Roma,
casi doscientos años;
de Manto el nombre toma

de Mantua, y por Viserio
Viseria del Dragón, blasón que tuvo,
aunque después que estuvo
en duro cautiverio
del árabe cruel el suelo hesperio,
mudó su nombre en el que tiene ahora.
El cielo al fin para real señora
la destinó desde su tierna infancia,
como por la distancia
de sus fértiles llanos
sus carros carpetanos,
para serlo del sol que en ella vive.
Materia que la diera a quien escribe
hoy sus ingenios claros,
si con ostentación y diligencia
no estuviera tratada
de historiadores únicos y raros,
cuya pluma dorada
se quitó de las alas de la eterna
fama, que el mundo con el sol gobierna:
que la que de Madrid en él se mueve,
a Gil González de Avila se debe,
honor de la nobleza castellana,
y a Jerónimo ilustre de Quintana,
a cuyas letras y virtud iguales
debe la patria elogios inmortales;
como a aquella Latina,
que apenas nuestra vista determina
si fue mujer o inteligencia pura,
docta con hermosura,
y santa en lo difícil de la corte;
mas ¿qué no hará quien tiene a Dios por norte?
Pero ya porque el día
de las cortes se acerca,
y el principado, por quien hoy se alterca,
la remisión acusa de la mía,
oíd, gloria de Enríquez y Cabrera,
la que de este laurel Parnaso espera.
    Oyendo Manzanares
en su tejida cama
de juncos y ovas sobre verde lama
los ecos de las trompas militares
de tanto pretendiente,

aparta los cabellos de la frente,
los lirios y espadañas,
y el cristal que le dieron las montañas,
de donde toma el nombre, esparce, y deja
la cerúlea madeja
enjuta al claro viento,
de donde van saltando ciento a ciento
pececillos dormidos,
que estaban en las hebras escondidos,
pareciendo, argentados,
escarcha del aurora por los prados;
y caminando al soto
más frondoso y remoto,
de los pies escamosos le corrían
dos fuentes, que en la hierba discurrían,
dejando un largo rastro
desde el soto a las urnas de alabastro,
como eminente, aunque pequeño río;
y recostado por lo más sombrío
en una verde alfombra de mastrantos,
que bordaban penachos de amarantos,
con franjas de encarnadas margaritas
salpicadas de nieve,
y campanillas de morado escritas,
de hermosa vista, aunque de vida breve,
que nunca la hermosura
más largo espacio que las flores dura,
llamó con ronca voz, si bien sonora,
las ninfas de sus nítidas arenas,
que por doseles de cristal le dora
el claro sol por esparcidas venas.
Luego de filopéndolas y murtas
aparecieron todas coronadas;
las verdes selvas, que callaban surtas,
alegres resonaron,
y las humanas voces imitaron
los ecos por las cuevas enramadas.
Cubrieron las labores comenzadas
en telas de vistosas primaveras
faunos de las riberas,
y en la hierba arrojadas
las sedas de colores,
a falta de las flores, fueron flores:

que de estas que tal vez dejan esquivas
a sátiros amantes fugitivas,
como el oro y las sedas arrojaron,
las flores de oro y seda se inventaron.
"Ninfas de Manzanares, dijo el río,
Apolo llama los ingenios raros
a las cortes del monte de Helicona;
yo, pues, que tanto de mis hijos fío
quiero que me digáis los más preclaros
que puedan ascender a su corona,
si bien en diferentes facultades,
pues ríos y ciudades
de toda España envían
lo que sus doctas academias crían:
que no importa que sean diferentes
en profesión, pues creo
que todos los ingenios eminentes,
por tener, como veis, distinto empleo
no escriben en poética armonía;
que no por ignorar que es la poesía.
un arte que, constando de preceptos,
se viste de figuras y conceptos;
que quien apenas tiene
noticia de las ciencias,
como se ve por tantas experiencias,
a ser milagro raras veces viene.
Decid, pues, ninfas mías
(pues veis que al decretado
término fijo con precisos días
no es bien que falte a quien el cielo ha dado
con manos liberales
Propercios, Juvenales y Marciales,
Claudianos y Prudencios,
Aristófanes, Plautos y Terencios),
¿quién será digno del honor que espero?
Que, como padre soy, todos los quiero."
Dijo el anciano Manzanares, dando
con la vista agradable dulces señas
que se moviese el viento, que callando
se fue desde los olmos a las peñas,
volviendo a ser risueñas
las fuentes, que pudieron, vueltas hielos,
matar de pura sed los arroyuelos.

Y como suele hacer confusamente
al respirar la luz por el oriente
ledo susurro a la vecina aurora
por los campos de Flora,
dejando el corcho, el escuadrón de abejas,
y repetir al aire dulces quejas;
así las ninfas bellas, confiriendo
de la proposición del grave asunto,
el coro hermoso junto,
estaban la respuesta previniendo.
La cándida Amaltea
a la discreta Cloris provocaba,
que humilde se excusaba,
y a la rubia Finea
con agradable risa,
partida entre los ojos y los labios,
decía que eran de su ingenio agravios,
y Florida y Leonisa
a Fílida obligaban.
Mas cuando alegres compitiendo estaban,
mandó el río que hablase Laura hermosa.
Ella, bañada la azucena en rosa,
que aún por el velo de cendal se vía
que el pecho de claveles descubría,
dijo, parando el viento,
que hurtaba flores a su dulce aliento
para echar en la mar, de que se cría
el ámbar, que ninguno lo sabía
de todos los filósofos, y es aura
que lleva azares del clavel de Laura:
"Aunque es verdad, oh padre de las selvas
y rey de estas arenas cristalinas,
sobre cuyos aljófares reclinas
el cuerpo fatigado,
y sobre quien descanses cuando vuelvas
del elemento donde estás parado
más siglos que su número infinito,
que de los que han escrito
y pueden escribir memoria tengo,
con miedo a referir sus nombres vengo,
así por no guardar orden ninguna,
como porque podría
faltar en muchos la memoria mía,

o no tener también noticia alguna.
Pero, porque no sobre de importuna
lo que faltare en lo demás, repare
en los alumnos de tu fuente clara;
verás que sin envidia vivir puedes,
pues con breve cristal mares excedes.
"Y pues en esta parte no se entiende
lo que oración retórica pretende,
ni mover ni enseñar ni deleitaros
debo, mas referir ingenios raros,
donde la relación no se divide;
si bien la dignidad ornato pide,
y serán los hipérboles forzosos.
Oíd, selvas, oíd, álamos bellos;
no peine el viento, no, vuestros cabellos
tácitas escuchad, fuentes, en tanto
que a honor de Apolo doy principio al canto.
"Pero primero que refiera, oh claro
y siempre ilustre río,
los insignes ingenios, los poetas
que constituyan este fénix raro,
para tu intento y confirmar el mío
de las obras más serias y seletas
de alguno de ellos, referirte quiero
la que tengo más pronta,
mientras el claro sol no se trasmonta
y previniendo el cándido lucero,
en púrpura se tiñe,
y con rojo esplendor las nubes ciñe
en el bordado ocaso,
arrebolando el turquesado raso
Después diré los nombres
de tan insignes hombres,
como sus rayos duren,
y las ninfas la fábula censuren,
no habiendo el dueño visto
que por ser de Calisto,
aunque él la llama el baño de Diana,
como si lo estuviera la mañana
de aljófar y de rosas,
se esconderán las estrelladas Osas.

EL BAÑO DE DIANA

Después que en el Erídano Faetonte
halló mortal sosiego,
precipitado del celeste monte,
de su soberbia más que de su fuego,
y seco todo el líbico horizonte,
negro luto cubrió los que habitaban
sus desiertas arenas,
siendo como su número sus penas;
cuyos caballos por el aire andaban
entre rayos y truenos,
sembrando riendas y escupiendo frenos,
vueltas al cielo las fogosas bocas,
por espumas furor, llamas por crines,
huyendo con los músicos delfines
las escamosas focas
al centro de la mar medio abrasadas,
cuyo fondo se iguala con la altura
de las soberbias sierras empinadas,
ciudades que fundó la nieve pura;
Júpiter a las quejas
de la tierra abrasada, en partes rota,
cual dejan surcos labradoras rejas,
viendo que la cadena se alborota
de los cuatro elementos,
y que trocando asientos,
la tierra es agua toda, el aire es fuego,
trató de reducirlos a sosiego,
y proponiendo que a Faetón castiga,
a su respeto obediencial los liga;
y como si de nuevo
entonces los criara,
el edificio universal repara,
rogando humilde al enojado Febo
vuelva a dar luz al retirado día
que la noche en sus cárceles tenía.
A los ríos ordena
que las islas, de arena
y juncos fabricadas,
de la adustión en medio relevadas,
cubriesen dilatados,

y a las venas los lazos desatados
por sus antiguas márgenes corriesen,
hasta que de uno en otro a Tetis fuesen,
donde a perder su antiguo nombre entrasen.
A las fuentes mandó que murmurasen,
y obedecieron luego, sin ser justo,
que el murmurar no es fuerza, sino gusto
mandó a la tierra que llevase colmos
de rubio trigo, y que los verdes olmos,
de hiedra revestidos,
volviesen a los pájaros sus nidos;
mandó a los campos que brotasen flores,
repartiendo colores;
salieron lirios, rosas y azucenas,
que de oro puro guarneció las venas.
Volvió la tierra al fin de los desmayos
de tanto ardor de fulminados rayos;
abrazáronse el fuego, el mar, los vientos,
y quedaron en paz los elementos
de la sangrienta contención paladia.
"En este tiempo hallándose en Arcadia
Júpiter, que la nueva primavera
gozaba de Erimanto en la ribera,
vio venir una ninfa de Diana,
que, como resplandece la mañana
en los campos del cielo,
daba a las sombras sol, flores al suelo,
ecos al agua, céfiros al aire,
moviendo con donaire
al son del talle el paso diligente,
y el arco, en la nevada mano ocioso,
si los azules de su rostro hermoso,
como mataban hombres dulcemente,
matar pudieran fieras.
En medio de las dos medias esferas
una flecha de plumas coronada,
la flor de lis de acero enarbolada;
la aljaba a las espaldas,
la caja de oro, el cuento de esmeraldas,
con diez flechas que juntas
las plumas enredaban en las puntas
de los crespos cabellos,
por saber si eran ellas o eran ellos

los que prender podían,
y siendo todos flechas competían.
Cubría el blanco pie ligero y breve,
que no dejó llamar blanca a la nieve,
tejida azul sandalia;
así de amor quejosa iba Accidalia
buscando al joven cuyo tierno pecho
con daga de marfil pasó la fiera,
que como lirio cárdeno deshecho,
del pie villano marchitó la esfera
que bañaba las hojas de zafiros.
Júpiter, viendo la beldad primera
que honró las soledades de Partenio,
remitiendo a los brazos los suspiros,
trocó la majestad con el ingenio,
y en la casta Diana transformado,
no blanco toro ya, no cisne alado,
cubriéndose del tronco de un abeto,
pensó del mismo cielo estar secreto,
que aun a su mismo autor no encubre nada.
Calisto, fatigada
del ejercicio y del calor estivo,
pidióle un corto ramo a un verde olivo,
que al espejo del agua se miraba,
y suspendió la aljaba,
permitiendo que el sueño
fuese dichoso de sus ojos dueño,
cuyo calor a las mejillas rojas
sembró el coral que suelen las congojas.
"Cupido acaso por la selva andaba,
cansado de cazar armados grillos,
tirando a los pintados pajarillos,
y como vio la aljaba
con los penachos blancos y amarillos,
que el céfiro movía,
ave la imaginó sobre la rama,
que ve poco el Amor si se desvía,
y poniendo del plomo que desama
una flecha a la cuerda, diestramente
tiró, y cayó deshecha,
tantas teniendo, al golpe de una flecha,
cual suele suceder al maldiciente,
que con el pecho de veneno lleno,

cae flechado de menor veneno.
"Llegó el Amor, y hallándose burlado
tomó las flechas por mayor tesoro,
y por una de plomo tantas de oro,
probando la primera en el cuidado
de Júpiter, huyendo por el prado
al ruido sonoro
la ninfa, imaginando alguna fiera,
fácil al miedo y al correr ligera.
Previno el arco y fue a buscar su aljaba;
pero el amante, que escondido estaba,
llegó, fingiendo que la casta diosa
se alegraba de verla tan hermosa.
"Calisto, su señora presumiendo,
la mano le besó, y el dios, fingiendo
mil quejas de su ausencia,
sentáronse los dos, y a la inocencia
el adúltero amante
inventando, más dulce que elegante,
amorosos cariños,
en risa artificial los ojos baña:
que cuando tierno engaña,
imita amor la lengua de los niños
"Calisto, que no alcanza
la causa del engaño,
atribuyó el amor a la privanza;
pero en llegando luego el desengaño,
en los brazos de Júpiter se mira,
no sé si agradeciendo la mentira:
que aunque la resistencia
la castidad esfuerza en la violencia,
como los brazos nunca son discretos,
más pueden que la fuerza los efetos.
Y como sigue el arrepentimiento
a las ejecuciones de los vicios,
partiose luego el robador violento,
y descortés, de su desprecio indicios,
dio la espalda a la ninfa, el pecho al viento.
"Triste Calisto, como siempre queda
quien siente más la injuria que los daños,
a llorar se metió por la arboleda,
no ya de un hombre, mas de un dios engaños.
"Formaba ocultos baños

una fuente, cayéndose de un risco,
entre pardas pizarras,
donde una verde margen de lentisco,
puesta a la sombra de silvestres parras,
el agua despeñada recogía.
Aquí Diana un día,
después de algunos meses,
cansada de seguir fieras monteses,
bañarse quiso y descansar en tanto
que templaba la fuente
su rubio hermano ardiente.
Cubrió pálido espanto
la mísera Calisto,
porque no fuese visto
el delito que tímida encubría,
si toda ninfa el cuerpo descubría;
y así le sucedió, porque la diosa
las mandó desnudar en confianza,
que para penetrar la selva umbrosa
apenas lince el sol licencia alcanza.
"Fílida entonces, sin pedir prestadas
rosas a la vergüenza,
a desprender la túnica comienza,
las joyas por los céspedes sembradas;
y arrogante de sí, tanta belleza
puso como la dio naturaleza
a las manos del arte,
pareciendo la estatua de Anaxarte,
como si entre sus varios
tersos mármoles parios,
a quien fingieron vida sus cinceles,
la tuviera en su estudio Praxiteles.
"Nise, que se escondía
con casto sentimiento,
las hebras de oro dilatando al viento,
con el marfil la nieve desafía.
"Y Clarinda, trigueña,
a la sombra se puso de una peña:
que aun para lo que fue naturaleza
quiere buscar disculpas la belleza,
como si relevase la figura
sin ios claros y sombras la pintura.
"Vergonzosa Rosela

delante de Clavela,
tan cristalina estaba,
que verse las demás imaginaba.
Así la castidad el sacro coro
de la enemiga del amor amaba,
y desprendiendo del cabello el oro,
vistió como de rayos celestiales
de las minas de Tíbar los cristales.
"A la casta Amaltea
la castísima Dórida rogaba
se pusiese delante,
sin cosa que la luz notase fea,
aunque la verde selva sola estaba;
pero viendo el semblante
de Diana severo,
las aguas dividió cisne ligero,
y con manso ruido
le sirvieron las aguas de vestido,
haciendo por las ondas de sus lazos
Cándidas alas los nevados brazos.
"Tenía la castísima Diana
en este tiempo sobre pura nieve
sólo el collar y las manillas de oro.
La diferencia humana
le daba la obediencia que le debe,
que era divina, y era humano el coro.
La fuente rica de tan gran tesoro
las arenas en perlas convertía,
las guijas en zafiros,
y Calisto con íntimos suspiros
la indignación ce la deidad temía,
exhalando con lágrimas el pecho
(porque quien no le tiene satisfecho
siempre la cara esconde),
llamándola, responde
que está mirando atenta
si algún sátiro viene:
tales disculpas la vergüenza tiene.
"Diana, mal contenta
de aquella novedad, que, aunque era diosa,
no todo lo sabía
(y hay hombres que lo quieren saber todo
con ciencia fabulosa

que la ignorancia cría,
perdiendo la opinión por bajo modo,
alabándose necios
de aquello que no saben ni es posible,
pues siendo lo que dicen imposible
ellos mismos escriben sus desprecios:
que es la ignorancia suma
fingir la ajena y ser la propia pluma);
"finalmente Diana
mandó que Flora, Cloris y Silvana
por fuerza le quitasen hasta el velo.
Nunca con tanta pena y desconsuelo
reo se desnudó para el suplicio
del grave perpetrado maleficio
como Calisto en la presencia casta,
donde por pena la vergüenza basta.
"Apenas descubrió la triste ninfa,
que procuraba entre la blanda linfa
de la fuente encogerse y encubrirse,
ya que no era posible desasirse
aquel túmulo vivo,
depósito del hombre nueve meses,
sepulcro entonces de alabastro puro,
cuando el casto rigor juzgó lascivo
el pecho, que afrentaron descorteses,
incasto, infame, indigno, injusto, impuro.
"Diana entonces, por tener seguro
del mal ejemplo el coro, el rostro airado
con mil execraciones,
sin escuchar disculpas ni razones,
que en esto aun no es dichoso un desdichado,
la apartó de su casta compañía.
Si alguna la envidió, rigor fingía:
que hay quien la tenga en los ajenos males,
cuando parecen al deleite iguales,
como si la violencia fuera vicio.
¡Oh cuántas que cubrió falso artificio
mostraran frágil la belleza humana
si vinieran al baño de Diana!
Mas como a errar sujeta
puede estar engañada
la necia y la discreta,
tuviera, de sí misma acompañada,

siempre la casta diosa
quietas las aguas y la fuente ociosa.
"Calisto, huyendo por incierta vía,
la dura tierra en lágrimas bañaba,
y el cielo con lamentos obligaba,
cuyo culpado autor no se dolía.
"¡Ay mísera!, decía,
vagando por incultas soledades,
si falta la piedad en las deidades,
¿qué espera la inocencia?"
Y como lo más fuerte
quebranta la paciencia,
al pie de un árbol esperó la muerte.
"Condolida Lucina,
cuando el tremendo punto se avecina
en que el parto comienza por dolores,
indicio que en vivir los hay mayores,
favoreció su soledad, sacando
un niño a luz, que la pagó llorando.
"Entonces Juno del celeste imperio
miró del adulterio
el fruto miserable,
y del monstruo admirable
que cien ojos perdió con una noche
puso al dorado coche
los pintados pavones
con riendas de oro, y luego
cual breve línea de exhalante fuego
cortando las diáfanas regiones,
bajó a la selva airada,
viendo funestamente acompañada
del niño, entre los brazos defendido,
la ninfa pellicer [4] de su marido:
que así con propiedad llama el latino
lo que llama combleza el castellano,
habiendo sido Júpiter tirano
de su inocencia con poder divino.
"¡Oh Marcial español, en paz reposes!
¿Qué dijeras si un hombre te contara

---

[4] Quizá "pellicen". En latín es "pellix", "icis", y breve.

que descendía de los altos dioses,
y de tan gran mentira se alabara?
¿Qué epigramas gozáramos ahora?
Mas pase en tanto que Calisto llora
la inhumana crueldad, que no adivina,
de Juno, que matarla determina;
pues sin mover su pecho el tierno lloro
del bello infante y de la madre triste,
asida del cabello que resiste,
siembra en la tierra las guedejas de oro.
Tanto pierden los celos el decoro
a las mismas deidades de los cielos,
que aún son infiernos en los cielos celos.
"Con lágrimas pedía
piedad Calisto a Juno,
cuando al ruego importuno,
que vencerla porfía,
correspondió más fiera tiranía;
pues para que a ninguno
ser pudiese agradable,
y viviese en estado miserable,
en osa la convierte,
mayor crueldad que sí la diera muerte.
"Huye la ninfa por el bosque, y deja
con lamentable queja
el niño, que se espanta de la boca
cuando con ansias últimas le toca,
y cuando se la imprime,
el alma dentro de las pieles gime,
que al toro de Perilo se parece.
El infante se encoge y estremece,
y forma injusta queja
de quien le dio la vida que le deja;
viendo ios miembros yertos,
de espesas cerdas rígidas cubiertos,
de cuyas pieles vienen
los animales que hoy su nombre tienen
¡oh fábula, oh moral filosofía!
Tanta fue de los osos la osadía,
aunque por Licaón, según escriben,
siempre con miedo de los lobos viven;
no por la boca, a su temor oscura,
mas por la aguda vista,

que no hay tiniebla que su luz resista
ni piel de oveja de su voz segura,
"Las oreas piadosas,
viendo el niño en la hierba
(así naturaleza en prodigiosas
fortunas lo más tímido reserva),
criáronle con bárbaro sustento
de algunos animales:
tal fue su entendimiento,
que siempre son a su principio iguales;
pues no todos aquellos que nacieron
de la injuria lasciva de sus madres,
y con inciertos padres
vanagloria tuvieron
entre las pieles y los paños viles,
maestro hallaron el Quirón de Aquiles:
gran ventura de un hombre, en propio suelo
nacer a gusto y bendición del cielo.
"A Telefo le culpa
Ovidio la dureza,
que no admite la cierva por disculpa;
Silio de Polifemo la aspereza,
a quien crió una loba siciliana;
al bello Paris, destrucción troyana,
una osa feroz como Calisto;
diole una cabra a Egisto
el primero sustento,
de donde es argumento
(perdone Roma si otro ejemplo tiene)
que quien de fieras viene,
es máxima infalible y verdadera
que ha de tener alguna cosa fiera;
y más si del honor que solicita
piensa tener el que a los otros quita;
y así, cuando sus obras más se alaben,
a osa, a cabra, a loba, a cierva saben.
"Quince veces el sol corrido había
la eclíptica dorada
y la fiera montaña en que vivía,
con el arco y la espada,
valiente cazador, temido y visto,
de tres lustros el hijo de Calisto,
cuando en la caza de silvestres fieras

halló del Erimanto en las riberas
su propia madre, en osa convertida.
Ella, de impulso natural movida,
paróse, y el mancebo,
como si fuera en el Fitón de Febo,
quiso quitarla a quien le dio la vida,
aunque a la ejecución del inhumano
caso el alma tembló (justo recelo),
y entre el golpe y la mano
las venas ocupó frígido hielo.
"Júpiter, ya piadoso,
bajó del cielo, y su presencia opuso
al golpe riguroso,
que ya formaba el ánimo confuso;
y alzándolos al cielo luminoso,
por estrellas los puso
cerca del polo boreal que forman,
de la Osa menor poco distantes,
el Plaustro, a cuyas ruedas son diamantes,
donde vive seguro,
aunque tan cerca del Dragón, Arturo.
Allí se ven ahora iluminados
del sol occidental o imaginados,
como los figuró la astrología,
de Júpiter indigna valentía,
que a tantos puso en el celeste velo.
Mas era dios gentil, fingióse cielo,
poniendo en él figuras que en la tierra
fueron personas viles,
que influyen hoy violencia, sangre y guerra,
traición y hurtos sutiles.
¡Oh qué hermosos delirios,
ladrar los canes sirios!
Colocar a Mercurio fue insolencia,
porque su padre Argemifao vendía
en una caja al cuello mercería,
y ahora se hace el dios de la elocuencia.
Graciosa filautía,
que salga de improviso
Tersites con guedejas de Narciso."
Aquí Laura llegaba,
cuando, porque bajaba
la noche temerosa

y se mostró la rutilante Osa
vestida de diamantes,
se fueron por las sombras circunstantes,
para volver cuando la blanca aurora
pintase alfombras en el prado a Flora;
aunque alabar ingenios superiores
produce versos que parecen flores.

SILVA VI

Ya la clara mañana
recamaba de telas de colores
el cielo, el aire, el mar, y de oro y grana
sembraba por la tierra varias flores.
Filomena cantaba los amores
del tracio rey Tereo,
tragedia de su bárbaro deseo,
cuando el rio y las ninfas, prevenidos
a Laura los oídos,
escuchaban los ínclitos varones,
que el premio pretendía;
y ella, sin prevenir sus atenciones,
de los labios la púrpura movía.

"Si pena Prometeo en alto risco
porque intrépido hurtó del sol la llama,
¿qué debe quien a Homero nombre y fama,
oh claro don Francisco,
príncipe de Esquilache y del Parnaso,
nuevo en España Taso,
ilustrísimo Borja,
para quien ya laureles de oro forja,
que los verdes admiten desengaños
de que los pueden marchitar los años?

"¿Qué temes, si con él al premio aspiras,
Manzanares dichoso?
Que fuera injusta ofensa estar dudoso,
si el grave honor que ha dado a España miras
y a la quejosa castellana lengua,
que tantos ponen en afrenta y mengua,
pensando que la adornan,
pues a lo antiguo bárbaro la tornan.
Mira qué bien acuerda
la lira, cuando dice lastimado,

poniendo al arco tan divina cerda,
de aquella Catalina,
que la lloró mortal, siendo divina,
y el lazo de oro de dolor bañado:
"Si lágrimas de amor, si dulces quejas."
"Y si la envidia satisfecha dejas,
mira qué dulce y grave
el marqués de Alenquer honrarte puede,
cuando tierno y suave
a sí mismo se excede,
diciendo a quien tan alto loor merece:
"Alábeos el callar, que no enmudece."
Y así, lo mismo en su alabanza ofrezco,
pues callando le alabo, y no enmudezco:
que cuando en su alabanza hablar quisiera
más mudo que callado pareciera.
"Cubra ciprés funesto
sobre mármoles paros
las reliquias heroicas, la memoria
del Mendoza ilustrísimo, que ha puesto
sobre el monte del sol sus montes claros
para perpetua vida de su gloria;
a la fúnebre historia
del tránsito fatal con triste canto
lloren las musas siempre que se cuente,
y versos de varón tan excelente,
que con su nombre las honraba tanto,
escríbanse con oro en bronce eterno.
Vos, destierro florido del invierno,
hermosa primavera,
no vistáis de colores
de aquel prado las flores,
adonde le buscó la muerte fiera.
Siente su ausencia, Manzanares, siente
por cuanto, dilatando tu corriente,
pisas dulce y sonoro
con plantas de cristal arenas de oro.
"Desde el gigante o rígido peñasco,
verde mozo en abril, cano en diciembre,
lágrimas tristes, Manzanares, siembre
tu corriente fecunda,
y el mármol blanco, donde yace, inunda,
el célebre Velasco,

hijo del condestable de Castilla,
marqués de Auñón, que tanto honró tu orilla
con su lira famosa,
tan docta y amorosa,
que los versos que hoy viven de su mano,
en idioma latino o castellano,
muestran su erudición y su prudencia,
y que el arte es el alma de esta ciencia.
"Tenga lugar el capitán Aldana
entre tantos científicos señores:
que bien merece aquí tales honores
tal pluma y tal espada castellana.
¡Oh nunca a la africana
margen del Mutaceno,
más que de cuerpos, de desdichas lleno,
el lusitano Sebastián pasara!
Que entre la sangre noble, ilustre y clara
que allí quedó vertida,
fue la primera que murió su vida.
En viendo su consejo despreciado
(que el rey no quiso de tan gran soldado),
muriendo satisfizo su conceto,
faltando de sus versos el efeto,
cuando dijo: "Guardaos, que ya tira
Jove español el rayo de su ira."
"Pero mira también qué diestramente
puso los labios en la sacra fuente
Tarsis cuando pintó la bella Europa,
y a Júpiter por alma de aquel toro,
barco de amor, que la llevaba en popa
con tierno llanto del fenicio coro,
que arrojaba las flores a la espuma.
Pues ¿qué laurel pretenderá la pluma
del duque excelentísimo de Lerma,
que en la parte más frígida y más yerma,
de tu principio no los ponga iguales
a los de Apolo délfico inmortales,
más libres del olvido entre sus hielos,
que en Beocia Tegira y Cintio en Delos?
"Si el claro entendimiento
del marqués generoso de Alcañices
el tuyo advierte y mira
a tanto sol atento,

tus verdes selvas llamarás felices,
donde su dulce lira,
ya con los graves números admira,
ya con la suavidad suspende y calma,
cuantos por los oídos goza el alma,
sin otras gentilezas, que ninguna
hubiera menester a la fortuna.
"Pues ¿qué no te asegura
la erudición, la gracia y la dulzura
del conde de Coruña, en quien hallaras
letras ocultas y virtudes claras?
Que los ríos famosos
van más callados cuanto más copiosos.
Pero si en cifra quieres el Parnaso,
porque su más difícil cumbre allanes,
al héroe mira, al estudioso Eraso;
mira al conde de Humanes,
verás qué consonancia
hacen la erudición y la elegancia,
y qué correspondencia
tienen la gentileza y la prudencia.
Estima tus riberas finalmente,
primera cuna de su noble oriente:
que las patrias no son más celebradas
de cuanto al mundo dan plumas o espadas.
"No pudieras hallar, para el intento
que del laurel propuesto te desvela,
Apolo como el conde de Siruela,
de más alto valor y entendimiento.
Con este sacre penetrando el viento,
vuela por tus riberas
la garza de la fama, que si acaso
lleva el laurel que esperas
a las doradas cumbres del Parnaso,
ninguno le tratera más velozmente
desde el cerco del sol hasta tu frente;
y para que gozarte más contento
puedas de un celestial entendimiento,
que en las letras humanas y divinas
corre a todas las ciencias las cortinas;
librería de Apolo,
que pueden en él solo
estudiarlas seguros cuantos nacen

de que todas las dudas satisfacen.
"Mira en Madera imágenes hermosas,
las celestiales diosas,
las leyes y las musas soberanas,
porque divinas ya las más humanas
en sujeto tan raro y milagroso,
Madera ilustre es Angelin precioso:
que si del paraíso al Gange viene,
tendrás el nombre y el valor que tiene.
"Tú, pues, ilustre, aunque pequeño río,
padre de sabios, príncipes y santos,
que por islas de juncos y mastrantos
corres a tu albedrío;
tú, que en la primavera y el estío,
humilde entre violetas y alhelíes,
por labios de coral cristales ríes,
mira al doctor Solórzano, que el Tormes,
lloroso por pizarras disconformes,
a la lengua del agua, en las sonoras
ondas murmuradoras
llama, para que tú con menos ondas
a sus quejas respondas,
como si tú le hurtaras,
naciendo en tus riberas,
ya por su nombre claras;
o si del otro polo le trajeras,
de quien tan altamente escribe y mira
que entre severas leyes
de los sacros consejos de los reyes
al verde lauro aspira,
cuando a la cuna de Felipe dice:
"Para que tanto, bien España espere,
que nace al mundo cuando Cristo muere."
Pronóstico felice
de quien tan alto vaticinio infiere.
"Pero apresura más la nieve pura
que baja en ti del alto Guadarrama,
canos cabellos de la inmensa altura,
con que las nubes como Olimpo excede,
y en tantas venas de cristal derrama,
y de un castillo a las almenas llama,
que defenderte puede,
para que el lauro de la frente quede

de don Juan del Castillo, vinculado,
por mayorazgo tuyo, al principado
de la inmortal corona que deseas;
y cuando los volúmenes poseas
de tantas leyes, goza el municipio,
que te dio la humildad de tu principio.
"Pintaron los antiguos a la Fama
con alas de marfil, lengua de bronce,
porque, como derrama
a las esferas de los cielos once
sus eternos acentos,
después de persuadir los elementos,
no pudiese cansarse,
ni en el hablar ni en el volar pararse.
Esta tener quisiera,
porque alabar pudiera
dos ínclitos varones,
dos prados, dos hermanos, dos Catones,
a cuya integridad, genio y doctrina
rendir laureles pueden;
su gloria antigua ceden
lengua griega y latina,
que don Lorenzo y don Alonso exceden
sus plumas celebradas,
de las canas del tiempo respetadas.
Tú, pues hasta las playas españolas
crece tus ondas a soberbias olas,
levanta tus cristales,
a los del Tibre iguales;
entumece tus candidas arenas,
de granos de oro y de esmeraldas llenas,
por estos dos ingenios singulares,
y diles, Manzanares,
a griegos y latinos
que vengan peregrinos
a rendir a su templo,
con tan raros escritos por ejemplo,
leyes, versos, anales, oraciones,
Baldos, Tácitos, Livios, Cicerones,
que en sus prados contemplo
fertilidad de ricos atributos,
flores de honor y de virtudes frutos.
"Don Lorenzo Vander también pudiera

pedir este laurel por la memoria
que ha dado a España con tan docta historia,
y la que darle espera;
la casa de Austria, aquel glorioso nido
de las águilas negras, que en España
se volvieron leones,
de tanta erudición enriquecido,
con una y otra hazaña
celebra en tan heroicas ocasiones,
que ellos le deberán eternamente
la copia de su espíritu elocuente,
y tú el haberte dado tantas glorias,
cuantas líneas componen sus historias;
y estima los retratos
de los sagrados hijos de tu orilla,
que Apolo pasará sin los ingratos,
y el coro de las musas sin capilla:
que cantar en secreto
arguye menos ciencia que defeto.
"Llegó la Muerte en un funesto coche,
que el túmulo de Febo parecía,
a una venta una noche,
donde el Amor, al expirar el día,
llegado alegre había.
Durmieron juntos, ¡qué infelice suerte,
dormir amor y despertar la muerte!
Al fin, cuando a la cándida mañana
despertaba la fresca tramontana,
perdidas las sospechas,
trocaron los efectos y las flechas,
sin acertar ninguna.
La Muerte por matar enamoraba,
y por enamorar Amor mataba;
y entre mozos hermosos, ¡qué fortuna!
Por este desconcierto,
fue don Fernando de la Serna muerto;
que si viviera, ¿qué laurel pidieras,
que con su ingenio celestial perdieras?
"Don Gabriel de Moneada, ¿a quién no admira,
tan digno del consejo de los reyes,
si descansando el arco de las leyes,
templa las cuerdas a la dulce lira?
¿Qué musa no suspira

enamorada del hablar suave,
retórico, galán, discreto y grave?
Lo mismo que de Cino,
aquel universal jurisconsulto,
pues haberle excedido dificulto,
se dirá de este ingenio peregrino,
que la jurisprudencia
a las musas juntó tanta elocuencia.
"Ríos de España, encaneced de pena
las ondas cristalinas,
cabellos de las aguas bulliciosas;
ni vuestras ninfas coronéis de rosas,
mientras el Tibre a vuestra blanda arena
usurpa las estampas peregrinas
del español don Diego
de Sayavedra, vuestro alumno amado;
ni halléis en vuestras márgenes sosiego,
ni lleve el valle flor, ni hierba el prado;
no quede álamo en blanco en cuyo tronco
no escriban los pastores Sayavedra,
a pesar de los círculos de hiedra;
con estrépito ronco
suba el Tajo a mirar desde las ruedas,
por escalas de plata siempre ledas,
si viene aquel ingenio, en quien estriba
que de su patria la memoria viva.
Musas latinas, que principio disteis
a nuestras españolas,
francesas y toscanas,
pues siempre honradas fuisteis;
como fénices solas,
perdonen las pindáricas tebanas
del doctísimo Antonio de Laredo;
solícitas venid a su alabanza,
que la nuestra a sus méritos no alcanza.
"Veréis cómo del tiempo virgiliano
han quedado vestigios;
veréis en un gallardo cortesano
grandes estudios para ser prodigios;
que cuando reducir queráis a nueve,
los ingenios famosos,
ser uno se le debe
por ciencias y por versos numerosos;

que ya, para que tenga el que merece,
vuestro laurel hasta su frente crece;
y es mucho que tan alto subir pueda,
si no es que Apolo ramos le conceda;
que sólo puede el sol ser su corona,
porque está sobre el monte de Helicona.
"Hay en el cielo un sino,
autor de la florida primavera,
donde con seis estrellas reverbera;
Carnero cuyo ilustre vellocino
dio la invención de la primera nave
de aquellos argonautas:
que para el oro no hay defensas cautas.
Y en tus riberas cándido y suave,
en cisne convertido, dulce y grave,
don Antonio Carnero,
es el signo primero,
en quien también Apolo reverbera
al producir la infante primavera;
y como con su aliento,
por su calor y el húmedo elemento,
en los campos, vestidos de colores,
los céfiros espiran tiernas flores,
así, de dulces versos revestido,
es de tus campos céfiro florido.
"Mas mira cómo Dafne fugitiva
firma la estampa breve,
y el tronco de alma priva,
que piensa que la sigue, y no se mueve,
Juan de Quiñones, más gallardo Apolo,
porque a su ingenio solo
los brazos de las ramas apercibe,
que en los laureles de su frente vive
mejor que en el Parnaso,
porque éste quiere, y los demás acaso."
Aquí llegaba Laura con aplauso
del senado amoroso,
cuando un corro de sátiros celoso,
Gorilo, Julio, Persio, Armindo y Lauso,
pasaron con estruendo bullicioso,
tañendo flautas y zampoñas rudas,
de cañas mal formadas que juntaron,
por quien las selvas, que callaban mudas,

las lenguas de las hojas informaron:
que bastaba ser acto de poesía,
para que de la envidia y la ignorancia
procediese tan vil descortesía,
de la virtud precisa repugnancia,
que no puede sufrir la fama y gloria,
alabanza y memoria
de los claros ingenios singulares.
Enojóse el anciano Manzanares,
y severo mandó que los prendiesen;
y como los trajesen,
no halló, con ofrecerle tanta copia,
mayor castigo que su envidia propia.
    Mas la divina Floris, admirada
de que sufriese el río
tan loco desvarío,
así le dijo, en púrpura bañada,
deseando estudiosa,
y del honor poético celosa,
que fuese Apolo para cada fauno
una flecha del monte acroceraunо:
    "No dejes sin castigo,
pues has sido testigo
de tanto atrevimiento en tu presencia,
estos sátiros feos,
preciados de soberbios semideos,
sin virtud, sin valor, sin luz, sin ciencia,
que siempre nos persiguen,
y por las selvas atrevidos siguen;
tanto, que si de algunas claras fuentes,
cuando de ti salimos,
no fuesen nuestro asilo sus corrientes,
o con espesas hojas y racimos
estas hiedras que enlazan
los altos olmos que trepando abrazan,
o laureles seríamos ceñidas
de ramas desdeñosas,
o entre sus fieras manos rigurosas
débiles cañas, descubriendo a Midas
las encubiertas menguas:
que el suelo más leal produce lenguas.
    "Tañía Palas en el cielo un día
una sonora flauta,

pero la diosa incauta,
atenta a su dulzura y melodía,
no reparaba en la fealdad que hacía,
como muchos que cantan,
que porque no se miran no se espantan,
"La boca descompuesta,
con que los convidados a la fiesta
a risa provocaba;
porque el rostro, que a Bóreas imitaba,
y los ojos hacían
las diferencias mismas, que surtían
de los inquietos dedos, a quien dieron
principio los martillos, que pusieron
a Jubal en cuidado,
si de ellos el diatónico fue hallado,
y fue Tubalcain a quien se debe.
Corrida Palas de pensar que mueve
la risa de los dioses, baja aprisa,
y en el cristal de un río,
que no reconoció feudo al estío,
vio la materia de la justa risa
por lo más sosegado de las olas,
sonrojando la fuerza las mejillas
del color que del trigo en las orillas
nacen las amapolas.
Grosero afeite al rostro de la tierra,
a quien tan presto el sol las hojas cierra;
y con aquel disgusto arroja airada
la dulce flauta, que después hallada
de un sátiro que música sabía,
soberbio al mismo Apolo desafía,
cual vemos con la lira de Felicio
al ignorante sátiro Salicio,
Salido rudo feo
de gótico preciado semideo,
que dice que concibe
los dulces partos que Felicio escribe;
pensando, como algunos, que en la espada
de lindo corte y guarnición dorada
está la valentía,
siendo del brazo que la rige y guía.
Apolo, aunque era Dios, y Marsias hombre,
que aqueste fue su nombre,

aceptó por vengarse el desafío,
siendo palestra el límite de un río,
que en dos se dividía
y una graciosa isla permitía,
por vestirse de verde a la ribera,
lisonja de la hermosa primavera,
que dentro de él jurisdicción tenía.
Aquí ya no las aves ni los peces,
sino los dioses, músicos jueces,
previnieron el gusto y los oídos,
y alegres y vestidos
de ricas telas de la China y Persia,
sentáronse a escuchar la controversia,
igual la confianza y la destreza,
adonde el arte fue naturaleza.
El sátiro tocó la flauta, haciendo
que el sonoroso estruendo
de ríos y de fuentes se parase,
y el céfiro solícito llevase,
ya partido, ya junto,
de la varia infusión del soplo al punto,
los ecos por la selva al monte opuesto;
Febo, a tañer dispuesto,
mezclando diestramente
la música enarmónica y cromática,
mostró con la teórica en la prática
aquel alma eminente,
pues en el arte la verdad consiste.
Pero, como la envidia
escucha siempre .triste,
y de la ajena gloria se fastidia,
el sátiro de Febo murmuraba,
y arrogante mostraba
que la justicia estaba de su parte:
que pocas veces reconoce al arte
la soberbia ignorancia de la ciencia.
Febo la competencia
desigual proseguía;
la selva respondía;
el eco dilataba
las quejas que formaba
con los dedos sonoros,
y los soplos suaves

repetidos a coros
de las pintadas aves,
las fuentes que corrían
hurtar las consonancias presumían,
y por octavas entonar mayores,
saltaban las arenas a las flores.
Los árboles amenos,
de oyentes dulces llenos,
que al teatro asistían,
y a las plantas movían,
como en el tiempo que cantaba Orfeo
que el aplauso es principio de trofeo,
y las copas altivas,
almas vegetativas
de sus antiguos troncos arrugados,
bajaban a los prados
para mezclar las hojas con las flores,
lo verde y las colores,
y coronar al victorioso Febo.
Y como el loco sátiro de nuevo,
tañer quisiese, fuele respondido
que estaba ya vencido,
y sin ser escuchado,
Febo fue laureado.
Dafne apacible enrama,
no en selvas ninfa ni en palacios dama,
que siempre es la vejez más amorosa,
le coronó la frente victoriosa.
"Era concierto de esta competencia
que del vencido el vencedor hiciese
lo que su gusto fuese;
¡rigurosa sentencia!
Perque si sólo el sátiro tenía
la casa de pellejos que vivía,
de qnien godo señor se intitulaba,
y Apolo celestial se la quitaba,
¿qué le importara Caxelor, su padre,
ni Torabina, su salvaje madre,
para que no muriese?
Y así, porque ninguno se atreviese
hombre, mortal con arrogancia vana
a poner a la ciencia soberana
de las altas deidades celestiales,

siendo tan desiguale?,
en tales desafíos,
le mandó desollar atado a un tronco,
por más que conoció sus desvarios,
mortal de quejas y de ruegos ronco.
Lloráronle las ninfas de los ríos,
a quien para sus coros ayudaba,
cuando vieron que ya sin piel estaba,
que nunca falta quien al muerto alabe,
e interprete a virtud faltas que sabe:
que los aborrecidos y enojosos
cuando fueron dichosos,
vienen a ser amados
cuando son desdichados."
  Esto decía Floris, pero en vano:
que dejando los sátiros el llano,
con descompuesta risa haciendo señas,
treparon por los árboles y peñas,
como suele en el África arenosa
por la palma frondosa,
porque el desnudo bárbaro se asombre,
el animal que más imita al hombre.

SILVA VII

  Callaron todos con aplauso atento,
vencido el alboroto
que los fieros semicapros hacían;
volvió otra vez a suspenderse el viento,
y callando las aves en el soto,
se pararon las aguas que corrían;
las almas que vivían
en las hermosas flores
encendieron más vivas sus colores,
y al fin, dispuesta a proseguir el canto
Laura gentil, echando al hombro el manto
sobre el crespo cabello, dividido
en mil anillos de oro,
mirando blandamente el dulce coro,
abrió las hojas del clavel partido:
  "Cuando vuelvo los ojos
a tus famosos hijos, Manzanares,
a quien tantos despojos

deben el Tormes y el sagrado Henares,
tan alta vengo a ver mi confianza,
que aun miro verde el sol con mi esperanza;
porque si ingenios de tus hijos miras,
y no sólo al laurel de Apolo aspiras,
aunque te da cuidado y sentimiento,
por ser honor tan relevante ahora,
que nunca más atento
el laurígero Apolo,
todo piramidal a nuestro polo,
sus esmeraldas dora;
mira al doctor Francisco Sánchez, mira
cómo en la sacra lira
del rey profeta canta
versos divinos en la cumbre santa
del celestial Parnaso;
pues dando el primer paso
por su dulce Talía,
subió a la esfera de la acción suprema,
y a la vista del sol las alas quema,
en cuyo mediodía
arden los serafines.
Cortad, ninfas, cortad castos jazmines,
la arzobispal guirnalda coronando
al gran pastor de Taranto, adorando
la sandalia cruzada
que honró la patria, que dejó esmaltada
de tantas bellas flores
(¡oh nunca sus colores,
ligero tiempo, mudes!);
¡cuántas fueron sus letras y virtudes!

"Si fue don Gabriel Gómez de Sanabria
aquel cuya sonora lira oiste
en el prólogo tierno de sus años,
aquel cuya nobleza honró a Cantabria,
aunque la cierta en la virtud consiste,
¿qué importa que por mares tan extraños
ahora viva senador de Lima,
para que tú le olvides,
y él deje de ser tuyo si le pides
favor en esta empresa;
que ser tu hijo estima,
y las musas profesa

con tal cuidado y tan atenta mano,
que habla por él Marcial en castellano?
Y si por español poco parece,
quien lo dice se engaña;
grande alabanza don Gabriel merece,
porque Marcial, si fácil se imagina,
ha mucho tiempo que salió de España,
y su lengua olvidó por la latina,
y es volvérsela a dar acción divina.
"Pues para más honor tuyo, obligado
del mucho que te han dado,
ofrece a la elocuencia eternos hinos
del docto Gerión, de tres divinos
insignes oradores,
del cielo estrellas, de la tierra flores;
triángulo y firmeza soberana
de la nave católica romana,
celestes filomenas,
honra de tus riberas siempre amenas
de pirámides altos y colunas,
que a las oposiciones importunas
del engañado error pongan el hombro;
con que sabrás que nombro
al padre Herrera, Vélez y Montoya,
en quien parece que la piedra apoya
fundamental del edificio eterno.
¡Qué consonancia, qué divino terno!
Herrera, el gran Cirilo,
Vélez Bernardo en dulce y claro estilo,
y Montoya, sagrado coronista,
que al sol de su gran padre alzó la vista.
"Para loar a Márquez dignamente
sus obras mismas son la voz más clara;
Tormes su eterna ausencia
llora con turbia frente,
y a su piedra inmortal las ondas para
en feudo de respeto y reverencia:
que varones tan claros
no los reiteran siglos, o son raros.
"Pero ya de mi amor las justas quejas
(Fama, si tú las alabanzas dejas
por infinita suma,
que no querrás fiarlas de otra pluma)

al padre Hortensio Félix me proponen;
los laureles perdonen
de Grecia y Roma en ocasión tan justa:
que el cerco de oro de su frente augusta
juzgo a pequeño premio, y le consagro
estos versos, por único milagro;
porque, como él lo es, también lo fuera
si amor, y no la pluma, los hiciera.
—"Si Dios no hiciera flores, primavera
fuera tu ingenio celestial florido;
y si frutos no hubiera producido,
tu ingenio frutos celestiales diera.
"Si el sol de nuestro polo se escondiera,
tu ingenio sol de España hubiera sido,
y donde Dios no fuera conocido,
por tu ingenio sutil se conociera.
"El ingenio del ángel reservado,
porque al ángel bastó que le imitaras,
en lo mortal ninguno te ha igualado:
"que si en ideas puramente claras
Dios te mostrara cuantos ha criado,
sólo el ingenio que te dio tomaras.—
"Mas mira en tiernos años,
admiración de propios y de extraños,
aquel Avila, o águila, que vuela
en la mejor del mundo compañía
con tal doctrina, con tal alta escuela
a los celajes donde nace el día,
que con nombre de Juan, que le provoca,
ser Avila, ser águila le toca.
"Y darle para siempre se te acuerde
verde laurel al padre Villaverde,
en cuya boca, como ambrosía pura,
ángeles fabricaron la dulzura,
en vez de las abejas, pues vinieron,
y la ambrosía de Ambrosio le infundieron.
Pero permite en diferente altura
que un apóstrofe sea
paréntesis dichoso de tu idea.
"Pues canta Apolo en estos dulces hinos,
oradores divinos
del evangelio universal de Cristo,
aunque vivas al polo de Calisto,

aquí permite que tu voz retrate,
dulce sagrado vate,
doctísimo Fernando de Avendaño,
ave del cielo, y del infierno daño;
pues de las Indias sacas
el ángel fiero, que los habla en guacas,
insigne en la palabra y en la vida,
tanto, que puede darte,
evangélico Marte,
nombre de Idolicida,
luz en el monte Antártico encendida,
filósofo y teólogo tan raro,
que constituye en ti la Igleria un faro,
que alumbre en el Perú, segundo Apolo;
y no te admire ver que a nuestro polo
llegue tu nombre, que el opuesto aclama,
pues el doctor León sirve de fama,
que tus hechos publica,
y de tan gran predicador predica
lo que dijeras tú si de él hablaras,
letras insignes y virtudes raras.
"No fue contra retóricos precetos
aquí, sagrado río,
la intervención del pensamiento mío:
que varones tan graves y perfetos
en el divino fundo,
que resuene su voz por todo el mundo.
"¡Quién tuviera, Niseno,
justa de mi temor desconfianza,
tu ingenio celestial para alabarte!
Pero es corto mi seno
para el golfo del mar de tu alabanza
y reducir lo inmenso a breve parte;
leerte y escucharte
es oír a tu padre el gran Basilio;
¡oh si me dieras, para ser Virgilio,
tu pluma y lengua de oro!
Tus escritos adoro,
tu virtud reverencio;
donde es fuerza el callar, hable el silencio.
"Vestido al cielo de virtudes santas,
que nunca fueron sus estrellas tantas,
aunque descalzo al suelo,

fray Pedro de los Reyes,
Apolo de sayal, musa del cielo,
que con humildes leyes
y amorosos preceptos
dulces escribes al amor conceptos;
amado padre mío,
corona ilustre de tu patrio río,
el célebre Jarama;
amor fue tu laurel, gloria tu fama,
y tu sandalia nube,
que en pedazos de cielo al sol te sube,
y con tanto decoro,
que con reliquias de la tela de oro
de tu sayal, más rico que su esfera,
le puedes remendar si se rompiera.
¡Oh qué bien que escribías
aquellos tiernos penitentes días
en tu sagrado canto:
—Loco debo de ser, pues no soy santo!—
"Con mil laureles en la sacra frente,
por estilo tan puro y elocuente
con que tus rimas y tu patria honraste,
dulce Camargo, a Nicolás cantaste,
después de haber cantado en verso triste
la sagrada elegía,
muerte de Dios y llanto de María,
que de tu nombre fuiste
dulcísima ironía.
"Segura insigne, bien irá seguro
con más alegre, aunque difícil paso,
al monte santo, al celestial Parnaso,
que tiene de oro y de diamante el muro.
¡Qué casto, dulce, sonoroso y puro
Benito, transformado en carmelita,
la vida de Teresa resucita!
¡Qué bien pone a la lira el arco santo
en el sagrado canto!
¡Qué bien las cuerdas, cuando dijo, toca
contra el fiero enemigo:
—Aquí veréis lo que podéis conmigo,
o lo que puede Dios en vuestra boca!—
"Porque tu fama del laurel presuma,
que merecer por tus alumnos sueles,

volveránse los céspedes laureles,
tu arena en oro, y en cristal tu espuma;
"si Maximiliano con su pluma,
nuevo Caleno y Garcilaso nuevo,
en la palestra compitiere a Febo,
para que estéis conformes
en darle el premio que le ha dado Tormes.
"Si elegir un galán entendimiento
propusieran las musas, donde inspira
Apolo universal conocimiento,
que a don Juan de. Valdés le dio su lira
él mismo confesara,
si por dicha envidioso no repara
en que, atento al estudio de las leyes,
le ocupan los consejos de los reyes;
que, como son las musas
damas, no quieren admitir excusas,
sino que siempre su galán asista:
tanto estiman la vista
de ingenios de tan altas calidades,
que tienen celos de otras facultades.
"Marceio Díaz la feliz fortuna
de Endimión dejó a la fama escrita,
con que tantos laureles solicita,
que si por el pastor la blanca luna
puso los pies de plata vez alguna
en el Latmo, pudiera
por Marcelo mejor dejar su esfera;
pues no la contempló la Astrología
con tanta mitológica armonía,
porque fuese Marcelo
mar de elocuencias y de planetas cielo.
"Si cuando a fray Gabriel Téllez mereces,
estás, ¡oh Manzanares!, temeroso,
ingrato me pareces
ai cielo de tu fama cuidadoso,
pues te ha dado tan docto como culto
un Terencio español y un Tirso oculto.
"Si no tienes laurel, de álamo blanco
honra las doctas sienes,
ilustre río, del maestro Franco;
pues que por él a tanta gloria vienes;
pero si no le tienes,

presto de ellos verás tu campo lleno,
si el nuevo Nacianceno
concuerda con sus letras peregrinas
al arpa de David musas divinas.
"¡Oh feliz Manzanares!
Si quieres exceder los pretendientes
del Tajo, el Betis, el Genil y Henares,
conduce de sus pulpitos y altares
aquellos dos hermanos eminentes
que merecieran mármoles romanos,
don Pedro de la Hoz y el maestro Fuentes:
hoz para el trigo de los cielos hecha,
de tanta erudición fértil cosecha;
fuentes para los mares soberanos,
como en la sangre, en el ingenio hermanos;
y sangre de antiquísima nobleza,
a no ser la virtud mayor riqueza;
mas mira fuentes, hoces laureadas,
y verás abrazadas,
si su humildad para el laurel impetras,
como justicia y paz, virtud y letras.
"Oye la dulce voz que en tiernos años
es de la corte música y sirena,
el doctor Montalván, de cuya vena
ya corre un mar de ciencia a los extraños,
ya pintando de amor los desengaños
en docta prosa y en sonoro verso,
ya en estilo diverso
de su sagrada profesión decoro,
patricios dignos de diamantes y oro,
reloj despertador del sueño incauto;
ya con las musas de Terencio y Plauto,
de su estudio paréntesis suaves,
ejemplos dulces y sentencias graves.
"Ya del doctor Francisco de Quintana
te propone la palma victoriosa
el dulce verso y prosa;
pero más en la ciencia soberana
la sacra teología:
que como suele ser de la mañana,
en cuyos tiernos brazos nace el día,
el lucero preludio,
así la luz de su incesable estudio

resplandece en las dudas
de oscuros argumentos,
y la noche se va con plantas mudas,
desatada en las alas de los vientos.
Y porque no lo estén tus pensamientos,
de Josef de Villena
yo te aseguro, venturoso río,
por dulce filomena,
todo el laurel que de su ingenio fío;
ninguno en tu ribera o tu montaña
de más virtud las letras acompaña.
"Pues mira al doctor Porta,
para cuya científica Talía
toda alabanza es corta.
Con él a pretender el lauro envía;
verás cómo su frente en Helicona
de verdes esmeraldas se corona.
"Don Sebastián Francisco de Medrano,
ilustre en nacimiento y en ingenio,
con diferente genio
devoto deja el escribir profano.
Ornad, musas divinas,
las dos sienes sagradas
de cedro y clavellinas
del oloroso Líbano cortadas:
que quien al monte del amor penetra,
tales coronas a su frente impetra.
"Y queden laureadas,
Felipe del Castillo, justamente
las dignas sienes de tan docta frente;
porque se rendirán Virgilio y Enio
a tanta erudición, a tanto ingenio.
"La roja insignia del patrón de España
adorna dos Herreras,
florida emulación de tus riberas,
dignos entrambos de tan alta hazaña;
si a don Rodrigo tienes,
a ser más propiamente Mantua vienes;
pues tendrás a Virgilio tan perfeto,
que te podrás llamar Mincio o Sebeto;
y si tienes también a don Antonio,
serás el Tibre, y él tu dulce Ausonio.
"Al docto don Francisco de Quevedo

llama por luz de tu ribera hermosa,
Lipsio de España en prosa
y Juvenal en verso,
con quien las Musas no tuvieran miedo
de cuanto ingenio ilustra el universo.
Ni en competencia a Píndaro y Petronio,
como dan sus escritos testimonio;
espíritu agudísimo y suave,
dulce en las burlas y en las veras grave;
príncipe de los líricos, que él solo
pudiera serlo si faltara Apolo,
¡Oh musas! Dadme versos, dadme flores,
que, a falta dé conceptos y colores,
amar su ingenio, y no alabarle, supe,
y nazcan mundos que su fama ocupe.
"Pero si vuelves los dichosos ojos
a la escuela de Apolo, pretendiendo
ricos laureles, de tu honor despojos,
mira en prosa y en verso describiendo
su mismo ingenio don Tomás Tamayo,
que sólo su discurso sabe el rayo,
porque es incomprensible a nuestra vista
con él la gloria del laurel conquista,
y a Toledo le di que te perdone,
aunque de sus estudios se corone,
pues dieron tus riberas
a su cuna floridas primaveras:
que en este fértil suelo
fue su dichoso horóscopo y la parte
que le Cupo del cielo
de suerte, que del arte
reconoce la patria que le debe
lo mismo que a la historia
le deberá de España la memoria,
que al tiempo más voraz la pluma atreve,
haciendo las más largas de su pluma
quien alabar sus méritos presuma.
"Y si tienes deseo
de cer un grande y virtuoso empleo,
que puede enriquecerte,
en don Francisco de Aguilar advierte
tan varia erudición, tan grave estudio;
porque dando libelo de repudio

a cuantas ocasiones
divierten a los ínclitos varones,
en su rico museo,
hermoso laberinto del deseo,
sobre los libros yace
desde que el fénix sol muriendo nace,
pintando con solícito cuidado
la historia del pirámide sagrado.
"Juan Antonio de Herrera
apenas de tres lustros se adornaba,
cuando las cuerdas líricas templaba
con majestad latina, que pudiera
ser de Virgilio, pero ya depuesto
aquel estilo a que nació dispuesto,
te deja con mil leyes por excusas
a ti sin premio y sin laurel las musas.
"Del mismo nombre honor, don Juan de España
con vivo ingenio y con pulidas letras
la dorada región del sol penetras,
donde en vez de laurel diamantes baña
a tanto atleta, celestial campaña;
porque si cierra España, no se debe
ni al hombre ni al valor término breve."
Parece que la ninfa suspendía
la clara voz en el marfil, nevado
de la garganta hermosa,
y reiterar quería
algún ingenio ilustre, que olvidado
le bañó de corrida el rostro en rosa,
y prosiguió diciendo: "El verso y prosa
del doctor Milián, sin competencia,
tendrán en su favor justa sentencia,
y más si con sus leyes la defiende:
que si el laurel su erudición pretende,
y humanas letras son esmalte en oro,
¿quién le puede igualar? ¿Quién tan sonoro,
dulce, blando, científico y prudente
llegó los labios a la sacra fuente?
Pues andan entre sí con él celosas
las musas castellanas y latinas,
con ser hermanas e igualmente hermosas.
¡Oh Apolo! De las dos, ¿a cuál te inclinas?
Parece que responden en el monte,

cuyo cristal formó Belerofonte,
las sirenas del agua fugitiva;
mil años Milián, mil años viva.
"La exterior gentileza
la fuerza y valentía
las letras y la espada
la singular destreza,
la música aimonía
en tantos instrumentos celebrada,
que tuvo el mundo atento,
igualó con el claro entendimiento
y el arte de escribir don Félix Arias,
y también igualó fortunas varias:
que no se dan en vano
celestes dones al ingenio humano.
"Cuando a prueba reciba
Apolo soberano
a dulce condición clara y. festiva,
ingenio sutilísimo y urbano
de don Alonso Pusmarín, y lea
la gala con que pule y hermosea
su verso doctamente castellano,
admirando las musas, sin ambages
de forasteros trajes,
con tal copia de altísimos concetos,
ajustando la pluma a los sujetos,
verá que no llegó jamás ninguna
a dar mayor envidia a la fortuna.
"Don Antonio de Huerta, sacro Apolo,
pues fueron tus pensiles
las flores de sus líricos sutiles,
aspire al premio solo
con arte y gracia infusa;
aquí, pues olvidar al monte sueles,
mejor que en Pindo nacerán laureles;
la huerta de Medusa
ésta será, Piérides;
aquí guardad auríferas Hespérides.
"Con decirte las señas,
aunque callase el nombre celebrado,
desde las tuyas a las altas peñas
del alto Pindó, del licor bañado,
a cuya orilla los ingenios nacen

que las doctas vigilias satisfacen,
que era don Pedro Calderón dirías;
verdades son, que no lisonjas mías:
que en estilo poético y dulzura
sube del monte a la suprema altura.
"Y si su vivo ardor te satisfizo
de este ilustre mancebo,
en el retrato de Juan Pablo Rizo
mira la imagen del dorado Febo,
de quien, sin las escritas,
te ofrezco maravillas inauditas.
"Para pintar las partes de Anastasio
será corto pincel el de Parrasio;
y pues ya tienes de él tantas premisas,
más vale que se queden indecisas;
apresuró sus días mal contento
de que no ejecutó su entendimiento.
"Dos Céspedes hermanos se te ofrecen,
que como las estrellas resplandecen,
a quien Júpiter dio partes divinas,
y Leda las humanas;
sus fortunas han sido peregrinas,
pero todas tuvieron fuerzas vanas
contra su nombre: que sus luces bellas
no temen las estrellas, siendo estrellas.
"Si a Salas Barbadillo se atreviera
mi indigna voz, que por tu gusto canta,
o la sonora cándida garganta
de los cisnes tuviera
que el verde margen que el Caistro bebe
cubren de pura nieve,
yo te pintara un hombre
que ha puesto con su nombre
temor a las estrellas,
a quien quitaron ellas
que no pudiese oír sus alabanzas:
tales son de los tiempos las mudanzas;
porque si las oyera,
no fuera humilde cuando más lo fuera.
¡'Oh fortuna de ingenios, breve llama!
Pues no le dais Mecenas, dadle fama. "
"Abstracto de las musas,
primero estudio de sus verdes años,

a Plinio nos ha dado en nuestro idioma
Jerónimo de Huerta, y las confusas
enigmas con tan claros desengaños,
que con admiración los tomos toma
docto médico Febo,
y dice: —Hoy vuelven a nacer de nuevo
tanto puede alcanzar industria humana,
flores de Plinio en huerta castellana.—
"Mostróse el cielo franco
en darle erudición maravillosa
a don Francisco Gómez de Vivanco,
cuya pluma estudiosa,
si tuvo igual, fue de su verso y prosa;
porque cualquiera de ellas que escribiera,
única perla de Cleopatra fuera.
"Miró Venus festiva
al niño Amor, y dijo:
—Dolor alegre de los cielos, hijo,
¿adonde están las gracias, que ninguna
de todas tres parece?—
Y el niño respondió, como ya crece:
—Madre, no busque ya de tantas una;
porque sepa que están, y justamente,
todas juntas en Luis de Benavente.—
"Ilustre río, que del pie del alto
alcázar de Madrid la planta besas,
dorado ya por títulos tan graves,
que no porque tal vez te dejen falto
las nieves de quien naces, pues profesas
carrozas conducir, que no altas naves,
dejan tus labios de llegar suaves,
pues besando cristal, resultas oro,
con que eres ya dorado Manzanares,
del Tajo enojo, emulación de Henares;
llama las ninfas de tu sacro coro,
y de Vicente Mariner laurea
la sacra frente, pues a honrarte vino
con el verso dulcísimo latino,
porque inmortal en tus riberas sea;
y provocando el dórico liceo,
las musas griegas le darán trofeo.
Honre la tierra extraña
a quien nunca premió su madre España.

"Y a Cristóbal de Mesa,
trípoda de las musas y las gracias,
¡oh letras, pocas veces sin desgracias!,
llama para ganar tan alta empresa;
que cuando mires tanta copia impresa,
y tan alta virtud sin premio mires,
imposible será que no suspires:
que sigue pocas veces, o ninguna,
a la virtud la próspera fortuna.

SILVA VIII

"La queja universal de los que llegan
a la difícil cumbre de Helicona
no consiste en el tiempo ni el olvido,
pues éstos nunca niegan
a sus estudios la inmortal corona
ni el premio dignamente merecido,
sino de haber tenido
tan poca estimación mientras vivieron;
no porque todos fueron
por quien Petrarca sin razón decía:
Povera e nuda vai, philosophía.
"Su rigurosa estrella
a cada cual le sigue,
o letras o armas sean;
Mecenas vive en ella,
por ella se consigue
el premio que desean.
"O buena o mala suerte
a los genios se aplica,
que no siempre la muerte
las obras califica;
también la vida suele
dar alas a la fama con que vuele.
"Sin estrella Virgilio
del César no tuviera tanto auxilio,
dejando en su tesoro
ciento y cincuenta mil coronas de oro;
pues no fue Homero menos celebrado,
y fue tan desdichado,
que cantando sus versos sustentaba
la miserable vida que pasaba."

Aliento daba el aura
del suave contacto de las flores
a la discreta Laura,
que interrumpieron ninfas y pastores,
que pasaban con varios instrumentos
a ver los campos del divino Isidro;
pero volviendo a suspender los vientos,
y la corriente el cristalino vidro,
que guarnece de flores Amaltea,
diciendo prosiguió: "Puesto que sea
usurparle la gloria al sacro Turia,
la estimación no puede ser injuria,
pues pisa tus riberas
el conde del Real, de quien pudieras
honrarte justamente;
así concibe dulce y elocuente
tan altos pensamientos y concetos,
que son de amor y de su ingenio efetos.
Suba gallardo el conde al sacro monte,
pues que Tulio llamó de Anacreonte
amante bizarría la poesía:
que no siempre es amor filosofía.
"Pero vuelve los ojos
a aquella isla que a Calabria junta
pintaba Heleno a Eneas,
tanto los tiempos mudan, y en despojos
se lleva el mar, que por aquella punta
las playas sicileas
del continente dividió de Italia;
aquella que expugnaron de Tesalia
las naves tantas veces con los griegos,
antes que viesen los troyanos fuegos,
y allí verás un príncipe famoso,
virrey y capitán, que el gloriöso
timbre de sus mayores
vistió de soberanos resplandores;
un duque de Alburquerque,
que, por más que los polos dore y cerque
el padre de Faetonte,
no podrá -hallar para el laurel del monte
ingenio más divino.
"Como Virgilio al canto se previno,
las sicélides musas invocando,

pudiera quien cantara
las excelencias de su sangre clara,
sus virtudes, sus letras y su estilo,
que pudiera inundar fecundo Nilo
con sus heroicos versos el Parnaso.
Pero detén, atrevimiento, el paso;
que los gobernadores y virreyes
tienen de Marte diferentes leyes,
y los puestos repúblicos son puestos
a las musas opuestos:
que como el genio al ocio no permiten,
desde la tierna edad no las repiten.
"Aquel, aunque Serrano,
ingenio siempre ilustre,
corona, gloria y lustre
del pirámide insigne toledano,
digno del mismo cetro soberano,
don Diego, que escribía
versos que el Tajo repetir solía
con lengua de cristal en su ribera,
de sus años la verde primavera,
¿qué laurel no alcanzara,
divino Polifemo,
si ahora no juzgara
en tribunal supremo
las causas de la fe? Pero permite
que por él solicite
aquella fama y gloria
que entonces diera aplauso a su victoria,
que por los campos de Elis nunca Apolo
fue tan galán serrano,
ni tuvo nuestro polo
más dulce lira ni más diestra mano.
"Mira después los campos revestidos
de más ingenios que producen flores,
y entre tantos esmaltes y colores,
que truecan y confunden los sentidos,
al mejor de los lirios de tu orilla,
don Juan de Larramendi y Andosilla
mancebo de tan nobles esperanzas,
que aunque en brazos del Tajo al mar alcanzas,
y el mar hasta el Oriente se derrama,
los dos no llegaréis donde su fama,

con ir siempre las ondas dilatando,
a quien irán los siglos imitando,
porque de la virtud la fama y gloria
es el alma inmortal de la memoria.
Divino Garcilaso,
con quien parte las hojas del Parnaso,
cuya musa latina y castellana
igualmente florece.
Musas, si así comienza su mañana,
¿qué hará en el mediodía?
Feliz el mar que tales perlas cría.
"Pues mira qué laureles no merece
de don Gabriel Bocángel su atributo.
Goza de tal ingenio el dulce fruto,
y advierte que a su heroica melodía
en su dialecto propio el gran museo
sustituye a Leandro,
poema para el arca de Alejandro,
don primitivo a la esperanza mía.
Mira con qué dulcísima armonía
comienza blandamente:
—Oh tú, que la madeja inobediente.—
No lo serán las musas;
todas vendrán infusas,
mostrando a su conceto
intempestivo afeto,
que en abriendo la boca,
ángel parece que los labios toca.
"Juan Montero Vallejo,
que su ascendencia en las montañas tiene,
nacido en tus riberas,
que, de las musas cristalino espejo,
bebió las claras aguas de Hipocrene,
dará a tu soto eternas primaveras,
y por él te aseguro
que te prometen en aljófar puro
tributo, que fiar tan lejos puedo,
los arroyos del valle de Carriedo.
"Don Nicolás y don Andrés de Prada,
Cástor y Pólux sean,
que mejor que los Géminis posean
del fértil mayo la estación dorada;
allí tendrán laurel, allí victoria,

su fama honor y su virtud memoria:
que el nombre eterno, donde no hay mudanza,
piérdele el ocio, y la virtud le alcanza.
"De don Juan de Vidarte
el natural y el arte
con ambidestra pluma
dos coronas presuma;
defienda lo que escriba;
corte la rama altiva
para su digna frente
de aquel árbol helado, a Febo ardiente,
que tan bien merecido,
no temerá los hielos del olvido.
"Las musas castellanas y latinas,
humanas y divinas
tierno galán requiebre,
y con igual espíritu celebre
Juan Francisco de Prado,
de dísticos floridos
y de espinelas dulces adornado;
porque, cubiertos de perpetuo olvido,
marchiten los hibleos
de sus cultos jardines los trofeos,
y las que tiene a todas superiores
los prados del Parnaso humillen flores.
"Bien puede don Antonio Cuello el suyo
levantar al celeste pavimento,
no ya como el intrépido gigante,
sino por gloria suya y honor tuyo,
poner el hombro, al peso eterno atento
que científico puso el viejo Atlante,
pues con los versos de su propia idea
de imágenes más bellas le hermosea.
"Don Alejandro y don Tomás, hermanos;
que honrando de Valdés el apellido,
como su padre el mismo Apolo ha sido,
nacieron con las liras en las manos.
¿Cuándo oyeron los cónsules romanos
tal oración en verso,
como la que en estilo dulce y terso
oró Tomás a la sin par María?
que aunque Tomás, creyó lo que debía.
"Si de la edad de don Josef Estrata,

por quien tus ondas son perlas y plata,
escribiera Virgilio,
Estado, Claudiano, Horacio y Silio,
mayores fueran que se ven ahora,
que de su tierna edad la dulce aurora,
como celajes ya de su horizonte,
muestran que aspira de Helicona al monte
con tan gallardo espíritu, que alcanza
juntas la posesión y la esperanza.
"Don Jerónimo al orbe de Diana
(Faetonte de la luna,
pues en su plata no hay temer fortuna,
si tanto puede ver águila humana)
levante de su pluma los trofeos,
donde apenas se admiten los deseos,
porque de Villaizán el apellido
no le pueda borrar tiempo ni olvido:
que porque viva en él firme y constante,
clavo será su pluma de diamante;
y aunque sirvan las leyes de disculpa,
en papel celestial versos esulpa,
porque los ojos que tan alto vean,
con sus luces erráticas las lean:
que bien merecen méritos iguales
la lumbre de los orbes celestiales.
"Si se perdiera el arte
lírico, no lo dudes que se hallara,
o todo o la más parte,
en la mélica lira, dulce y clara,
que no hay número fácil que no exceda,
del docto Valmaseda,
cuyo nombre repiten, .
si dudosas compiten,
las musas, porque tienen experiencia
que natural y ciencia
en él se depositan,
y el laurel solicitan
para sus dulces versos, que han honrado
el patrio Tajo, por su voz dorado.
"Y si de justas esperanzas rica
quisieres ver una fecunda vena,
una tierna y canora filomena,
don Diego de Moxica

al sagrado laurel la frente aplica.
"Ya don Jusepe Pellicer de Salas
con cinco lustros solos sube al monte,
ya nuevo Anacreonte,
fénix extiende las doradas alas,
que el sol inmortalice,
y pues él mismo dice
que tantas lenguas sabe,
busque entre tantas una que le alabe.
"Pero si quieres ver del nombre mismo
un noble y elocuente caballero,
honor de los laureles de tu orilla,
sucesor a los condes de Castilla,
profundo a todas letras, docto abismo,
su viva imagen enseñarte quiero;
mira de Horacio el singular retrato,
y con él, para firme testimonio,
un docto suplemento de Petronio,
que al sueño, al ocio ingrato,
muestra de sus vigilias el efeto;
ésta es su luz, su norte,
estudiante en la corte,
y en su trato filósofo discreto.
"Si la corona ilustre a los atletas
y latinos poetas,
en tan alta ocasión competidores,
os parece pequeña,
murtas, laureles, mirtos, hiedras, flores,
¡oh musas!, prevenid al doctor Peña,
que a vuestro monte sube,
peña tan alta que parece nube.
"Don Gabriel del Corral, en quien hallaron
dulzura, priontitud, gracia, agudeza,
lustre para igualar a su nobleza,
por español Propercio le aclamaron.
Musas, dadle el laurel: que no ha nacido
ingenio en nuestra patria más florido.
"Si de don Jorge de Tovar admiras
la dulce voz con que cantó a *Narciso*,
con justa causa al verde honor aspiras,
gloriosa pena del pastor de Anfriso.
Con tan discreto aviso,
con tal primor y erudición tan rara

pintó su historia a honor de tu ribera,
que si en sus mismos versos se mirara,
más peligro corriera
que el tierno joven en la fuente clara,
cuanta es más alta y pura
del alma que del cuerpo la hermosura
"Y si mirar deseas
la docta,oscuridad, cuanto elegante,
del andaluz gigante,
escarmiento de esquivas Calateas,
hoy quedarán tus ojos satisfechos,
los círculos platónicos deshechos,
y el intrincado nudo gordiano,
hablando *Polifemo* en castellano;
que don García Coronel ha sido
tan diferente Ulises, que le ha dado
la vista que el de Grecia le ha quitado:
y estando de tinieblas ofendido,
es sol resplandeciente,
humillando su frente
a que tan alto coronel llegase
y aquel monte de enigmas coronase,
que Góngora también, porque pudiese
quedar a. quien le viese,
como docto suave,
de sus secretos le dejó la llave.
"Las gracias en la cuna
de su dichosa infancia
tan risueñas vinieron,
que a don Alonso del Castillo dieron
más gracia que fortuna,
y que premio elegancia;
que tiene repugnancia
tal vez con la virtud; pero si miras
sus libros, sus papeles, superiores
a cuantos hoy de aquel estilo admiras,
llenos de tantas elegantes flores,
como la copia de su fértil genio
con prodigioso ingenio
por el mundo derrama,
no le quieras más premio que su fama,
ni laureles mayores
ni más ricos favores

que de su pluma la dorada copia,
pues la virtud es premio de sí propia.
"Tú, que presumes siempre ingrato olvido,
que oscureces y borras
la fama de los ínclitos varones,
por más siglos que corras,
de ti mismo olvidado y divertido,
eterno vivirá Matías de Porras,
conquistador de tantas aficiones
cuantas fueron sus letras y virtudes,
pues la gracia igualó con las saludes.
"Juntáronse del polo contrapuesto
las musas con las nuestras, consultando
cómo en el uno el claro Apolo puesto,
y el otro iluminando,
sin faltar a los dos asistiría,
calificando música y poesía
de suerte que la noche no supiese
dónde serlo pudiese,
y tocándose ya con rizos de oro
al espejo del ártico tesoro,
vistiese sol y despreciase estrellas;
y entre las ninfas bellas
de tus riberas nobles, Manzanares,
que fueron al nacer su patrios lares,
hallaron a doña Ana de Zuazo,
donde con tierno abrazo
se juntaron las gracias y las musas
en copias tan difusas,
que como suele la rosada aurora
cuando con áurea boca el campo dora,
vertiendo esmaltes en sus verdes velos,
hablaba flores y cantaba cielos,
dando a las aves que despierta el día
materia de armonía,
y a los hombres científicos sujeto
de admiración y celestial conceto.
"En don Francisco y don Martín de Urbina,
de nuestra esfera polos,
dignos de ser de este laurel Apolos,
fundar tan alta empresa determina,
a su nobleza y su virtud inclina
tu pensamiento o la atención recoge.

"Y para que despoje
cuanto verde laurel al sol desdeña,
mira de don Fernando de Ludeña
el cuerdo ingenio y el decir suave,
lo apacible y lo grave
en los versos y el trato,
y verás con las gracias el recato,
la honestidad con el donaire iguales,
y con la autoridad musas marciales.
"En tanto que a las cumbres de Helicona
diere sacro laurel verde corona,
y la envidia siguiere en competencia
la virtud y la ciencia,
y fuere tu cristal líquida nieve
que el campo de Madrid sediento bebe,
con dulce emulación de Garcilaso,
será de las deidades del Parnaso,
por conceptos sutiles,
don Gaspar Bonifaz valiente Aquiles.
"Si quieres ver la dulce cortesía
por firme basa a un grave entendimiento,
que donde luce el alma todo es día,
al docto Gabriel López mira atento,
pluma gentil de heroico fundamento,
a cuya urbanidad y letras deben
musas latinas, griegas y francesas,
más altas, más difíciles empresas;
pues juntas no se atreven
a su alabanza, viendo que no alcanza
la hipérbole mayor a su alabanza;
pues ¿qué podrán a tanto ingenio solas
cifrar las españolas?
Que quedan siempre faltos
breves elogios para ingenios altos;
y así decreta Apolo que le alabe
cada lengua por sí de las que sabe.
"Don Rodrigo de Herrera, lusitano
(fatal es este nombre a los poetas),
como lo muestra Herrera sevillano,
y los dos que con rimas tan perfetas
de tus riberas son corona y gloria),
merece consagrar a su memoria
este laurel que intentas,

pues tiene tan atentas
las musas castellanas.
"Pero venid, parnásides hermanas,
y adornad de un Jerónimo la frente,
que con tan claro ingenio y tan fecundo
pintó la infancia al mundo,
de nuestra vida prólogo eminente,
que de cuantos corona
Febo en la sacra fuente de Helicona,
ninguno se llamó más propiamente
el apellido de la misma fuente;
porque si a Persio por un libro solo
ciñe la frente de laurel Apolo,
quien describió el principio, en dulce verso,
de todo el universo,
y por frente primera se corona,
bien merece ser fuente de Helicona.
"De Juan Delgado con razón asombre
el no estar declarado
si habemos de llamarle Juan Delgado
por el entedimiento o por el nombre.
No implica el ser galán y gentil hombre:
que aunque digan algunos que el cuidado
de los estudios no permite aseo,
del gusto de las musas no lo creo,
que, como damas son, galanes aman,
y el desaseo y la fealdad desaman.
"Si de Francisco Murcia de la Llana,
hijo de aquel varón tan eminente
que duplicó laureles a su frente
en la lengua latina y castellana,
divina quieres ver la lira humana,
sus fúnebres canciones oye atento;
verás que la dulzura de su acento
templó en el polo Antártico la muerte
del joven de Cantabria heroico y fuerte,
que de veinte y dos años, cosa extraña,
murió, dejando un nuevo reino a España.
"Si adviertes en las célebres canciones
de don Diego de Vera,
dirás que Amor pudiera
sus flechas remitir a sus razones,
y si a mirar te pones

la erudición, dirás que Horacio vive,
que Homero canta y que Virgilio escribe.
"Tejed a Luis Tribaldos de Toledo,
musas griegas, latinas y españolas,
tres verdes laureolas:
que aseguraros puedo
que de ninguno más gloriosamente
ciñan la docta frente;
severo en el Parnaso,
para todo difícil, grave caso,
árbitro de las musas, tiene asiento;
sus letras celebrad, su entendimiento,
su condición amable y generosa,
su dulce verso y su fecunda prosa.
"Cortó, como si fuera inexorable
parca, la ineyitable
a todo ingenio desigual fortuna
de don Juan de Quiroga la esperanza,
pues: cuando pudo merecer alguna,
hizo de sus estudios tal mudanza;
mas no podrá su nombre y su alabanza,
porque, graves o tiernos,
serán sus versos mármoles eternos.
"En la batalla donde el rayo austrino,
hijo inmortal del águila famosa,
ganó las hojas del laurel divino
al rey del Asia en la campaña undosa,
la fortuna insidiosa
hirió la mano de Miguel Cervantes;
pero su ingenio en versos de diamantes
los del plomo volvió con tanta gloria,
que por dulces, sonoros y elegantes
dieron eternidad a su memoria,
porque se diga que una mano herida
pudo dar a su dueño eterna vida.
"Aunque este nombre por el sol le han dado,
no siempre Apolo es rubio ni dorado,
como lo prueba con su ingenio solo
Miguel Moreno, que es moreno Apolo;
porque, escribiendo de conceptos lleno,
la pluma es la dorada y él moreno.
"Ya pone en su registro
la ingeniosa dramática poesía

las musas del doctor Pedro García,
y Apolo entre los cisnes del Caistro:
ya es nuevo Fracastoro dulce y grave,
médico grave y escritor suave.
"Pedro de Vargas, apellido noble
de aquel Machuca, ilustre caballero,
que roto en partes el sangriento acero,
quitando el brazo a un roble,
hizo en los moros tan cruel estrago,
que el Betis fue por él sangriento lago;
con la pluma valiente
no dejará laurel que no derribe
en envidiosa frente,
tan circunspecto y erudito escribe;
ni ha pretendido premio en competencia,
que no tuviese en su favor sentencia;
pues cuando a su valor faltaran ellos,
no pudiera faltar el merecellos,
siendo en esta porfía
suyo el laurel y la esperanza mía.
"Cuando culpar don Agustín Collado
del Hierro, que en loarle cometiera,
mi ignorancia quisiera,
quedaba disculpado,
no de haber intentado lo imposible,
que nadie puede lo que no es posible,
pero del justo amor que me disculpa:
que nunca ha sido la alabanza culpa.
"Hermosa *Clariquea*,
más debéis a su pluma que a Heliodoro,
o permitid que sea
su verso en vuestra prosa esmalte en oro:
que más vuestro galán favorecido
Collado que Teágenes ha sido,
pues siendo tan antigua, os ha quitado
los años con haberos remozado:
que no hay tales servicios ni placeres
como quitar la edad a las mujeres.
"Si a Jusepe de Vargas,
verdadero poeta castellano,
el verde lauro encargas,
por el aire le tienes en la mano:
que fuera de sus versos y concetos

cándidos, puros y en rigor perfetos,
no dudes que hasta ver el fin del caso
alborote las musas y el Parnaso;
pero si va de paz y llega solo,
él casará las musas con Apolo.
"Pudiera Gaspar de Avila, si fuera
embajador de este laurel al monte,
mejor que el que bajó de Flegetonte
por Eurídice bella a la ribera,
orar en verso, y persuadir que diera
este laurel a la dichosa tuya;
y si de letra suya
escribieras a Apolo,
eso bastara sólo,
porque son sus carácteres tan bellos,
que él solo pudo estar por alma en ellos;
pues que puede decir que entre infinitos
ningunos se han de ver tan bien escritos.
"¡Oh pimpollo del árbol del Parnaso!
¡Oh Manuel López! Con principios tales
fácil será que iguales
los partos felicísimos del Taso.
Alarga al monte el paso,
que Apolo con los rayos de su lumbre
tu ingenio llama a la difícil cumbre,
pues en tu tierna edad intempestiva
tanta gracia del cielo se deriva,
que a cuanto presumir las musas pueden,
las esperanzas de tu pluma exceden;
pero ¿qué mucho, si tu padre Eugenio
quiso en el suyo retratar su ingenio?
"¡Oh dulces hipocrénides hermosas!
Los espinos pangeos
aprisa desnudad, y de las rosas
tejed ricas guirnaldas y trofeos
a la inmortal doña María de Zayas,
que sin pasar a Lesbos ni a las playas
del vasto mar Egeo,
que hoy llora el negro velo de Teseo,
a Safo gozará Mitilinea
quien ver milagros de mujer desea;
porque su ingenio, vivamente claro,
es tan único y raro,

que ella sola pudiera,
no sólo pretender la verde rama,
pero sola ser sol de tu ribera,
y tú por ella conseguir más fama
que Nápoles por Claudia, por Cornelia
la sacra Roma, y Tebas por Targelia.
"Mas ya Lope de Vega humilde llega,
que aunque de su fortuna
fue tu ribera su primera cuna,
le dieron las montañas otra vega;
en tanto, pues, que el escuadrón navega
de tantos pretendientes,
elige cuatro que con dignas frentes
merezcan el laurel que se propone;
si alguno se ha quedado por oculto,
o porque nombre y patria dificulto,
mi ignorancia perdone;
o escriba y salga a luz: que mejor suena
en propias bocas la alabanza ajena."
Calló Laura gentil, llevando el viento
a los jazmines de un jardín florido
los ecos de su aliento,
el silencio en aplauso convertido
por últimas reliquias de su acento:
cual suele el blando céfiro en las ramas
hacer manso ruido,
o el seco monte al discurrir las llamas,
de los dos elementos combatido.
Finalmente, por votos
de los ingenios eligieron cuatro,
que me mandan que calle,
aplauso general de todo el valle,
y por ventura de los más remotos;
y el florido teatro
dejando agradecido,
quedó el prado florífero dormido
en brazos de la noche, que bajaba
por donde el sol le daba
licencia, hasta volver del otro polo,
y ei río enmudeció viéndose solo.

SILVA IX

Ya por la inmensa cumbre titonea,
ilustrísimo príncipe, esmaltaba
entre las mismas perlas que lloraba,
despierta el alba de la luz febea,
la palestra florida,
la copia tan unida
de distintas colores,
que era sola una flor todas las flores;
y los claros atletas,
haciendo de las naves las jaretas,
celosías al padre de Faetonte,
miraban cerca del alegre puerto
los celajes del monte,
y las voces con breve desconcierto
en ronco son le consagraban salva,
trocando resplandores con el alba
los tiros que escupían plomo ardiente;
las espumas del húmedo tridente
las orillas peinaban
de las herradas proas impelidas,
y de la quilla asidas,
e invisibles también por las entenas
las naves por la mar aligeraban
las músicas sirenas.
Que ya, como sin miedo, sin estorbo
alzando el diente corvo,
querían que ligeras
mordiesen las riberas;
que como ya las ondas las bañaban,
parece que a las naves se acercaban
con el flujo y reflujo las arenas,
si bien el peso apenas
Atlante el mar en su cerviz sentía,
que siempre fue ligera la poesía,
y navegando el húmedo elemento,
dicen que nunca le ha faltado el viento,
pues con ser los poetas en exceso,
más se quejó del viento que del peso;
amainando las velas,
de los caballos de la mar espuelas,

tomaron tierra en lanchas,
y discurriendo las riberas anchas,
del monte hallaron la difícil senda,
que a tantos que engañaron sus consejos
piensan que la han hallado, y van muy lejos.
Comenzose entre todos la contienda,
como si en el subir o tarde o presto
estuviese del palio el fin propuesto.
Febo de la alta cumbre el codicioso
ejército de ingenios contemplaba,
y alguno que solícito trepaba
los difíciles riscos, estudioso
de llegar a la cumbre de la fama;
a cuál burlaba mal asida rama,
que le precipitaba de las peñas;
a cuál las falsas señas
de alguna dueña de las bellas musas,
porque también las musas tienen dueñas:
que como las visitas son confusas,
y las musas doncellas
de tanta honestidad, con ser tan bellas
(porque es un ignorante el que replica
que la virtud a la hermosura implica);
aunque es igual a todos la esperanza,
el que no alcanza musa, dueña alcanza;
y así, las diferencias tienen señas
del que escribe con musas o con dueñas.
No suele el alta parra, que los brazos
afirma en olmo con diversos lazos,
vestirse de más hojas y racimos
en el septiembre y el octubre opimos,
puesto en olvido el labrador que tarda,
que como no le teme, no le aguarda,
como el monte se vía,
colgando por sarmientos de poesía
diferencias de grumos pertinaces,
unos maduros y otros en agraces;
mas donde soldadesca veterana
iba poniendo pasos bien fundados,
era palma africana,
enramada de dátiles dorados.
Subieron, pues, los nobles pretendientes
por sendas y peñascos diferentes,

y hallaron en la cumbre,
sobre la siempre verde pesadumbre,
los asientos en torno del teatro:
que nunca en el romano anfiteatro,
donde corrieron fieras,
no perdonando escíticas riberas,
se vio mayor grandeza;
pues siendo dueño el sol de aquellas cortes,
si hubiera mil ocasos, si mil nortes,
de todos despojara la riqueza.
　　Los ministros de Apolo se admiraban
de ver que solos se pidieron cuatro,
y desde Tile a Batro
debieron de venir cuantos pensaban
que el premio merecían;
otros por los amigos que tenían,
que no hay poeta que no tenga alguno
en defender sus cosas importuno,
y colocarle en orbe cristalino,
conociéndole apenas su vecino;
otros a ver venían solamente
a qué dichosa frente
laureaban por única en España.
Mas ¿qué mucho que toda la montaña
estuviese tan llena
de gente propia o de nación ajena?
Pues uo hay hombre de seso
(no hablo de los muchos en exceso)
que no haya hecho versos,
o castos o perversos,
allá en la tierna edad de los amores:
que son hijos de amor versos y flores.
Dos cosas son al hombre naturales,
o pintar o escribir en tiernos años:
que plumas y pinceles son iguales;
después con desengaños,
o por ocupaciones y accidentes,
emprenden facultades diferentes:
que no ha faltado, en suma,
a la infancia jamás carbón y pluma.
　　No faltaron con ellos los pintores,
arte divino, y estimado en tanto
de reyes y señores,

admiración y espanto
de la naturaleza
misma, que ve copiada su belleza,
con viva emulación de sus colores,
los retratos con alma,
y que ponen los pájaros en calma,
las espigas, las frutas y las flores.
Pintó un caballo el griego,
y como le quitasen los antojos
al retratado, luego
con erizada crin y abiertos ojos
relinchando quería
hacer dudar cuál era el que vivía,
o que le preguntaba:
que como quedo estaba,
y no le respondía,
en eso sólo bestia parecía.
El Mudo insigne, muerto conocido,
desdicha que las artes han tenido,
y que oponer España a Italia pudo,
ningún rostro pintó que fuese mudo;
hasta la envidia habló, mas era cierto,
pero también habló después de muerto.
Y el español Protógenes famoso,
el noble Alonso Sánchez, que envidioso
dejará al más antiguo y celebrado,
de quien hoy han quedado,
honrando su memoria,
eternos cuadros de divina historia.
¡Oh generoso Urbina, si vivieras,
y a retratar el gran Parnaso fueras!
¡Qué lienzo tan hermoso y de tan raras
figuras que dejaras
al sol del mundo, al inmortal Filipe!
Pero porque es razón que participe
del laurel la pintura generosa,
juntos llegaron a la cumbre hermosa,
surcando varios mares,
Vicencio, Eugenio Núñez y Lanchares,
cuyos raros pinceles
temiera Zeuxis y envidiara Apeles,
Cárdenas, Vanderamen, a quien Flora
sustituyó el oficio de la aurora;

y con pincel divino
Juan Bautista Maíno,
a quien el arte debe
aquella acción que las figuras mueve.
Todo el monte se ardía
en confusión de música y poesía.
Trataban de que hubiese en estas fiestas
comedias, que compuestas
de ingeniosos autores,
con sucesos de reyes y de amores
honestamente recitadas fuesen,
que hasta llegar el acto entretuviesen;
pero enfadado Apolo justamente
de ver que no haya libro impertinente
que no les dé su azote,
no quiso que el concurso se alborote,
viendo que aquellos mismos
que las están oyendo
las quieren sepultar en los abismos.
Yo, en fin, no las defiendo;
mas como veo juegos y blasfemias
y de otros vicios viles academias,
ni por malas ni buenas las señalo,
ni apruebo ni condeno;
tendré por bueno lo que fuere bueno,
tendré por malo lo que fuere malo.
Llegada, pues, la hora,
principio dio la música sonora
de varios instrumentos,
los ecos encontrándose en los vientos,
confundiendo las voces
süaves en los orlos, y feroces
en las siempre belísonas trompetas,
para los aires rígidas saetas;
pero todos de blanco y encarnado,
selva de plumas y de flores prado.
Los primeros venían
los que, procuradores de los muertos,
su memoria y poder sustituían;
luego de rayos como el sol cubiertos,
y vestidos de césares triunfantes,
que de perlas, recamos y diamantes
orientes de sí mismos parecían,

los poetas venían
de todas las naciones,
títulos, potentados y varones.
Allí de Francia el célebre Ronsardo,
Bartras, Pernón, Malherbe, Espín, Roseto,
Juan Aurato, Lingendes y el gallardo
Bertran, Montin, Borgeto.
Allí de Italia el Dante,
Bembo y Gaetano, insignes cardenales,
e imprimiendo sus versos celestiales
de Juan Bautista Ciampoli en diamante
la eternidad, ingenio florentino;
acción humana para ser divino.
La divina marquesa de Pescara
con Laura Terracina,
y por mujer tan rara
Isabela Andreína,
el Petrarca, Ariosto y los dos Tasos,
y el Marino siguiéndoles los pasos.
Tansilo, Curdo, y con su Fido amante,
feliz en sus pastores, el Guarini,
el Molza, el Dolce, el Pansa, el Bracolini,
el Alemani, el Anguilara, el Fiama,
el Preti, que merece eterna fama,
cuya temprana muerte a llanto mueve.
Estillani, a quien tanto España debe,
describiendo la antártica conquista
del orbe nuevo indiano,
Angelo Grillo, el docto Policiano.
Después, en fin, de tan alegre vista,
los grandes iban del monarca Apolo,
que fueron dignos de este nombre sólo:
Virgilio, Homero, Séneca, Lucano,
Enio, Ausonio, Lucrecio, Claudiano,
Marcial, Petronio, Arquíloco, Prudencio,
Ovidio, Estacio, Andrónico, Terencio,
Pomponio, Horacio, Juvenal, Tibulo,
Propercio, Mauro, Itálico y Catulo.
A los grandes seguían
las musas, que venían
cantando alegres hinos
a los dioses divinos,
aunque invisibles, al suceso atentos.

Calíope, de todas la primera,
al sol del mismo Apolo reverbera;
ella le da su espejo y él sus rayos,
que a un águila pudiera dar desmayos,
si como ella los pájaros del nido,
probara amor sus altos pensamientos.
Bordado en tela azul era el vestido,
de varios imitados instrumentos,
hechos de aljófar y oro;
el velo de los hombros, detenido
por lazos de coturno con decoro,
mostraba de relieve
breves fragmentos de su blanca nieve.
Airosa viene la dispuesta Clío,
manifestando con el paso el brío,
vestida del pajizo
que tiene el alhelí cuando comienza,
todo el cabello rizo
remitido a la espalda en una trenza;
y como significa alegres glorias,
el vestido sembrado de memorias.
Erato, que de amor tan dulce canta,
desde el nevado cuello hasta la planta
de nácar una túnica traía,
que apenas las sandalias descubría,
a no ser tan parleros los diamantes,
porque suelen tener lenguas brillantes,
y mostrarse en las manos escondidas
por celosías de ámbar mal rompidas.
Turquí velo de plata
a los hombros remata
por uno y otro espacio,
tan fúlgido un topacio,
que parece que al sol en el solsticio
Venus, su estrella, para ser más clara
se le pudo tomar, con ser tan breve
el punto en que se para.
Mostróse luego con lascivo indicio
del nombre a quien Amor sus lances debe
la amorosa Talía,
vestida con gallarda bizarría
de verde lama, en que sacó bordadas
dos manos enlazadas,

honesto testimonio,
cuando son de la fe del matrimonio,
de la lealtad que juran,
con que la faz prolífica aseguran;
terciado el manto al pecho,
todo de perlas y granates hecho
en hilo de oro puro,
y el coturno galán de azul oscuro,
porque por los espacios más lucidos
saliesen los jazmines atrevidos.
Urania de color celeste clara
el vestido bordó de esferas de oro,
que su ciencia estelífera declara,
por cuyas orlas el Cordero, el Toro,
los Géminis hermosos abrazados,
y todos los demás resplandecían,
con las piedras y perlas que tenían;
como si la bordada fimbria fuera
rico tahalí de la celeste esfera;
banda de guerra de color rosada,
de polo a polo en sus cristales puros
la mostraba imitada;
trópicos paralelos y coluros,
los climas y las bellas
imágenes que forman las estrellas,
porque sirviese la celeste capa
de manto al hombro y a la mar de mapa.
Melpómene suave,
de carmesí vestida,
las sibilas egipcias imitaba,
y con el rostro grave,
la nativa color sola encendida,
majestad filosófica mostraba;
los dorados coturnos enlazaba
con rosas de oro y perlas.
No quiso las guedejas componerlas,
porque en el ser de su llaneza pura
fue siempre más acepta la hermosura.
Pendiente al hombro un rico rebociño,
con una rosa de diamantes hecha,
tan grandes, que el valor diera sospecha,
y el forro en blanco armiño,
de aquel color que tienen las naranjas

cuando el azahar segundo en pura nie#e
mira lo que ha de ser si a fruto llega,
de aljófar y oro las tejidas franjas,
qué a ser del sol se atreve,
cuando la clara eclíptica navega;
así majestuosa se atrevía
a detener con tanta luz el día.

Polimnia, como suele abrir al rayo
de Febo sus pimpollos la azucena,
cándida veste, de diamantes llena,
más pura que la nieve de Moncayo,
a competencia trajo de la aurora.
Pinta con menos diferencias Flora
cuadros de Aranjuez, Hibla de España,
que el campo de su manto en flores baña;
los diamantes nocturnos,
los lazos de sus fúlgidos coturnos
pudieran envidiar, porque ninguna
los vio mejores a la blanca luna,
cuando del primer cielo desasida,
buscaba en Latmo a Endimión perdida.

Terpsícore vistió color dorado,
y el manto blanco de escarchada tela
con plumas, si es verdad, en el tocado
del pájaro inmortal que muere y vuela;
sandalia de oro cubre el pie nevado:
así de los deseos se recela,
porque a la honestidad le causa enojos
que busque nieve el fuego de los ojos;
mas, por lo mismo que salió encubierta,
era la vista en sus coturnos cierta:
que para ser una mujer mirada,
no hay mayor invención que andar tapada.

Euterpe, cuya voz, dulce concento
siempre mostró con extensión suave,
en morado mostró su pensamiento,
cuerpo gentil, bizarro, honesto y grave;
si bien dejó la plata
poco lugar al campo del vestido,
de tantas diferencias guarnecido,
y a los jazmines de sus pies ingrata,
aun la estampa no quiso que se viese,
pesándole que el viento descubriese

por el sutil y delicado velo
las rubias nubes de su breve cielo;
pues quien el rostro apenas descubría,
¿qué lugar a los pies permitiría?
Y cual suele, mostrándose importuna,
de las siete Dodónides la una,
o las hijas de Eletra,
sobre zafiros de diamantes letra.
   Las gracias, que pudieran
ser escultura de Lisipo griego,
si blanco mármol fueran,
triángulo de amor, vinieron luego,
en tan estrecho vínculo abrazadas
con la flexible nieve
de los ebúrneos brazos,
amorosas lazadas
que el recíproco amor al amor debe,
indisolubles lazos
que el Laocón de Virgilio parecieran;
transparentes cubrían
los blancos velos con las fimbrias de oro,
la gracia y la belleza
del uniforme coro,
que despacio estudió naturaleza;
porque fuese su cándida figura
Gerión de hermosura,
siendo una misma idea
Eufrosine, Talía y Pasitea.
   Quien de estas gracias finalmente ha sido
galán favorecido
escriba versos cómicos e imite
la varia locución de las figuras,
o si ha de orar también, porque remite
a la acción la elocuencia,
el persuadir y el deleitar suave,
que palabras oscuras
no son estilo grave,
ejemplo la experiencia,
ni solicitan fríos movimientos
los oyentes benévolos y atentos.
Las gracias, pues, procure
quien quiere que el aplauso le asegure:
que a retóricos tropos y colores

siempre son las acciones superiores.
Aquí, después de varios instrumentos,
que enloquecían los ambientes aires,
lascivos respondiendo a sus acentos,
mostraban su destreza y sus donaires
en danzas concertadas
las más hermosas ninfas
a las perennes linfas
del oráculo délfico sagradas,
vestidas de colores diferentes,
moviéndose los árboles y fuentes
al son alborotado
del abierto marfil al dedo atado.
Luego con resplandor tan encendido,
que a Dafnes desdeñosa
matar pudiera Apolo, si amorosa
como Semele fuera
de púrpura vestido,
la frente coronada
del círculo más alto de su esfera,
que forma el mediodía,
con majestad venía,
la vista blandamente mesurada;
pero templó los rayos fulgurantes
en viendo humana gente,
que la abrasaran con el rayo ardiente
que fulminó los sículos gigantes.
Traía los diamantes,
el rico cetro de oro,
que adornan por abril la frente al Toro.
Mercurio convidado
con él también venía,
como quien tiene parte en la poesía;
y la luz, que si estando al sol propinco
moviera su epiciclo y orbes cinco,
aunque siempre le vemos rebozado,
porque la vecindad del sol le encubre;
el que mirando a Júpiter descubre
ingenio claro y puro,
y con Saturno y Marte mal seguro.
Luego con él venía,
como precisa luz de la poesía,
la Lógica, su firme fundamento:

que si es conocimiento
del silogismo que el ejemplo enseña,
¿cómo sabrá quien a escribir se empeña
por más que el natural ingenio precie,
ignorante del género la especie?
Sin lógica confiesa Apolo mismo
que no puede saber el silogismo;
luego sin ella nadie se prometa
que puede ser científico poeta.
   El vestido era todo de colores,
tan sutil, que aun apenas
se vía de las flores
el oro de las venas.
Así mostraba en diferentes velos
que sus velos sutiles son desvelos,
porque cuando los viesen tan heroicos,
se enamorasen de ella los estoicos.
   Detrás últimamente, y de librea
de colores hurtadas,
con poca guarnición diferenciadas,
como pajes venían
los que a escribir comienzan, y en su idea
de la espalda de Apolo presumían
embriones concetos,
que salen imperfetos
porque al ¡amigo bárbaro los fían;
pajes al fin del soberano Apolo,
ceros, cuyo valor se queda solo
si el número guarismo
no va delante de su dueño mismo.
   No de otra suerte en Banda,
N'eyra, Rosolarguin, Guanapa y Mira,
islas de aquella Banda
que el claro sol las Filipinas mira,
la diferencia admira
del árbol macis, de olorosas nueces,
verde y morado a veces,
que otra parte del mundo no le cría,
al tiempo que las flores,
como rosas silvestres de colores,
arroja fértil, con que al aire envía
indecible fragancia,
que esparce por el mar larga distancia.

Para gozar el fruto que produce
de hermosos papagayos,
amarillos y rojos guacamayos,
tan esmaltado ejército conduce,
que como el fruto la color varía,
verde, nácar, turquí, blanco y dorado,
y las diversas plumas de las aves
hacen tan varia y dísona armonía,
en las ramas del fruto sazonado,
si bien para los ojos tan suaves,
que el iris que el sol forma,
de las aguas que informa,
ni el vidrio triangular, sobre los ojos
tan admirable variedad ofrecen,
cuando purpuran, doran y enrojecen
árboles, nubes, torres y ciudades,
como estaban las ínclitas deidades
y la diversidad de los oyentes,
de colores y plumas diferentes,
sobre la crencha del cabello yerto
de la cabeza del dorado monte,
de tanta luz y variedad cubierto,
que resultaba a todo su horizonte.
    Andaba la Esperanza lisonjera,
vestida de la verde primavera,
sembrando ramas con diversas flores
de almendro, que a morir tan loco nace,
de poeta en poeta,
dando menos aliento a los mejores:
que nunca, aunque la obra sea perfeta,
al dueño, cuando es sabio, satisface.
    ¡Oh dulcísima Erato!
Si nunca he sido a tu influencia ingrato,
pasa otra vez las cerdas,
porque mejor resbalen por las cuerdas.
    En alto asiento, sobre ricas gradas
de brocados persianos,
para escuchar mejor a los hispanos
cisnes, de plumas blancas y doradas,
estaba el sacro Apolo,
compás del cielo y de los tiempos solo.
    Debajo de un dosel que guarnecían,
aunque menos lucían,

los signos y planetas,
sosegó la inquietud de los poetas,
notificando señas, el Silencio.
Aquí no diferencio,
aunque suele faltar a opositores,
la más callada noche al gran senado,
cuando apenas el céfiro templado
despierta ramas de dormidas flores.
    Entonces el rey de armas más antiguo,
cuya nación apenas averiguo,
con maza de oro y cota de brocado,
y en medio un jeroglífico bordado,
que la celeste lira retrataba,
y por alma del cuerpo que animaba,
decía: "Eterna vive"
(aunque no quiera, el Jovio, cuando escribe,
que no ha de ser la empresa en lengua propia,
sino de Albania, Francia o Etiopia).
Dijo en voz alta: "Oíd, oíd tres veces,
atletas y jueces,
lo que en aquestas cortes decretado
tiene el divino Apolo, presidente
del día y de la ciencia."
    Entonces con modesta diligencia
un secretario, a todos eminente,
que no le conocí, si bien poeta,
porque jamás hallé cosa secreta,
leyó un largo papel, en que decía
que Apolo proponía
al ingenio mayor de toda España
la imperial monarquía,
sin exceder su margen a la extraña,
y el laurel que delante,
aforradas las hojas de oro fino,
por darle calidades de divino,
estaba en una mesa
en una fuente de diamantes toda.
No os enfade, señor, tanto diamante;
que, como verosímiles profesa,
a lo más excelente se acomoda
la liberal poesía,
porque suele un poeta en sólo un día
dar más plata y más oro

que dio Alejandro, que del indio al moro
fue conquistando, dando más que obrando
que reinos y almas se conquistan dando.
Dijo, entre varias cosas, que el poeta
satírico se fuese de su corte,
llevando siempre el bien hablar por norte,
que el bien hablar a nadie se sujeta;
o que por justo premio se prometa
el que Nicolo Franco en Roma tuvo,
pues que pendiente de una reja estuvo
por el cuello blasfemo;
infame y loco extremo
de algunos atrevidos,
que afectan a ser hombres conocidos
a costa del honor ajeno, y vienen
a perder el que tienen, si le tienen;
que por este camino
se desentierra todo,
haciendo de este modo
para lo más oculto un Calepino,
temiendo que el agravio beneficie
del rostro alguna vez la superficie,
porque sobre cabeza deslenguada
de un cabello sutil cuelga la espada:
que lengua que las honras atropella,
pocas veces se vio morir con ella;
y es la razón que el dueño aun no la quiere
tener consigo cuando ve que muere.
Pues ¿cómo saldrá bien de tal empeño
lengua que aun no la quiere el mismo dueño,
si no es para alabarse con mentiras?
Pelícano, que escribes y deliras,
no te rompas los pechos, imperfetos,
si sangre quieres dar a tus concetos,
que sacarás de eterna infamia sumas,
haciendo el pico peine de tus plumas:
que quien los ha vendido, es fuerte caso
las montañas de Jaca hacer Parnaso,
y cuando error tan atrevido reine,
canten las musas con papel y peine.
Y dijo que la pluma que ofendía,
en lengua de mujer se convertía,
y entiéndese mujer de bajo modo,

que son varones las demás en todo;
y que aunque calla el ofendido y tarda,
cuando finge amistad, venganza aguarda;
y que no admitiría a los que escriben
extravagancias de la lengua propia,
porque de la verdad tan lejos viven
como está la Biarmia de Etiopia;
que no hacen a los versos el rüido,
sino el sutil conceto,
de posibles metáforas vestido,
dulce, sonoro, fácil, erudito;
que esto lo hará perfeto,
y no sobre elefantes un mosquito,
que, aunque los hincha, no los hace tersos
el bálago del rumbo de los versos,
que son como las velas de las naves,
que porque llevan viento van muy graves.
Añadió que el laurel merecería
quien con su pura y cándida poesía
venciese los demás, no en versos duros,
que ponen la excelencia en ser oscuros,
pues se admiran de ver los que bien sienten
que, a quien escribió ayer, hoy le comenten;
y que no propusiesen alabanzas
en censuras fingidas,
con falsas esperanzas
de que serán creídas,
no sin risa escuchadas,
en su soberbia y vanidad fundadas.
Que no serían versos admitidos
de legos atrevidos,
ni los expositores,
arrieros de cáfilas de autores,
que siendo su tabaco polianteas,
estornudan lugares,
y con la historia de los doce pares,
especies de platónicas ideas.
Y que a ningún cuadriculante ingenio
ayudase de Sócrates el genio,
porque hay pavones con ajena rueda;
sino que fuese el embrión de Leda
del propio cisne, y no de extrañas aves.
Y mandó, con intento

de honrar a todo grave entendimiento,
que estuviesen más cerca los más graves.
  Y porque entre científicas personas,
diamantes, plumas, púrpura y coronas
suele mezclarse vulgo descompuesto,
a toda acción de libertad dispuesto,
dijo que Apolo había decretado
por votos del poético senado
asistiese juez que sosegase
cualquiera alteración que se causase
de la porfía y afición de algunos
en defender amigos importunos,
y en querer aprobar versos indinos,
diciendo y sustentando desatinos,
dando laureles, mereciendo robles;
y así, entre muchos nobles
clarísimos varones,
nombraban con aplauso las divinas
deidades de las fuentes cristalinas
a don Juan de Quiñones,
al ingenio feliz para las leyes
y para los gobiernos de los reyes,
cuyas letras humanas y divinas
en musas castellanas y latinas,
ejercitadas en sus verdes años,
luciesen tan conformes
como el aplauso celebró del Tormes,
y porque su presencia,
árbitro de esta ciencia,
temiendo propios y admirando extraños,
remediase los daños
que resultar podrían,
con que todos pacíficas tendrían
las varias opiniones,
que remiten a espadas las razones.
  Esto dijo de parte
del sacro Apolo, aunque a pesar de Marte,
y que dejando oscuros laberintos,
fuesen en sus lecciones tan sucintos,
que no excediese el término del día;
y no porque imposible parecía,
que, como estaba el mismo sol parado,
sentóse el Tiempo, de correr cansado.

SILVA X

¿Cuál hombre, aunque le hubiese producido
sin natural sentido
aquella parte que del sol se priva,
si es posible que viva
nació en tanta mengua,
que apenas pueda articular la lengua;
cuál morador inculto
del monte de la luna,
sin ley, sin rey, sin culto,
de monstruos cueva y de venenos cuna;
cuál helado Arimaspe
de la Escitia europea,
monóculo de jaspe,
como animal con natural librea,
hubiera conocido de la fama
la contienda sanguínea
de la rama apolínea,
que saber no quisiera a quién aclama
por el mayor ingenio entre españoles,
que fuese sólo el sol de tantos soles,
y el laurel prometido
al ingenio de todos más florido
y a la pluma de todas más valiente,
si en caso tan dudoso están atentos
hombres, planetas, cielos y elementos?
Que si un poeta cada siglo tiene,
a tal felicidad España viene,
que tiene muchos siglos de poetas
en una sola edad, con tan perfetas
plumas, que su censura
de Italia y Grecia el crédito aventura.
Cuanto más quien nació donde se trata
y conoce los méritos de todos,
que en esto no será la patria ingrata;
¿y quién discreto por diversos modos
no juzga, no sentencia, no retrata
el mejor en su idea,
y su misma censura lisonjea?
¿Cuál amigo no dice que su amigo
justa o injustamente le merece,

y depone testigo
de las obras y partes que encarece?
¿Cuál hombre no se ofrece
a sustentar con pluma y con espada
el que mejor le agrada,
aunque ignore la esencia a la poesía,
y rebelde en su amor y en su porfía,
no esté dentro de sí dando mil voces?
Que hay hombres tan feroces
si su opinión sustentan,
que a Tersites hacer Narciso intentan,
y a Briseida Filene,
con que al amigo, dan mil enemigos
por loar sin modestia los amigos;
pues ¿quién duda que tiene
el propio amor aquí también su parte?
Que es milagro que aparte
un hombre de sí mismo su amor mismo;
ni se tiene querer por barbarismo
un padre lo que engendra,
siendo por fealdad o por belleza
fuerza que disculpó naturaleza;
que cuando la humildad el oro acendra
y conoce la piedra los quilates,
la oposición obliga a disparates,
y entre malos y buenos,
todos supieron más, ninguno menos;
pues si naturaleza a amar enseña
los partos exteriores,
y en tan dulces amores
honra, vida, salud y aun alma empeña,
lo que nace del propio entendimiento
mayor fuerza tendrá, más sentimiento:
que al amor, al honor y a los deseos
es imposible que parezcan feos.
Por palabras de afrenta
riñe un hombre con otro, siendo a cuenta
del cuerpo aquel disgusto;
luego será más justo
reñir por un desprecio
de tenerle por necio:
que quien partes del alma no defiende,
del verdadero honor muy poco entiende.

Hijos y versos siempre son hermosos,
que en partos naturales o estudiosos
pocos hay tan discretos
que nieguen al amor estos efetos.
Conoce cualquier hombre
que hay otro más galán, más gentil hombre,
más rico y bien nacido,
más dichoso, más bravo y más querido;
pero en llegando a que confiese y diga
(tanto del alma aquella parte obliga)
que otro tiene mejor entendimiento,
las riendas perderá del sufrimiento;
no hay hombre que por otro le trocase,
aunque el mismo Platón resucitase,
porque el honor del alma es diferente,
y es parte de alma lo que un hombre siente.
De esto vemos ejemplos espantosos
de hombres que para todo son discretos,
y en llegando a pensar en sus concetos,
son necios, arrogantes y ambiciosos.
Alábense a sí mismos, que aun no saben
que han de aguardar a que otros los alaben.
En versos y en retratos no es cordura
preguntar al que mira: ¿Qué os parece?
Que cuando la alabanza se merece,
en el que escucha y mira está segura;
no es menester buscarla,
que ella sale por sí, sin ayudarla;
porque muy descortés envidia alcanza
quien niega a lo que es bueno su alabanza.
Disculpa tienes, dulce entendimiento,
engañado del propio sentimiento;
ama tus partos, ama tiernamente,
pues ama un animal que apenas siente;
que los intelectivos
son de más alta sangre;
pelícano has de ser, que te desangre
por ellos el amor los pechos vivos;
que, como son del alma naturales,
imitan las sustancias celestiales.
El gracioso animal que nos imita,
cuando los tiene en brazos,
que no tiene el amor más dulce cama,

tanto los quiere y ama,
con ser, cual son, a su fiereza iguales,
y con amores tales
los junta, los aprieta, y donde habita
el corazón con tan estrechos lazos
introducir los hijos solicita,
que la vida los quita;
y lo mismo parecen los pedazos
de los versos queridos,
bien apretados, pero mal rompidos.
Ya, generoso príncipe, sujeto
digno a tanto varón; ya, clara imagen,
ilustre imitación de vuestro padre,
es justo que se dé glorioso afeto
al acto heroico, y que las musas bajen
a premiar el más docto, el más perfeto,
que al rey Apolo justamente cuadre.
La numerosidad de pretendientes
asombro pone al mismo, y ser tan dinas
del sagrado laurel sus doctas frentes;
atónitas las delias heroínas
del coro pegaseo
están de ver el célebre museo,
que no le aventajara
aquel griego liceo,
si a su favor la estimación llegara;
y de la inmensa variedad confusas,
apenas procedían
a conseguir el fin que pretendían.
Mas, con licencia de las sacras musas,
proseguirá la mal templada lira,
puesto que el grave atrevimiento admira;
pues oye tal Mecenas,
bajando a las arenas
de la docta palestra,
que el rojo pálido desde lejos muestra
la veneranda copia
de ingenios claros en la lengua propia;
que el fin de mis intentos
ha sido dedicar a la memoria,
a honor de nuestra patria, lauro y gloria,
tanta fecundidad de entendimientos,
tantas letras y estudios,

provectos unos ya, y otros preludios
para futuras esperanzas graves
volad, cándidas aves,
volad, cisnes sonoros;
cantad, cantad a coros
de la casa de Enríquez alabanzas,
si tales esperanzas
es justo que prometan lo imposible;
pero ¿cómo es posible,
señor excelentísimo, pintaros
los versos, los papeles manuscritos,
que en estilo de amor inaccesible,
o en heroicos poemas, todos raros,
pues fueron infinitos,
leyeron por el orden que los daban
bedeles, que el concurso gobernaban?
En pie se puso entonces
(cesando el aire en los sonoros bronces,
y el golpe en los templados pergaminos,
que animaba los cóncavos vecinos,
y en los pálidos bojes la armonía,
que a la marcial seguía)
uno de los más graves,
y con ojos suaves
y dulce lengua dijo:
"¡Oh tú, divino hijo
de Júpiter tonante,
escucha, si permites que yo cante
algunos versos dulces y amorosos,
no con trompa arrogante
soberbios y pomposos,
sino con dulce lira,
a honor de los desdenes de Filira,
ninfa que, si de sí no se enamora,
desconfíe de hallar en cuanto mira
sol que merezca su divina aurora;
si bien trocando el tiempo el oro en plata,
puede morir del mismo mal que mata."

EL NARCISO

Cefiso por los valles
de Beocia sereno
las fatídicas aguas dilataba,
abriendo en verdes prados rubias calles,
de arenas de oro lleno,
cuando vio que Liriope bañaba
en uno de sus brazos,
del sol espejo y de la hierba lazos,
el pie de pura nieve.
El agua, que se atreve
en tales ocasiones,
sin remitir respetos a razones,
halló lugar, tirana
de su casta belleza,
para vencer su esquiva fortaleza;
que no hay segura resistencia humana.
Nació de estos amores cristalinos
Narciso, que lo fue, como la parte
más clara de los círculos divinos,
mirando a Venus iracunda Marte,
si no se engaña en la desdicha el arte.
Este, después que el sol, flores y frutos,
de la madre frugífera tributos,
permitió que los árboles innoven,
pasando veinte veces
del Aries coico a los australes peces,
hermoso adolescente, ilustre joven,
para que no le roben
las damas la hermosura
(que no hay, tratada, flor de color pura),
los montes habitaba;
pero allí le buscaba
el vivo afecto de las ninfas bellas,
si bien el joven se burlaba de ellas;
porque de un parto y de una peña dura
nacieron la arrogancia y la hermosura.
Eco, otro tiempo ninfa, y por traidora
a Juno, su señora,
que con vana retórica
(que tiene amor teórica,

para encubrir amantes),
a pesar de los olmos circunstantes
y la lengua del agua, que corría
de un risco más a prisa que solía,
por murmurar los hurtos,
que el aura, el campo, el mar, callaban surtos,
mudóla en voz, que tímida responde
del cóncavo lugar donde se esconde,
los últimos acentos
por la vocal arteria repetidos,
reflexión de los vientos
en apartados términos heridos,
así de sus oídos
la margen sola de la voz volvía.
    Esta, a Narciso contemplando un día,
que estaba entre unos álamos sentado,
no de otra suerte que Cupido alado,
las flechas por los céspedes, que luego
sienten el dulce fuego,
y se abrazan las ramas y las flores,
como pudo, intentó decirle amores;
mas, como articulada no salía,
lo mismo que escuchaba repetía,
y en suspiros ocultos
cortaba entre los labios los singultos.
¿A quién pudiera igual tormento darse,
como querer y no poder quejarse?
    Miraba, dulcemente transformada
la boca de encarnados alhelíes,
como suele madura la granada
reírse por diamantes y rubíes,
los ojos que engastaba un verde velo,
por quien azul turquí trocara el cielo;
los cabellos espesos,
que porque estaban de sortijas presos,
del hombro no bajaban,
los unos de los otros se colgaban,
de sí mismos suspensos,
de copiosos y densos,
y las manos con hoyos tan sutiles,
que enterraban deseos en marfiles;
y pensando requiebros,
eran de ajena voz contrarios quiebros.

Sentábase Narciso
riberas de su padre,
el corriente Cefiso,
traidor cristal de su inocente madre;
y la ninfa amorosa,
sin conocer su mengua,
hablando por su lengua,
codiciaba la rosa
de sus hermosos labios.
¡Oh terribles agravios!
¡Morirse los afectos en la boca!
De amor, en fin, no de esperanza loca
remitió las palabras a los brazos,
cual suele con enigmas de sus lazos
hiedra en olmo tejer verdes amores;
mas, como por las márgenes estivas,
con rúbricas lascivas
la fácil nueza, reventando flores,
al encañado del jardín asida,
tiene muerte veloz y hermosa vida,
así la ninfa asida y despreciada
se vio contenta y se volvió turbada.
"¡Ay!, dice el mozo hermoso
(rayo de puro hielo,
que de nevado risco descendía,
y enero riguroso
a la vista del líquido arroyuelo
detuvo el paso con la mano fría),
¿tú, deshonesta arpía,
sombra de las que Troya dejó muertas
en las islas Estrófades desiertas
del Jonio mar, te atreves a mis brazos
con lascivos abrazos?
Primero se verá firme la luna,
parado el sol, constante la fortuna,
y yo sin alma, que a mi cuerpo toques
y a escuchar tus regalos me provoques;
vete, loca mujer; vete, infelice."
Eco, por las oscuras
sombras de aquellas verdes espesuras
también huyendo, dice:
"Vete, loca mujer; vete, infelice."
Hermosa llora y despreciada muere;

¡ay del amor que despreciado quiere!
Mas como al occidente del verano
la verde balsamina
los tiernos lazos dejativa inclina
y en el sutil humor se esfuerza en vano,
así se fue secando, así turbada
trocó las rosas a la nieve helada,
y lo mortal perdiendo de la vida,
quedóle el alma a breve voz asida,
para ser inmortal el sentimiento.
Seguíale su espíritu, y el viento
le prestaba la voz con que la hablaba;
pero no porque el alma interpretaba,
pues eran diferentes los concetos,
siendo de ajena voz breves efetos,
como puntos de cláusula acabada,
que dicen que acabó, no siendo nada;
pero dentro de sí quejosa, al cielo
el castigo pedía
de aquel rayo de amor en que vivía
alma de puro hielo.
Oyéronla los dioses celestiales,
y por votos iguales,
siendo el amor testigo,
así trazaron su fatal castigo.
Hallaba un arroyuelo, fatigado
de bajar por un risco despeñado,
a sus discursos cándidos y puros
descanso en una balsa que de arena
formaba cuadriláteros los muros
coronados de lirios y verbena,
como se mira espejo que guarnece
africano marfil, ébano indiano;
en ella el sol tan vivo resplandece,
que él mismo apenas sufre sus reflejos.
Aquí por los extremos del verano,
que acechaba el invierno desde lejos,
cansado de seguir silvestres fieras,
que nadando burlaban las riberas
donde él las esperaba,
Narciso descansaba;
el venablo, que huyó tímida cierva,
tendido por la cama de la hierba,

cuando con el deseo
de refrescar el rostro, que encendía
Febo envidioso, dilatando el día,
por ver que fuera en competencia feo
su querido Jacinto,
miróse en el cristal, no tan distinto,
que el líquido elemento trasparente
no le mostrase la divina cara.
La ninfa de la fuente,
présaga del suceso, enturbiar quiso
la superficie clara;
mas Júpiter en tanto la detuvo,
que el mísero Narciso
enamorado estuvo
de su belleza propia;
así pintora el agua el rostro copia,
que le costó la vida,
haciendo amor equívoca la herida,
y volviendo tirano
la flecha al pecho de la propia mano;
pues a tanto llegó su filautía,
que fuera de sí mismo y en sí mismo
buscaba la hermosura que tenía.
¡Oh ciego barbarismo,
de tantos heredado!, mayormente
de los que beben de Helicón la fuente,
donde la identidad de los sujetos
burló ignorantes, retiró discretos.
¡Oh Fílira cruel, plega a los cielos
que de tu propio amor te abrasen celos,
y que el traidor espejo
te dé tan mal consejo,
para que mueras loca y disculpada,
de tu propia belleza enamorada!
Esto dijo el poeta,
a cuyo aplauso y últimos acentos
la envidia despertara, si durmiera;
y cesando los dulces instrumentos,
alegre prosiguió la docta esfera.
¡Oh cuán ricos sonetos
de erudición y estilo! ¡Con qué llave
cerraban sus concetos!
¡Qué conclusión, qué admiración, qué grave!

Porque no es epigrama
el que por varias sendas se derrama,
o que la conclusión tiene tan fría,
que burla al que la espera y desconfía,
o ha de acabar con verso
tan dulce, hermoso y terso,
que deleite y admire su armonía
el gusto y el oído,
que también se deleita en el sonido.
Y así fue prosiguiendo
el que la lista a la palestra llama,
en alta voz diciendo
dos epigramas a una hermosa dama,
que no siendo piadosa,
lo fue con una simple mariposa:
"La oscura ausencia murmuraba el día
la risa de la llama de una vela,
cuando la noche, que su luz recela,
del cielo apenas su temor confía;
"con justa causa, aunque mortal porfía,
cándida mariposa se desvela,
Ícaro breve enamorada vuela
al sol fingido que en la cera ardía.
"Hermosa mano con piadoso intento
quitóla de la luz que la enamora;
y yo, que estaba a su imposible atento,
"dejadla, dije, y no penséis, señora,
que debe más un alto pensamiento
que dejarse abrasar del sol que adora."
Puesto aplaudido fin a este epigrama,
dijo el segundo, en forma de su dama:
"La mano al ave cándida replica,
que ella se huyó, y ardió la vela luego;
que aunque ciega, el amor también es ciego,
cuyo fuego la vela significa.
"Ni desviarla de la vela implica
tener el pensamiento en más sosiego;
que primero a sí mismo quema el fuego
que abrase la materia a quien se aplica.
"Y cuando ardiera el ave vagarosa
(pues la vela gastó la cera extrema
que alimentaba el alma en llama hermosa),
"¿qué más venganza de su dulce tema?

Pues si se quema en él la mariposa,
y es vela el sol, también el sol se quema."
　　Con esto dio lugar que celebrase
otro poeta aquella cerda hermosa,
por quien estuvo el niño Amor atado
y a quien vengó la muerte rigurosa,
en acento, aunque dulce, lastimado:
　　"Vengó la muerte, hermosa Catalina,
tanto fuego de amor con tanto hielo;
faltó la luz del cristalino velo,
que en materia mortal ardió divina.
　　"Tú sola de las almas peregrina,
y de los ojos inmortal desvelo,
trasladas libre tu hermosura al cielo,
que sol te aclama, serafín destina.
　　"De hoy más, oh muerte, vivirás gloriosa,
viendo tu noche de su luz vestida,
y tu fiereza entre su nieve y rosa;
　　"que aquel espacio breve que atrevida
entraste por sus ojos fuiste hermosa,
y siendo muerte apareciste vida."
　　Siguió el tercero aquel alegre día
que el sol Felipe e Isabel Diana
una tarde en el prado
hicieron su crepúsculo dorado:
　　"Suspenso por las márgenes estivas,
el celeste león al de Austria espera:
el prado reiteró la primavera,
paráronse las aguas fugitivas;
　　"sembraron de pacíficas olivas
tiernos Cupidos la terrestre esfera,
y a los caducos olmos la ribera
reverdeció las esmeraldas vivas.
　　"Entre las fuentes, que lloraban risa,
formabá cuadros invisibles Flora,
vestida de jazmín y manutisa;
　　"cuando Felino, sol que España adora,
entró en el prado, y le siguió Belisa;
¿quién vio después del sol venir la aurora?"
　　Luego se dio lugar a las estancias,
y comenzó un poeta
una historia de amor, si no secreta,
dulcísima, de claras consonancias:

"Riberas del humilde Manzanares
apacentaba una pastora hermosa,
que trasladaba del famoso Henares,
honraba su corriente sonorosa;
donde con voces tiernas y dispares
se queja Filomena lastimosa
hay una fuente cristalina y fría,
en cuyo espejo el sol comienza el día.
"Tirano de su gusto y hermosura,
un rústico pastor era su dueño,
que toda la aspereza y espesura
del bosque inculto retrató su ceño;
al rayo de su luz hermosa y pura,
desvelado Lisardo, pierde el sueño,
celebrando su nombre en versos graves,
como al salir el sol cantan las aves.
"¡Oh más hermosa, pastorcilla mía,
que entre claveles cándida azucena!
Abre las hojas al nacer el día,
de granos de oro y de cristales llena.
¿Qué fuerza, qué rigor, qué tiranía
a tanta desventura te condena?
Mas ¿cuándo a tantas gracias, importuna,
no fue madrastra la cruel fortuna?
"¿Visteis por dicha, ninfas, la belleza
en este valle de sus verdes cielos,
si aquel alma de roble y su aspereza,
esta licencia permitió a sus celos?
—Aquí vimos, responden, su tristeza,
murmurada de tantos arroyuelos,
que a las aguas, las plantas y las flores
dio vida, dio esperanzas, dio colores.
"En esta fuente, cuya margen pisa
tal vez con breve estampa el pie de nieve,
en la del agua retrató la risa,
y con sus rosas su hermosura bebe;
tuviera el valle nueva flor Narcisa,
pues a mirarse Filida se atreve;
pero turbó el cristal, llorando enojos,
el claro aljófar de sus verdes ojos.---
"No pudiendo Lisardo resistirse
a tanto amor, y por ventura amado,
con dulces ansias intentó morirse

sobre las hierbas del florido prado;
que imaginando un ángel consumirse,
que debiera vivir bien empleado,
por lo menos gozándola un discreto,
su desesperación puso en efeto.
"Las ninfas y pastores, que le oyeron,
viendo que su pastor se les moría,
bajaron a llorarle, y le cubrieron
de cuantas flores en el campo había;
y en el papel de un álamo escribieron
para memoria de aquel triste día:
—Ninfas de Manzanares y pastores,
ya no hay amor; que aquí murió de amores.—
"Oyó las quejas la serrana hermosa,
y llegando al lugar adonde estaba,
al frío labio le aplicó la rosa
que los divinos suyos animaba;
y fue aquella virtud tan poderosa,
que le dio vida al tiempo que expiraba,
y desde entonces ninfas y pastores
a desmayos de amor aplican flores.
"Allí con tono modulante luego
este discurso de un amante ciego
poeta lince dijo en voz tan grave,
que mostraba que siente lo que sabe,
tan quejosa de ausente,
que dijo cuanto sabe y cuanto siente:
"—Mi estrella, si hay estrellas,
dulce enemiga mía,
donde tan altos méritos sin ellas
obligan a quererte,
me trajo a verte el venturoso día;
que fue principio de mi vida el verte,
pues no he vivido mientras no te vía;
que puesto que llevaste
atada de un cabello
el alma, que del pecho me robaste,
cadena de oro en mi dichoso cuello;
la imagen invisible que dejaste
por alma en su lugar, hermosa y pura,
fue vida por quien vivo,
de cuya luz recibo
el movimiento que mi ser informa.

Pero donde es angélica la forma,
materia el alma fuera,
si después de mirarte la tuviera.
"De mí te dieron nuevas los que vieron
tal mudanza en mi rostro y en mis ojos,
que como nueva, en mí la conocieron;
¿quién dijera que amor causaba enojos?
Si no es que él mismo abona,
que amor ningún amado amar perdona.
"Licencia de servirte
me diste al fin, yo la tomé de amarte;
mi amor supe decirte,
mas no supe obligarte;
que, como sabes, a rigor tan fuerte
ni pudieron la vida ni la muerte;
que muchas que tuviera aventurara,
si con alguna de ellas te obligara.
"Pocos años me lleva,
sin los primeros siete,
aquel amante que imitar deseo;
pues dime tú, ¿qué prueba
mayor el tiempo de mi amor promete,
si con el mismo que te vi te veo?
En tu rigor empleo
aquella fe que tu rigor conquista,
satisfecha del premio de tu vista;
que si favor me hicieras,
y tan piadosa como ingrata fueras,
¿qué mereciera yo? Pues de esa suerte
fuera dicha, y no méritos, quererte;
y ¿quién no te quisiera,
si más premio que verte mereciera?
"Años ha que deseo
cantar, señora, en versos tu hermosura,
y llorar mis enojos;
pero como pintor, cuando te veo
en los claveles de tu nieve pura,
suspendo los pinceles y los ojos;
que mal puede, señora, mi deseo
copiar el cielo que en los tuyos veo.
Mas ya que me dijiste que esto sólo
en verso celebrase,
seré en amor, y no en la lira, Apolo;

que cuando tu hermosura retratase,
pues imitas a Dafne, justamente
de tu desdén coronarás mi frente.
"Porque ¿cómo pudiera yo pintarte,
divino desdén mío,
pues que faltando a la materia el arte,
castigara tu sol mi desvarío?
Pues fuera grande en larga o breve suma,
aunque tomara el mismo Amor la pluma,
emprender escribir tu entendimiento,
en cuya luz el cielo tuvo atento
poco menos el arte poderoso,
que en aquellas sustancias celestiales,
los dones naturales
de la gracia y donaire y la excelencia,
que el buen gusto casó con la prudencia,
el brío y el despejo,
fuera poner al sol tu mismo espejo.
Pues ¿qué cosa más baja que al tesoro
de tu cabello comparar el oro,
y para la color de nieve pura
de tu divina cara
pedir a los jazmines la blancura,
que los cándidos cisnes afrentara,
y para tus mejillas y tus labios
pedirles a las rosas y claveles
las colores que tú prestarles sueles,
envidia suya y de tu rostro agravios?
¿Qué nácar de encarnada manutisa
abre las hojas como tú, vertiendo
aquella de tus perlas dulce risa?
Sabe quien las miró que las ofendo.
Mas ¿quién, cuando tan cerca al sol tuviera,
a la risa del alba se atreviera?
Pues en llegando a contemplar tus ojos,
adonde amor dormido
sólo despierta para darme enojos,
¿quién hurtará sus luces atrevido?
Pues a sol duplicado
más que Faetonte quedará culpado.
"Oh tú, divina mano,
liberal de tu fuego,
pero no de tu nieve,

¿para qué imitas al desdén tirano,
en que me matas y te escondes luego?
¿Por qué me dejas que muriendo ausente
en tierra ajena mis desdichas cuente?
"No me ausenté, señora,
por mi gusto de ti; que en tu servicio
hice este sacrificio
de cuanto el alma que te pierde llora.
Mas, pues dices que tengo amables partes,
no puede ser que apartes
con rigor tan violento
de mí tu pensamiento;
si estoy en él, ¿por qué razón, ingrata,
a ti y a mí tu amor tan mal nos trata?
Porque eres tú divina,
así mi amor te mira y te imagina,
y tú sueles decir que eres humana:
gran discreción, pues fuera cosa llana
que, a no decirlo tú, Flérida mía,
ya fuera mi locura idolatría."
Con esto, excelso príncipe, no es justo
referirlos a todos, porque fuera
las flores de la verde primavera,
y no es igual la inclinación y el gusto.
Estancias se leyeron
que a las cultas del Taso se igualaron
y a las del Ariosto se atrevieron:
tanto en estilo dulce se fundaron.
Corrientes, castas, fáciles, iguales,
con ricos paralelos por finales.
Fueron las espinelas
de artificio estudioso,
para el laurel alegres esperanzas.
¡Oh Apolo, que revelas
géneros tan hermosos,
tenga Espinel debidas alabanzas!
¡Qué bien el consonante
responde al verso quinto!
¡Qué breve laberinto!
¡Qué dulce y elegante
para todo conceto!
Tal fue su autor perfeto
en música y poesía,

porque toda consiste en armonía.
Los famosos tercetos no envidiaron
los triunfos del Petrarca,
que cualquiera, pues muchos le igualaron,
pudiera de tercetos ser tetrarca.
Aquí las redondillas, admiradas
de Italia, nuestra lengua ennoblecieron,
que, como castellanas, no sufrieron
ser de frasi extranjera adulteradas;
éstas, como doncellas recatadas,
huyen culteranismos,
porque sólo permiten hispanismos,
y acabar por contrarios,
si bien términos varios,
como vemos que suena,
bien, mal, amor, olvido, gloria y pena.
Las reinas de la lírica poesía,
las graves y dulcísonas canciones
mostraron majestad y gallardía,
volando por altísimas regiones.
En fin, en todo verso corifeos
buscaron el extremo a sus deseos
con nuevas locuciones,
hurtos e imitaciones
del griego, del toscano y del latino,
y a veces del amigo y del vecino,
y más si es voz pomposa y frase nueva.
¡Oh concepto brillante!
Pues que basta mudar el consonante;
que, como compra el libro el que le lleva,
dice que ya su autor acción no tiene,
pues a perderla por la venta viene;
y que lo puede hacer seguro infiero
de saber que le cuesta su dinero.
El libro hace ganado
de conceptos preñado,
y por la ley condena
el parto, aunque engendrado en casa ajena;
que como a casa de otro dueño pasa,
dice que es suyo porque fue en su casa.
Tal hubo finalmente que salía
por los resquicios de las altas peñas,
y haciendo alegres señas,

licencia a Apolo para hablar pedía,
y tal como retrógrado cangrejo
o como lapa asido,
hablaba desde allí con sobrecejo
de que no fuese atentamente oído.
No suele en verdes colmos
de copas altas de arrogantes olmos
ser más la confusión sobre los nidos
de pájaros etíopes en siesta,
que al labrador más rústico molesta,
que por leer causaba a los oídos
el afectado estrépito
de poetas indinos,
cuanto gusto causaban los divinos;
mas el senado joven y el decrépito,
que estimaba los buenos,
de ciencia, de humildad, de estudios llenos,
con quien Apolo votos consultaba,
ya daba indicios que el ingenio hallaba,
o por lo menos presumir quería
a quien el verde lauro competía,
desterrando los sátiros de Aglauros,
siempre enemigos de los verdes lauros,
que como las culebras huyen de ellos,
aunque vertiendo su ponzoña en ellos;
cuando suspenso Apolo,
y el senado confuso,
el concurso gravísimo esperando
quién fuese el fénix de esta Arabia solo,
al remedio más próximo dispuso
el arte y el poder, que murmurando
estaban los indignos, que decían
que los rayos de Apolo no tenían
la grave acción que a un príncipe tan alto,
tan sacro, tan augusto,
era forzoso y justo;
antes en todos sus discursos falto,
pues andaba en verano y en invierno
errado con nosotros el gobierno,
cuando fuera razón, criando minas,
y que en España nunca,
sino en la más antártica espelunca,
con que excusara gastos y ruinas,

mares y embarcaciones,
por quien hoy nos persiguen mil naciones,
las Indias infestando,
que fueron de Isabel y de Fernando,
por su celo católico,
nombre propio de España, y no hiperbólico.
Decían que al apóstata Juliano
habían de quemar, porque escribía
del sol la natural filosofía:
que no era Polifemo soberano,
pues formaban dos ojos sol y luna,
y luego de Mercurio la fortuna,
juntándose con Marte y con Saturno,
infamaron las alas del coturno,
y el estupra de Venus le dijeron,
de que nació su monstruo hermafrodito,
sin olvidar el de su madre Maya.
Hermes, por mercader griego, le hicieron
que desde el negro Egito
naves llevaba a Acaya,
vendiendo drogas en la misma playa;
correo le llamaron
y postillón de Júpiter supremo.
Luego las nueve musas infamaron,
diciendo que eran de tan bajo extremo,
que a cualquiera escritor favorecían,
y que luego en llamándolas venían,
que era la piedra magnes
para ellas cualquiera ofrecimiento,
y que las puso la sutil Aragnes
de perder el honor en detrimento.
Cual poeta enojado
de los del primer gremio,
si no le dan el premio,
libros promete al cónclave sagrado,
sin ver que los que ha escrito no se venden,
libros que aun ellos mismos no se entienden;
si bien el no venderse no es defeto,
pues muchos se han vendido
por lo mucho de vulgo que han tenido.
Pues como Apolo imaginó discreto
que era imposible hazaña
juzgar de los ingenios que en España

profesan esta ciencia,
ni saber la verdad ni dar sentencia;
porque si los señores contemplaba,
dignísimos del árbol los hallaba,
que a Virgilio quitársele pudieran,
porque muchos mejor le merecieran,
y más si entre ellos viera quien atento
a un alto pensamiento
rasgó los versos que en sus verdes años
pintaron con ingenio sus engaños,
porque estaba guardado
para un dichoso estado;
si a los que con insignias de colores
miraba los testigos en la frente,
juzgaba superiores
a los de la primera jerarquía;
y si de éstos alguno proponía,
hallaba que eran dignos justamente,
a cuál por dulce, a cuál por elocuente,
a cuál por grave, cándido y sonoro,
a cuál por la pureza y el decoro,
justo respeto del materno idioma;
ya deja el verde lauro, ya le toma,
ya se promete el mérito, las hojas
que fueron hebras de la ninfa ingrata,
ya por las ramas ata
cintas blancas y rojas,
que está un pecho remiso,
mientras más avisado, sin aviso.

No de otra suerte que después del fuego
de Troya estuvo el griego
con la espada de Aquiles
confuso, oyendo a Ulises los sutiles
colores del retórico elocuente,
y la oración de Telamón valiente,
que como dividirse no podía
la hoja de metal resplandeciente,
así ni aquestas hojas que debía
dar a un ingenio solo.
Pero si a mí me consultara Apolo,
bien le dijera yo; mas no dijera,
que por ventura la pasión pudiera
fácilmente engañarme,

y no supiera yo determinarme,
puesto que así lo digo,
ni aventurar dos mil por un amigo;
y ¿quién descortés fuera,
si como París la manzana diera
a alguna de las diosas,
siendo tan beneméritas y hermosas,
si bien más a Minerva
este laurel que a Venus se reserva?
En este tiempo, abriéndose una nube,
como cuando del sol bañado en oro
por los hombros del aire se desata,
ella baja a la tierra, el vapor sube,
que ya bebió de su terrestre poro,
y en fantásticas formas se dilata,
bajó de azul y plata
desde los cielos Iris,
como en la forma que la gran Tomiris
cuando en hábito corto discurría
por la ardiente batalla que regía,
o como por el monte
cuyas márgenes baña el Termodonte,
la veloz amazona, el pecho armado
del círculo partido de la flecha,
para el coturno alado,
y a Apolo encaminándose derecha,
le dio del alto Júpiter supremo
un recado al oído,
que de Apolo entendido,
le dio el laurel, y levantando el vuelo
las regiones del aire superiores,
escribió de renglones de colores
con las fenicias plumas,
retratando su sombra las espumas
de nuestro mar de España.
Con esto los ingenios desengaña,
y al gran Felipe, emperador indiano
y sacro rey hispano,
un apacible día
que el hipódromo alegre entretenía,
de los caballos militar escuela,
mirándole la angélica Isabela
por una celosía,

Isabela, divina
perla, que de la aurora la cortina
dio a España por tesoro,
y antes al nácar de los lirios de oro,
el laurel le ofreció, porque él le diese
al que mejor ingenio presumiese,
fiando de tan grave competencia
del suyo celestial la gran sentencia,
pues en la edad de Salomón vivía,
y no con menos luz resplandecía,
juzgando que ninguno,
cuando determinase darle a alguno,
podía estar quejoso.
Entonces el concurso generoso
aprobó con aplauso acción tan justa;
ninguno se disgusta,
ninguno se lamenta,
la música en el aire se aposenta;
suenan los instrumentos,
la mar llama a los vientos;
los vientos, los poetas;
los poetas, las ninfas más discretas;
las ninfas, a Neptuno;
Neptuno, al dios Eolo;
Eolo manda que Favonio solo
mueva las altas velas,
y a las aferravelas
atando pardas lonas,
rechinan por montones y coronas,
quejáronse las jarcias
al ronco son de las trompetas marcias,
y haciendo el marinaje
que se suba a la entena o que se baje.
La multitud confusa
a la playa difusa
bajó del monte y se embarcó en las naves,
que con soplos suaves
el viento conducía, sin que de ellos
el mar supiese cuál a cuál llevase,
los poetas a él, o el viento a ellos,
aunque enojados suelen ser pesados.
En fin, como llegase
cada cual a su patria venturosa,

previniendo papel, a verso o prosa
del honor y la fama los cuidados,
para probar los méritos que tuvo,
tomó la pluma, y en silencio estuvo,
si bien suelen promesas de altas plumas
nacer montañas y morir espumas.

FIN DEL "LAUREL DE APOLO"

CATÁLOGO DE LOS AUTORES CITADOS EN EL LAUREL DE APOLO

Silva en que se le cita

ACUÑA, *Da Cunha* (Rodrigo de), arzobispo de Braga, natural de aquel reino, ilustre por su estirpe y por su doctrina. Escribió, además de varias obras teológicas:
Explicaçao dos jubileos. Oporto, 1622, traducida al castellano, al francés y al latín.—*Catálogo e Historia dos obispos do Porto.* Ibid, 1623.—*Historia eclesiástica de Braga.*—*Nobiliario de Portugal.* Murió en Lisboa, en 1643, a la edad de sesenta y dos años. III

ACUÑA (don Fernando de), oriundo de Portugal, que acompañó en algunas de sus guerras a Carlos V.

El Caballero determinado, traducción del que escribió Oliverio de la Marche, variando algunos episodios y añadiendo el último libro. Salamanca, 1573.—*Obras poéticas,* impresas después de su muerte en Salamanca, 1591, 4º.

De este poeta se da extensa noticia en el tomo 11 del *Parnaso español,* de Sedano. Véase también Luis del Mármol, *Descripción de Africa,* lib. 6, cap. 28. Sobre el poema del *Caballero determinado* se dan noticias muy curiosas en la *Historia de la Literatura Española,* por M. G. TICKNOR, traducción de los señores Gayangos y Vedia, tomo 11, página 52. IV

AFÁN DE RIBERA ENRÍQUEZ (don Fernando), duque de Alcalá, natural de Sevilla, virrey de Cataluña y Nápoles, y enviado extraordinario a la santidad del papa Urbano VIII. Tuvo otros cargos no menos importantes. Reunió una copiosa librería y una rica colección de antigüedades. Escribió del *Título de la Cruz* y una *Oración gratulatoria al papa Urbano VIII en nombre del Rey Católico.*

Su hijo, del mismo nombre, marqués de Tarifa, a quien también cita Lope, escribió *La fábula de Mirra,* en octavas (Nápoles, 1631), y murió muy joven. II

AGUILAR (don Francisco). VII

AGUILAR (don Gaspar), valenciano, secretario que fue del vizconde de Chelva, escribió, además de algunas comedias y otras muchas obras, que cita Jimeno en sus *Escritores de Valencia,* tomo 1, página 255:

Expulsión de los moriscos de España por el rey don Felipe III, en octavas. Valencia, 1610, 8.° — *Fiestas nupciales que la ciudad y reino de Valencia hicieron al casamiento del rey don Felipe con doña Margarita de Austria.* Ibid., Patricio Mey, 1599, 8.° — Un *Epitalamio* en quintillas, que escribió a los duques de Gandía, le ocasionó la muerte, por el motivo que refiere el citado Jimeno. II

AGUILAR (don Pedro), natural de Antequera. De un Pedro de Aguilar habla Cervantes en su *Via-je al Parnaso,* como natural de Valencia. Otros le hacen natural de Málaga. Fue capitán, y escribió un *Tratado de la caballería de la Gineta,* que se imprimió en Sevilla en 1572, en Málaga en 1600, y varios versos que se hallan en preliminares y elogios de libros. II

ALARCÓN (don Juan Ruiz), célebre autor dramático, cuyas obras más notables son: *El tejedor de Segovia, Ganar amigos, La verdad sospechosa* (imitada por Corneille en su *Menteur), Las paredes oyen, Mudarse por mejorarse, El examen de maridos, etc.* II

ALARCÓN (V. Fernández de Alarcón).

ALBURQUERQUE (Duque de). VIII

ALCAÑICES (Marqués de). Escribió un soneto en elogio de Cervantes en las *Novelas ejemplares,* y está citado en el *Viaje del Parnaso.* VI

ALDANA (el capitán Francisco de), que acompañó al rey don Sebastián de Portugal en su jornada a África, funesta para ambos. Su hermano Cosme publicó sus obras, la mayor parte poéticas, con este título:

Las obras que se han podido hallar del capitán Francisco de Aldana. Milán, 1589, 8.°

Del Santísimo Sacramento.—De la verdad de la fe.—Perfecciones de nuestra Señora.—De amor platónico.—Diálogo llamedo Cyprigna.—Historia del Génesis, en octavas,—*De Angélica y Medoro,* en octavas.—*Epístolas de Ovidio,* en verso suelto. *De amor y hermosura.*—Y dos *poemas bucólicos,* uno con el título de *Partenio y Nise.* VI

ALENQUER (Marqués de). VI

ALVARADO Y ALVEAR (Sebastián de).

Heroida ovidiana. Dido a Eneas, con paráfrasis española y morales reparos, ilustrada. Burdeos, en casa de Guillermo Milanges, 1628, 4.° III

ANDOSILLA (V. Larramendi).

ANGULO (Gregorio de). No existen noticias de este autor. Quizá sea el mismo Gregorio de Angulo, regidor de Toledo, a quien dirigió

Lope una de sus epístolas.

Está citado en el *Viaje del Parnaso* y en la *Jerusalén* de Lope, canto 19.

ARAMBULO (doctor Juan de). II

ARGENSOLA (Bartolomé y Lupercio). La celebridad de ambos hermanos, que fueron naturales de Barbastro, y de los primeros escritores del siglo XVI, es sobrado conocida para que sea menester citar sus obras y las principales circunstancias de su vida. II

ARGUIJO (don Juan de), natural y veinticuatro de Sevilla, poeta lírico de los más célebres de su tiempo, como lo prueban sus sonetos, tan estimados. Escribió, entre otras obras, la *Relación de las fiestas que hizo en Sevilla don Melchor de la Alcázar, en obsequio de la inmaculada Concepción.* II

ARIAS GIRÓN (dos Félix), hijo segundo del conde de Puñonrostro. Fue capitán de infantería española en tiempo de Felipe II, y excelente músico y poeta. Baena, *Hijos de Madrid,* tomo 11, pág. 27. VII

ARTIEDA (el capitán Andrés Rey de), valenciano. *Los amantes,* tragedia. Valencia, 1581, 8.° — *Discursos, epístolas y epigramas de* ÁRTEMIDORO, anagrama de su nombre. Zaragoza, 1605. II

AVENDAÑO (don Fernando de). VII

AVILA O DÁVILA (Gaspar de), secretario de la marquesa del Valle, doña Mencía de la Cerda.

La dicha por malos medios.—El gobernador prudente.—Servir sin lisonja.—El valeroso español y primero de su casa; comedias. Citado en el *Viaje del Parnaso.*

Eescribió también una canción a doña Sebastiana de Sandi, monja profesa en Santa Clara, de Madrid, y otra en loor de la Cruz, poema en quintillas de Albanio Ramírez de la Trapera. Impreso en Madrid en 1612, 8.° Hállanse una y otra entre los preliminares de dicha obra.

Hay también unas décimas suyas en alabanza de don Luis Pacheco de Narváez y de su libro *Historia de las dos constantes mujeres españolas.* Madrid, 1632, 4.°

En la descripción que hizo Pedro de Herrera de la capilla del Sagrario de Toledo (Madrid, 1617) se inserta al fol. 95 una canción de este poeta, que empieza:

Opuesto yace aquí al injusto olvido. VIII

AVILA (Padre Juan Bautista), jesuíta, que se distinguió como filósofo, teólogo, predicador y poeta.

Pasión del Hombre-Dios, en décimas. París, 1661, 4.°—*De originali Mariæ impeccabilitate.* Escribió cuatro décimas para el certamen que se hizo en 1660 a la colocación de la Virgen de la Soledad en su nueva capilla de la Victoria. Murió en 1664. No debe confundirse a este escritor con el célebre Juan de Avila, llamado el *Apóstol de*

Andalucía, que floreció en la primera mitad del siglo XVI. VII

AYALA (doña Ana de). I

AYROLO CALAR (don Gabriel de), abogado. Vivió en Méjico y en Sevilla. Según Lope, era gaditano.

Pensil de príncipes y varones ilustres. Sevilla, 1617, 4.º

Suya debe ser también *La Laurentina,* poema heroico. Cádiz, 1624, 8.º II

BALLESTEROS y SAAVEDRA (don Fernando), natural de Villanueva de los Infantes y abad de la iglesia de San Justo y Pastor, en Alcalá de Henares.

Vida de San Carlos Borromeo. Alcalá, 1642, 8.º La Eufrosina, comedia traducida del portugués, 1631, 8.º

Murió por los años de 1655. IV

BARAHONA *de* SOTO (Luis), natural de Lucena.

Primera parte de la Angélica. Granada, 1586, 4.º No se publicó la segunda parte; pero adquirió este autor gran celebridad en su tiempo, por algunas otras composiciones líricas. II

BARBADILLO. (V. Salas Barbadillo.)

BARGO (Gaspar del). I

BARRIONUEVO (doña Clara). I

BARRIONUEVO (Gaspar de). Sin duda el autor de los *Entremeses* que llevan el mismo nombre. Se halla también citado en el *Viaje del Parnaso.* I

BENAVENTE. (V. Quiñones de Benavente.) BENAVENTE (Luis de); natural de Toledo e ingenioso autor dramático.

Joco-seria. Burlas veras, o reprehensión moral y festiva de los desórdenes públicos, en doce entremeses representados y veinticuatro cantados. Van insertas seis loas y seis jácaras. Madrid, por Francisco García, 1645, 8.º VII

BERMÚDEZ (don Fernando).

Escribió dos décimas en elogio de Cervantes, que van al principio de las *Novelas ejemplares,* y se halla mencionado en el *Viaje del Parnaso.* III

BERNÁLDEZ (Diego), portugués, de quien se citan las siguientes obras:

Flores do Lima. Lisboa, 1697, 8.º — *Varias rimas a o bon Jesus e a Virgem gloriosa.* Ibid., 1616, 8.º—*Rimas portuguesas y castellanas.* Ibid., 1601, 4.º—*Rimas devotas.* Ibid., 1622.—*O martyrio das once mil virgines.* III

BERRIO (licenciado Gonzalo Mateo de).

Fue el inventor de las farsas de moros y cristianos, ataviándolas con ropas y tunicelas. Era letrado, y muy célebre en los consejos.

Debió escribir alguna composición a la Virgen de los Dolores. II

BOCÁNGEL UNÇUETA (don Gabriel de), bibliotecario de su alteza serenísima el infante don Fernando o el Infante-Cardenal.

Declamaciones castellanas. La primera, *La perfecta juventud,* hallada en la vida y en la muerte del conde de Riela; la segunda, *Contra la fortuna*; ofreciendo una y otra las más vivas ideas de la elocuencia y las máximas más seguras de la política. Madrid, 1639. Ibid., sin año (1748), 8.°—*La lira de las musas...* con las demás *Obras poéticas,* antes divulgadas. Madrid, Carlos Sánchez, 1637, 4.°—*Retrato panegírico* del serenísimo señor Carlos de Austria, infante de España, príncipe de la Mar. Madrid, imprenta del reino, 1633, 4.°—*El cortesano discreto,* romance. Lima, por Joseph Cosío, 1732.—*El emperador fingido,* comedia, y otras obras, citadas por Baena, *Hijos de Madrid,* tomo 11, pág. 269. Murió en 1658. **VIII**

BOLEA (don Martín).

Las lágrimas de San Pedro, poema, que escribió el italiano Tansilo.—*Orlando enamorado,* en octava rima. Lérida, 1578.—*Orlando determinado. Zaragoza,* 1587, 8.°—*Historia de las grandezas y cosas maravillosas de las provincias orientales,* traducción de la que escribió M. Paulo, veneciano. **II**

BONIFAZ (don Gaspar), natural de la villa de Yepes.

Del arte de andar a caballo. 1635. **VIII**

BONILLA (Alonso de), natural de Baeza.

Peregrinos pensamientos. Baeza, por Pedro de la Cuesta, 1614, 4.°—*Nuevo jardín de flores divinas.* Baeza, 1617, 8.°—*Nombres y atributos de la impecable siempre Virgen María. Baeza,* 1624, 4.° **II**

BORJA (don Francisco de). (V. Esquilache.) **VI**

BOSCÁN (Juan), poeta bien conocido, del siglo xvi, natural de Barcelona y autor de las *Obras* que, juntamente con las de Garcilaso, se imprimieron en dicha ciudad en 1443, 4.°, en Medina; en 1544, 4.°; en Venecia en 1553, 12.°, etc.—Escribió asimismo la *Fábula de Leandro y Hero,* y en prosa *El cortesano.* **IV**

BOSQUE (Diego). **I**

BUSTILLO (acaso don Fernando Bustillos, de quien da noticia don Nicolás Antonio). **I**

CABRERA. (V. Enríquez y Cabrera.)

CALDERÓN Y RIAÑO (don Pedro).—Es el célebre don Pedro Calderón de la Barca, que por su madre, doña Ana María de Henao y Riaño, llevaba también estos apellidos. Además de las obras dramáticas a que debe principalmente su fama, escribió las siguientes:

Discurso métrico ascético sobre la inscripción PSALLE ET SILE, *que está grabada en la verja del coro de la santa iglesia de Toledo.* Madrid, 1641, 4.°—*Relación de la entrada y adorno de la carrera de la reina doña María*

Ana de Austria, año 1649, en compañía de don Alonso Ramírez de Prado.— *Discurso de los cuatro novísimos,* en octavas.— *Tratado defendiendo la nobleza de la pintura.*—Otro, *Defensa de la comedia.*— Otro, *Sobre el diluvio general.*—*Lágrimas que vierte un alma arrepentida a la hora de la muerte.*—*Panegírico a don Juan Alfonso Enríquez de Cabrera, almirante de Castilla.* — Y varias composiciones sueltas. VII

CAMARGO (fray Fernando de).

El santo milagroso agustiniano san Nicolás de Tolentino..., poema heroico, repartido en veinte libros. Madrid, en la imprenta Real, 1628, 4.° — *Muerte de Dios por la vida del hombre,* en décimas, primera y segunda parte. Madrid, 1619, folio.—*Oratorio sacro.* Madrid, 1628, 16.°—*Tribunal de la conciencia.* Madrid, 1628, 8.°— *Las maravillas de la mejor mujer.* Madrid, 1628.— *La virgen de la humildad,* etc. Madrid, 1634, 8.° *Iglesia militante...* Madrid, 1642, 4.°—*Milagrosa conversión de San Agustín.* Madrid, 1649.—*Clara luz de la noche obscura.* Madrid, 1650, 4.°— *Continuación del sumario a la historia de España del padre Mariana.* Madrid, 1640, 4.°, y 1678, folio.—*Sermones de Cristo y su Madre,* del padre fray Juan de Ceita, traducidos del portugués. Zaragoza, 1625, folio.—*Cuaresma,* del mismo padre Ceita. 1629, 4.°—*Completas de la vida de Cristo,* del mismo. Madrid, 1630, 8.°—*Relación del milagro del santo Cristo de Goa,* 1640.—*Revelaciones de Santa Brígida,* traducidas del latín.—*Flos sanctorum.*

Murió de edad de ochenta años, en 1652. VII

CAMOENS (Luis). Célebre poeta portugués, autor de *As Lusiadas,* impreso por primera vez en Lisboa, en 1572.

Escribió también rimas y algunas comedias. III

CARNERO (Antonio).

Quizá el autor de la historia de las *Guerras civiles que ha habido en los estados de Flandes desde el año de* 1559 *hasta el de* 1609. Bruselas, 1625, folio.

Fue padre de don Alonso Gaspar Carnero López de Zárate, favorito del conde-duque de Olivares y secretario de Estado de la parte de Italia. VI

CARRILLO (don Martín), natural de Zaragoza, abad que fue del monasterio de Montearagón, escribió:

Anales... que contienen las cosas sucedidas en el mundo, señaladamente en España, desde su principio y población hasta 1620. Huesca, 1622, folio, y Zaragoza, 1634, íd. — *Elogios de mujeres insignes del Viejo Testamento,* Huesca. 1626. *Historia del glorioso San Valero,* obispo de Zaragoza, etc. Ibid., 1615, 4.°—*Catálogo de todos los prelados, obispos, arzobispos y abades del reino de Aragón.*—*Relación al rey don Felipe del nombre, sitio, plantas, etc., del reino de Sardeña.* Barcelona, 1612, 4.° II

CARVAJAL Y ROBLES (don Rodrigo), natural de Antequera, de cuya ciudad escribió en verso con este título:

Conquista de Antequera. Lima, 1627.—*La batalla de Tow.* Ibid.—*Panegírico a don Josef Pellicer.* **II**

CASCALES (Francisco), natural de Murcia, autor de las obras siguientes:

Discursos de la ciudad de Cartagena. Valencia, 1598, 8.°—*Discursos históricos de la... ciudad de Murcia.* Murcia, 1624, folio.—*Tablas poéticas.* Murcia, 1617, 8.°—*Artem Horatii in methodumreductam.* Valencia. 1659. **IV**

CASTILLEJO (Cristóbal de), de Ciudad-Rodrigo, monje del Císter, que murió por los años de 1596, y fue acérrimo enemigo de la escuela italiana introducida en España por Boscán y Garcilaso.
Obras poéticas. Amberes, 1598, 12.° **IV**

CASTILLO (licenciado Felipe Bernardo del). Dio a luz la

Centuria de la limpia concepción de nuestra Señora, fundada en cinco lugares comunes de la Sagrada Escritura. Madrid, 1619, 8.° Su autor, Pedro Alba. **VII**

CASTILLO SOLÓRZANO (don Alonso), fecundo novelista, de cuyas principales obras copiaremos el catálogo que trae don Nicolás Antonio:

Jornadas alegres, 1626, 8.°—*La Garduña de Sevilla.* Logroño, 1634, 8.°—*Tardes, entretenidas.* 1625, 8.°—*Noches de placer, en que se contienen doce novelas.* Barcelona, 1631, 8.°—*Fiestas del jardín,* que contienen tres comedias y cuatro novelas. Valencia, 1634, 8.°—*Lá quinta de Laura,* Zaragoza, 1649, 8.°—*Huerta de Valencia,* prosa y versos en las academias de ella. Ibid., 1629, 8.°— *Donaires del Parnaso,* en dos partes, 1624 y 1625, 8.°—*Tiempo de regocijo y Carnestolendas de Madrid.* Ibid., 1627, 8.°—*Las arpías de Madrid y coche de las estafas.* Barcelona, 1633, 8.°—*Los amantes andaluces.* Ibid., 1633, 8.°—*Historia de Marco Antonio y Cleopatra,* 1639, 8.°—*Epítome de la vida y hechos del rey don Pedro de Aragón.* Zaragoza, 1639, 8.°—*Sagrario de Valencia,* en quien se incluyen las vidas de los ilustres santos, hijos suyos y del reino. Valencia, 1635, 8.°

CASTILLO Y SOTOMAYOR (don Juan del), autor de varias obras de jurisprudencia, a quien cita Baena en sus *Hijos de Madrid,* tomo *11,* pág. 153. **VI**

CASTRO EGAS (doña Ana de).

Eternidad del rey don Felipe III... Discurso de su vida y santas costumbres. Madrid, viuda de Alonso Martín, 1629, 8.° **I**

CASTRO (don Guillén de), valenciano, célebre autor dramático.

Comedías, en dos partes o tomos, impresos en Valencia, 1621 y 1625, en 4.°

Se le hizo merced de hábito en 22 de agosto de 1623. **II**

CEJUDO (Fray Miguel), del hábito de Calatrava.
Murió antes de 1609.—Citado en el *Viaie del Parnaso.* **I**

CERVANTES (Miguel de). **VIII**

CÉSPEDES. Si, como indica Lope, era natural de Salamanca, no puede referirse al pintor y poeta Pa- 1625, 8.°—*Noches de placer, en que se contienen* blo de Céspedes, hijo de Córdoba, y, por lo tanto, no halló quién sea. **III**

CÉSPEDES, hermanos, según Lope, y, a nuestro juicio, tan desconocidos como el anterior. **VII**

COLLADO DEL HIERRO (don Agustín), médico, filósofo, humanista, poeta lírico y cómico. Escribió en quintillas:

Teágenes y Clariquea, poema.—*Apolo y Dafne. Grandezas de la ciudad de Granada.* **VIII**

COLMENARES, sin duda el licenciado Diego, autor de varias *Respuestas a las censuras de Lope de Vega sobre la nueva poesía,* de varias *Composiciones en verso, y Sermones,* de la *Historia de Segovia* y de la *Vida de fray Domingo de Soto,* escrita en diciembre de 1630. **IV**

CONDE DE BUÑOL. (V. Mercader.)

CONDE DE LA ROCA. (V. Vera.)

CÓRDOBA (Maestro).—Citado por Cervantes en el *Canto de Calíope,* y por Espinel en su *Casa de la Memoria,* fol. 44 vto.—*Rimas.* **IV**

CORONEL (don García de Salcedo), caballero del hábito de Santiago, natural de Sevilla.

Rimas, primera parte. Madrid, 1624.—*Cristales de Helicona, o segunda parte de las Rimas.* Ibid., 1649.—*Comentarios sobre las obras de don Luis de Góngora, en* cuatro tomos.—*Ilustración sobre una inscripción del sepulcro de Saturnino que se halló en Mérida el año de* 1650.

Es el autor de las décimas sobre la *Gatomaquia,* en que claramente afirma ser de Lope este poema. Murió en 1651. **VIII**

CORRAL (don Gabriel del), nacido en Valladolid, doctor en ambos derechos, canónigo de Zamora y abad de la colegial de Toro. Tradujo

Las obras poéticas del papa Urbano VIII.—*La prodigiosa historia de los dos amantes, Argenis y Poliarcho.* Madrid, Juan González, 1626, 4.º—Son suyas además *La Cintia de Aranjuez,* novela en prosa y verso. Madrid, 1629, 8.°—*Discurso sobre la suspensión de la jurisdicción de la nunciatura de España.* **III**

CORTE. (V. Manojo de la Corte.)

CORTE REAL (Jerónimo de), portugués. Escribió en su lengua:

Suceso del segundo cerco de Diu. Lisboa, 1574. *Naufragio e lastimoso suceso da perdizam de Mano el de Sousa de Sepulveda, e dona Lianor de Sa, sua molher,* etc. Lisboa, 1594, 4.°—*Felicísima victoria concedida del cielo*

al señor don Juan de Austria en el golfo de Lepanto, de la poderosa armada otomana. Lisboa, 1578, 4.º III

CORUÑÁ (conde de). Hay un soneto suyo en el *Anfiteatro* de Pellicer, fol. 14. VI

CUELLO (don Antonio), del hábito de Santiago, natural de Madrid, según don Nicolás Antonio, y autor dramático de algún nombre. VIII

CUEVA (don Francisco de la).

Mojiganga del Gusto, en seis novelas, *y estorbo de vicios.* Zaragoza, Juan de Ibar, 1662, 8.° Baena, que menciona a este autor, duda, sin embargo, de que sea suya la obra precedente, sospechando si podrá atribuirse al licenciado Francisco de Quintana. Creo, sin embargo, que la cita de Lope se referirá al célebre jurisconsulto don Francisco de la Cueva y Silva, autor de la *Información de derecho divino y humano por la purísima concepción de la Virgen nuestra Señora.* Madrid, 1625. Murió a fines del año 1621, no sin sospechas de veneno, según los enemigos del Conde-Duque. Quevedo le dedicó el soneto 16 de la musa Melpómene. III

DÁMASO (San), natural de Madrid, que escribió varias obras, unas pertenecientes al gobierno de la Iglesia, y otras de bellas letras. Imprimiéronse en París, 1672; en Roma, 1738 y 1754, folio. II

DELGADO (Juan), poeta lírico y cómico. En 1635 escribió un soneto y una silva a la muerte de Lope de Vega, y en 1638 dos sonetos a la de Montalván. VIII

DÍAZ CALLECERRADA (Marcelo). Escribió el *Endimión.* Madrid, Viuda de Luis Sánchez, 1627, 4.°, y algunas comedias y otros papeles sueltos. VII

DUQUE DE ALCALÁ. (V. Afán de Ribera Enríquez.)

ENCISO O INCISO. (V. Jiménez Inciso.)

ENRÍQUEZ DE ZÚÑIGA (don Juan). IV

ENRÍQUEZ DE GUZMÁN (doña Feliciana), natural de Sevilla, poetisa muy celebrada de sus contemporáneos.

Tragicomedia de los *Jardines y campos sábeos,* primera y segunda parte. Coimbra, 1624; Lisboa, 1627. III

ENRÍQUEZ DE RIBERA (don Federico), marqués de Tarifa. Escribió la peregrinación que hizo a los Santos Lugares, con este título:

El viaje, que hizo a Jerusalén desde 24 *de noviembre de* 1518, *que salió de su villa de Bornos, hasta* 20 *de octubre de* 1520, *que entró en Sevilla.* Lisboa, 1580, 4.° II

ENRÍQUEZ O HENRÍQUEZ. (V. Afán de Ribera Enríquez.)

ERCILLA (don Alonso), autor de *La Araucana,* poema en que se describe maravillosamente la conquista de Chile. IV

ESPAÑA (don Juan de).

De él habla Baena en sus *Hijos de Madrid,* y dice que fue sujeto muy aplicado al estudio de las bellas letras, particularmente al de la poesía. VII

ESPINEL (Vicente), natural de Ronda. Inventó la composición que en su tiempo se llamó *espinela* y hoy *décima.* En 1618 publicó su famoso libro *Relaciones de la vida y aventuras del escudero Marcos de Obregón.* I

ESPINOSA (Pedro De), Natural De Antequera

Primera parte de las *Flores de poetas ilustres de España,* dividida en dos libros... dirigida al señor duque de Béjan. Van escritas dieciséis odas de Horacio, traducidas por diferentes y graves autores admirablemente. En Valladolid, por Luis Sánchez, año 1605. II

ESQUILACHE (príncipe de), don Francisco de Borja.

Obras en verso. Amberes, en la imprenta Plantiniana, 1654, 4.°—*Nápoles recuperada por el rey don Alonso,* poema heroico. Zaragoza, por Juan de Noort, 1658, 4.°—*Pasión de Nuestro Señor Jesucristo,* en tercetos. Madrid, Francisco Martínez, 1638, 4.°—*Canto de Jacob y Raquel.*

ESTRADA (don José de). VIII

FARIA Y SOUSA (don Manuel), caballero portugués, de la orden de Cristo. Escribió:

Comentarios a la Lusiada de Luis de Camoens, dos tomos. Madrid, 1639, folio.—*Idem a las Rimas varias del mismo,* ocho tomos.—*Arte poética y versificatoria.*—*Defensa o información para los Comentarios de la Lusiada.* Madrid, 1640, folio.—*Fuente de Aganipe, o Rimas varias,* siete tomos. Madrid, 1644 y 1646.—*Europa, Asia, Africa y América,* diez tomos, repartidos en cuatro obras, de cuatro, tres, dos y un tomo, respectivamente, cada una.—*Epitome de las historias portuguesas.* Madrid, 1628, 4.°—*Imperio de la China.* Ibid., 1643, 4.°—*Nobiliario del conde don Pedro de Barcelós,* traducido del portugués al castellano. Ibid., 1646, folio.—*El gran justicia de Aragón, don Martin Bautista de Lanuza.* Madrid, 1650, 4.° Y otras obras históricas y filosóficas, traducidas del latín y del portugués. III

FELIZES (Juan Bautista), presbítero, natural de Calatayud, autor de:

El caballero de Avila, por la Madre Teresa de Jesús, en las fiestas y torneos de la imperial ciudad de Zaragoza, poema heroico. Ibid., 1623, 8.° *Certamen poético,* por la cofradía de *la Sangre de Cristo de Zaragoza.* Ibid. 1623, 8.°—*Justa poética por la Virgen del Pilar.* Ibid., 1629, 4.°—*Torneo de a caballo en campo abierto,* que celebró Zaragoza en la venida de la serenísima reina de Hungría. Ibid., 1630, 4.°—*Varias comedias,* elogiadas por el cronista Andrés en su *Aganipe, y diferentes* versos en certámenes. II

FERNÁNDEZ DE ALARCÓN (doña Cristobalina), natural de Antequera, poetisa dotada de facilísimo ingenio, que escribió poesías líricas y algunas comedias. II

FERRER. IV

FERRER (don Luis).

Mencionado en el *Viaje del Parnaso*. Con este nombre cita don Nicolás Antonio a un autor de varias obras místicas, natural de Caravaca. II

FERREIRA DE LA CERDA (doña Bernarda).

España libertada, primera parte.—*Soledades de Buçaco.* Lisboa, Matías Rodríguez, 1634, 8.°— *España libertada,* poema póstumo, sacado a luz por su hija doña María Clara de Meneses. Lisboa, Juan de la Costa, 1673, 4.° III

FIGUEROA (FRANCISCO), natural de Alcalá, aunque Cardoso le hace portugués, llamado por la excelencia de su poesía el Divino.

Sus *Obras en verso.* Lisboa, Pedro de Craesbeeck, 1625, 8.° Pero a esta colección parece que faltan muchas composiciones que andaban en su tiempo manuscritas. IV

FRANCO (maestro don Alonso), natural de Madrid.

De cura de la iglesia parroquial de San Andrés, llegó a obispo de Durango, capital de la nueva Vizcaya, en Méjico. En 1639 fue promovido al obispado de la Paz, en el reino del Perú; pero murió al año siguiente, antes de recibir las bulas.

En 1619 escribió un discurso a la *Beatificación de San Isidro labrador,* que imprimió fray Jaime Bleda al fin de la vida del Santo. Madrid, 1622, 4.°; aunque no se halla en todos los ejemplares. VI

FUENTE (Gaspar de la). Don Nicolás Antonio cita con este nombre a un religioso mínimo, natural de Toledo, que desempeñó en Roma cátedras de teología y artes liberales y escribió:

Quaestiones dialecticas et physicas, etc. Londres, 1631, 4.°—*Relación del capitulo general celebrado en Toledo el año* 1633. Madrid, en el mismo año. Pero el poeta a quien alude Lope será, sin duda, el licenciado Gaspar de la Fuente Vozmediano. (V. el *Anfiteatro de Felipe el Grande, por Pellicer,* 1632, 8.°, donde se inserta (folio 32) un epigrama suyo.)

También en la *Descripción de la capilla del Sagrario de Toledo,* por Pedro de Herrera (Madrid, 1617, 4.°), al fol. 23, se inserta una canción de este licenciado *Gaspar de la Fuente.* I

FUENTES (Maestro), acaso Alonso de Fuentes o Diego de Fuentes.

El primero, sevillano, autor del *Libro de los cuarenta cantos en verso y prosa.* Alcalá, 1557, 8.°, y de la *Suma de filosofía natural.* Sevilla, 1545, 4.°

El segundo, aragonés, escribió: *La conquista de África.* Amberes, 1570, 8.°—*La conquista de Sena*; verdadera narración de un desafío que pasó en Italia entre un caballero aragonés... y otro castellano;

verdadera narración de un desafío que pasó entre el marqués de Pescara y el duque de Nemurs junto a los muros de Aste.

Obras poéticas en vario género de versos. Zaragoza, 1563, 8.°—*Historia del prudentísimo capitán don Fernando Dávalos, marqués de Pescara, y otros siete excelentes capitanes del emperador Carlos* V. Amberes, 1570. VII

GALINDO (doña Beatriz). Llamada *la Latina* por la erudición que en esta lengua sabia tenía. Natural de Salamanca. Escribió los *Comentarios a Aristóteles* y *Notas sabias sobre los antiguos.* Fue la fundadora, y de ahí el título, del convento y hospital llamado de *La Latina,* en Madrid. Elogiáronla mucho sus contemporáneos y bastantes escritores célebres. V

GALLEGOS (Manuel).

Gigantomachia. Lisboa, Pedro Craesbeeck, 1626, 4.°—*Templo da Memoria,* poema epithalamico nas felicísimas bodas do excelentísimo senhor duque de Barganya... Lisboa, Lourenço Craesbeeck, 1635, 4.°—*Obras varias al real palacio del Buen Retiro.* Madrid, María de Quiñones, 1637, 8.° III

GÁLVEZ DE MONTALVO (Luis), de Antequera, y según *otros,* de Guadalajara, caballero de la orden de San Juan de Jerusalén, que parece murió en Sicilia.

El Pastor de Fílida. Madrid, 1582 y 1590.—*El llanto de San Pedro,* traducción de Tansilo. Toledo, 1587, 8.°

Es *uno* de los amigos de Cervantes, pintado entre los personajes de la *Galatea*; y al frente de esta novela se lee un soneto laudatorio del mismo. IV

GARCÍA (doctor Pedro), natural de Madrid y médico de cámara de los reyes Felipe III y Felipe IV. Escribió varias obras de medicina, comedias y poemas. Baena en sus *Hijos de Madrid* cita sólo un epigrama, un soneto en la *Fama póstuma de Lope,* y una décima en las *Lágrimas a la muerte de Montalván.* VIII

GARCILASO DE LA VEGA, cuyas composiciones lee aún todo el mundo con deleite.

GASCÓN O GASCÓ (Vicente) DE SIURANA, natural de Alcira o de otro lugar inmediato, fue poeta muy aplaudido en su tiempo. Escribió para el libro de las *Fiestas de la beatificación de San Luis Beltrán,* por fray Vicente Gómez; para el de la *Beatificación de Santo Tomás de Villanueva,* por Jerónimo Martínez; *de la Concepción de Nuestra Señora,* por Juan Nicolás Crehuades; *de San Lucas,* por Francisco Cros, y en las del *Siglo cuarto de la conquista,* por don Marcos Antonio Ortí. En 1606 se celebró en Alcira una justa poética, en que sirvio Gascón de secretario y fiscal para el vejamen. II

GÓMEZ DE REGUERA (don Francisco). III

GÓMEZ DE SANABRIA (don Gabriel), natural de Madrid. Fue oidor de la real audiencia de Lima y excelente poeta, aunque no hemos hallado más noticia de sus obras que la que nos da Lope, mencionando su traducción de Marcial. VII

GÓMEZ DE VIVANCO (don Francisco). VII

GÓNGORA (don Luis de). El célebre poeta cordobés, cuya vida y obras son de todos tan conocidas. II

GONZÁLEZ DÁVILA (Gil), natural de Avila, bien conocido por sus historias de las *Antigüedades de la ciudad de Salamanca,* del *Origen del Santo Cristo de las Batallas,* de las *Vidas de San Juan de Mata y San Félix de Valois*; de la *Vida y hechos del rey don Enrique III de Castilla,* y otras obras del mismo género, como la *Vida y hechos de don Alonso Tostado de Madrigal, obispo de Avila,* del *Teatro de las grandezas de la villa de Madrid, Teatro de las iglesias de España, de las de las Indias,* etc.

Don Nicolás Antonio cita también su *Historia de Felipe III,* manuscrita. Murió en 1658. V

GRACIÁN DANTISCO (Tomás), hijo del célebre Diego Gracián Alderete. En 1584 entró en la secretaria de lenguas y cifra del señor don Felipe II. Fue además notario apostólico y de los reinos.

Arte de escribir cartas familiares. Madrid, 1589., 16.°

Su segunda esposa, doña Laurencia Méndez de Zurita, se distinguió también como escritora. (V. Zurita.) I

GUEVARA. (V. Ladrón de Guevara.)

GUEVARA. (V. Vélez de Guevara.)

GUZMÁN. (V. Enríquez de Guzmán.)

HARO. Acaso Francisco López, o Luis de Haro, a quien acusa Castillejo de ser uno de los cuatro que más contribuyeron a la novedad de la escuela italiana. I

HENAO (Gabriel de), natural de Valladolid, jesuíta en Medina y Salamanca. Escribió varias obras teológicas, que cita don Nicolás Antonio, y, según éste, vivía aún en 1681.

El mismo nombre llevaba su padre, y quizás será éste a quien alude Lope. III

HERNÁNDEZ DE VELASCO (Gregorio), toledano. Tradujo en verso: *La Eneida de Virgilio,* y la *primera y cuarta égloga* (Alcalá, 1585, 8.°); *El parto de la Virgen* (de Jacobo Sanazaro), en octava rima. Toledo, 1554 8.°, y Madrid, 1569, 8.° I

HERRERA (Fernando de). *El Divino* Herrera, sevillano, cuyo nombre basta para recordar sus inmortales obras. II

HERRERA (don Rodrigo), natural de Madrid, hijo del primer marqués de Auñón y caballero muy estimado en su tiempo por sus letras y virtudes. Escribió muchos versos en certámenes y otras funciones de su tiempo, y varias comedias: *El voto de Santiago y batalla de Clavijo, El primer templo de España y El segundo obispo de Avila.* VI

HERRERA (Juan Antonio).

Lusus Pueritiæ. Madrid, 1599.

Se halla elogiado en el *Viaje del Parnaso.* VII

HERRERA Y SAAVEDRA (don Antonio de), natural de Madrid, autor de varios versos en diferentes metros y algunas comedias. Fue hijo de don Francisco de Herrera Saavedra, caballero de Santiago, y de doña Isabel Sánchez Coello.

HERRERA (don Rodrigo de), portugués, poeta y autor dramático. Citado en el *Viaje del Parnaso.* VIII

HERRERA (Padre maestro fray Tomás de), natural de Medina del Campo, del orden de San Agustín, autor de varias obras latinas, históricas y de controversia. En castellano escribió:

Historia del convento de San Agustín de Salamanca. Madrid, 1652, folio.—*Doctrina cristiana.* Tortosa, 1Ó23.—*Historia del convento de San Agustín de la ciudad de Toledo.—Catálogo de los obispos de Tortosa,* MS., según don Nicolás Antonio.—Y *Tratado de los obispos de Avila,* que cita don José Pellicer en el *Memorial de la calidad y servicios de don Fernando Josef de los Ríos.*

Si es cierto, como parece, según el citado don Nicolás Antonio, que nació en 1685, no puede ser el citado por Lope. Frente a la opinión de Nicolás Antonio, otros autores dicen que Tomás de Herrera nació en 1585, y murió en 1654. VII

HERRERA (Antonio). Tan vaga es la indicación que hace Lope de este autor; que puede convenir a más de uno, mayormente siendo tan comunes el nombre y el apellido. Quizá se referiría a *Antonio de Herrera Tordesillas,* natural de este pueblo y fecundo investigador de la historia de aquellos tiempos, pues, a más de varias obras que tradujo, escribió las siguientes, que llevan su nombre:

Historia general de los hechos de los castellanos en las islas y tierra firme del mar Océano, cuatro tomos. Madrid, 1601.---*Historia general del mundo,* del tiempo del señor don Felipe II, desde 1559 hasta su muerte, en tres tomos. Ibid., 1601 y 1612, folio.—*Historia de lo sucedido en Escocia y Ingalaterra en cuarenta y cuatro años que vivió la reina María Estuarda.* Ibid., 1589, 8.°— *Cinco libros de la historia de Portugal y conquistas de las islas de los Azores en los años* 1582 *y* 1583.—*Historia de lo sucedido en Francia desde el año* 1585, *que comenzó la Liga católica, hasta fin del año* 1594. Ibid., 1598.—*Información en hecho de lo que pasó en Milán en las competencias entre las jurisdicciones eclesiástica y seglar, desde 1595 hasta* 1598.—*Tratado, relación y discurso de los movimientos de Aragón.* Ibid., 1612, 4.º—*Comentarios de los hechos de los españoles, franceses y venecianos en Italia desde* 1281 *hasta* 1559. Ibid., 1624, folio.—Y otras. I

HERRERA MALDONADO (don Francisco de).

Jacobo Sanazaro español, los tres libros del *Parto de la Virgen.* Madrid, Fernando Correa, 1621, 4.° II

HERRERA (Jusepe de).

HERRERO. (V. Collado del Hierro.)

HOZ (don Pedro de la). VIII

HUERTA (don Antonio).

En 1621 escribió una oración dando la obediencia a la santidad de Gregorio XV. Fue también autor de varios versos y de una comedia intitulada *Las doncellas de Madrid.* VII

HUERTA (Jerónimo de), natural de Escalona, médico de cámara de Felipe IV.

Historia natural de Plinio, ampliada con escolios y anotaciones, en dos volúmenes. Madrid, 1624.—*Problemas filosóficos.* Ibid., 1628, 4.°—*De la precedencia de España, debida a sus católicos reyes.*—*Florundo de Castilla, lauro de caballeros,* en octava rima. Alcalá, 1588, 4.°—Y un escrito latino sobre la *inmaculada Concepción.* VII

HUMANES (conde de). VI

IZQUIERDO. Sin duda Ausias Izquierdo, valenciano, librero de profesión, muy aficionado a historia y poesía; dejó las siguientes obras:

Historia y fundación de Nuestra Señora del Puig de Valencia. Ibid., 1575, 8.°—*Cuaderno espiritual en ocho romances.* Ibid., 1577, 8.°—*Representación o acto sacramental de un milagro de la Virgen del Rosario.* Ibid., 1589, 8.° II

IZQUIERDO DE PIÑA (Juan), natural de Buendía.

Novelas morales. Madrid, 1624, 4.°—*Primera parte de varias fortunas.*—*Primera y segunda parte de casos prodigiosos.*—*Epitome de la explicación de las fábulas,* primera parte. Madrid, 1635, 4.° I

JÁUREGUI (don Juan de), sevillano, poeta y humanista. Escribió de crítica, discutiendo con Góngora y Quevedo, y algunas sátiras contra éste último. Sus obras son:

El Orfeo, poema. Madrid, 1624.—*Rimas,* en varios géneros de versos.—*La Farsalia,* de Lucano, traducida en verso.—*Aminta,* del Taso, que se contempla como un modelo de traducciones.—Y en prosa: *Discurso poético contra el hablar culto y oscuro.*—*La comedia del retraído.*—*Memorial al Rey nuestro Señor,* etc.—*Apología de la verdad,* etc.—*Tratado apologético en favor de la pintura.* Se distinguió en este arte, y murió en Madrid en 1649. II

JIMÉNEZ INCISO O ENCISO (don Diego), veinticuatro y natural de Sevilla. Se le hizo merced de hábito en 11 de noviembre de 1625.

Es autor de algunas comedias. II

JIMÉNEZ PATÓN (Bartolomé).

Provebios (sic) *morales. Heráclito de Alonso de Varros.* Baeza, por Pedro de la Cuesta, 1615, 4.° IV

LADRÓN DE GUEVARA (don Luis). II

LAREDO DE SALAZAR (Antonio), secretario del duque de Alcalá. VI

LARRAMENDI (don Juan de Andosilla), natural de Madrid.

Cristo Nuestro Señor en la cruz, hallado en los versos del príncipe de nuestros poetas, Garcilaso de la Vega, sacados de diferentes partes y unidos con ley de centones. Madrid, 1628, 4.°

Baena en sus *Hijos de Madrid,* tomo 111, página 199, da noticia de otras composiciones de este poeta. VIII

LÁYNEZ (Pedro de).

Era muy amigo de Cervantes, que le personificó en el pastor Damón de su *Galatea.* IV

LEDESMA (Alonso de), natural de Segovia, autor, célebre en su tiempo, de varios romanceros sagrados, que imprimió con estos títulos:

Conceptos espirituales, primera parte. Madrid, 1600; 1625 y 1629, 8.°; Barcelona, 1605 Y 1612.— Segunda parte. Madrid, 1606; Barcelona, 1607.— Tercera; Madrid, 1616.—*Juegos de Noche-Buena.* Barcelona, 1611; Madrid, 1613.—*El monstro imaginado:* Madrid, 1615, 8.°---*Epígramas y jeroglíficos a la vida de Cristo, festividades de Nuestra Señora, excelencias de santos y grandezas de Segovia.* Madrid, 1625.—*Epítome de la vida de Cristo,* en discursos metafóricos. Segovia, 1619. IV

LEMOS (el conde de), don Pedro Fernández de Castro. III

LEÓN (fray Luis de). IV

LEÓN (doctor). VII

LERMA (duque de), don Francisco Gómez de Sandoval, segundo duque de su título. Distinguióse en la guerra de Milán, en que fue maestre de campo en 1629; pasó después a Flandes, donde continuó sus buenos servicios, y murió a la edad de treinta y seis años, en el de 1635. Fue poeta. VI

LÓPEZ MADERA (doctor Gregorio), natural de Madrid, legista, oidor de la audiencia de la casa de la Contratación de Sevilla, fiscal de la chancillería de Granada, del consejo de Hacienda, etc. Fue muy estudioso en todas facultades y ciencias. Escribió, además de algunas obras de su facultad:

Excelencias de la monarquía y reino de España. Valladolid, 1597, folio.—*Historia y discursos de la certidumbre de las reliquias, láminas y profecías del Monte Santo de Granada.* Granada, 1602, folio.—*Excelencias de San Juan Bautista.* Toledo, 1617.—*Tratado de la*

Concepción inmaculada de Nuestra Señora, sobre el salmo 44.—Y varias comedias. **VI**

LÓPEZ (Antonio), portugués. **III**

LÓPEZ DE QUIRÓS (Manuel), poeta lírico y cómico, según Montalván. Baená sólo cita de él dos sonétos: uno en la *Fama póstuma,* de Lope de Vega, y otro en el libro de las *Hazañas del capitán Alonso de Céspedes,* por Rodrigo Méndez de Silva; y una elegía en las *Lágrimas a Montalván.* **VIII**

LÓPEZ DE ZÁRATE (Francisco), natural de Logroño, secretario de don Rodrigo Calderón; murió en 1658.

Poema heroico de la invención de la cruz. Madrid, 1648, 4.°—*Poesías varias.* Madrid, 1619, 8.° *Obras varias,* con la tragedia de Hércules. Alcalá, 1651, 4.° **III**

LÓPEZ (Gabriel), quizá Gabriel López de Mendoza, que escribió *Obras en verso.* **VIII**

LUDEÑA (don Fernando de), natural de Madrid. Sirvió en la milicia en tiempo de Felipe IV, y el año 1623 era capitán de infantería. Fue poeta festivo, y escribió algunas comedias y entremeses. Murió, joven aún, en 15 de julio de 1634. **VIII**

LLANA. (V. Murcia de la Llana.)

MACEDO (fray Francisco de), portugués, teólogo, controversista, filósofo, historiador, crítico y poeta. Don Nicolás Antonio inserta el largo catálogo de sus innumerables obras, la mayor parte latinas. En castellano escribió :

Epítome cronológico desde el principio del mundo hasta la venida de Cristo. Madrid, 1634, 4.°—*La vida de don Luis de Atayde, virey de la India.* Ibid., 1633, 4.°—*Historia de los nuevos mártires del Japón.* Ibid., 1632, 4.° **III**

MADERA. (V. López Madera.)

MALDONADO. (Y. Herrera Maldonado.)

MANOJO DE LA CORTE (don Fernando). De este autor sólo he visto un pliego suelto de ocho páginas folio, que en su escogida librería posee el señor don Pascual de Gayangos, con este título:

Relación de la muerte de don Rodrigo Caldearán, marqués que fue de Siete-Iglesias, etc. Madrid, viuda de Fernando Correa de Montenegro, sin año.

Fue también poeta y autor de algunas composiciones sueltas. **III**

MARINER (Vicente), valenciano, bibliotecario de El Escorial, hombre de grande erudición y facilísimo ingenio, Versado como pocos en las literaturas, griega y latina. No es posible transcribir el largo catálogo de sus obras, la mayor parte inéditas, que puede verse en la *Biblioteca* de don Nicolás Antonio. El mismo confiesa haber escrito más de trescientos ochenta mil versosgriegos y latinos.

Tradujo en castellano la *Vida de Alejandro Magno,* del texto griego de Arriano, y la mayor parte de los libros de Aristóteles. VII

MARQUÉS DE AUÑÓN. (V. Velasco.)

MARQUÉS DE TARIFA. (V. Enríquez de Ribera.)

MÁRQUEZ (Padre maestro fray Juan), de Madrid, donde nació por los años 1564, hijo del secreta-rio Antonio Márquez. Entró de agustino calzado en San Felipe el Real de Madrid. Presentadopara el arzobispado de Méjico, no lo aceptó. Murió en Salamanca el año 1621.

Los dos estados de la espiritual Jerusalén, sobre los salmos 125 y 136. Medina del Campo, 1603, 4.° ; Salamanca, 1690. Esta obra se tradujo en francés.—*El gobernador cristiano,* etc. Salamanca, 1612 y 1619, folio; Alcalá, 1634; Madrid, 1640, y Bruselas, 1664. Se tradujo en francés por monsieur Virion (Nancy, 1621), y en italiano por Martín de San bernardo (Nápoles, 1646).—*Origen de los padres ermitaños de San Agustín.* Salamanca, 1618, folio ; traducido al italiano por fray Inocencio Rampino (Turín. 1620, folio).—*Vida del venerable Alonso de Orozco.* Madrid, 1648, 8.°—*Modo que se ha de guardar en predicar a los príncipes y reyes.*—*Tratado del juramento acerca de defender la pureza de la Concepción de Nuestra Señora.*—*Comedia sacra del misterio de la inmaculada Concepción.* VII

MARTÍNEZ (acaso el licenciado Marcos), o Martínez Guindal, que escribió un poema sagrado de *Cristo paciente.* Madrid, 1663, 8.°

Pedro Espinosa, en su primera parte de las *Flores de poetas ilustres de España,* inserta varias composiciones de Luis Martínez de la Plaza. I

MATA, acaso fray Gabriel de Mata, franciscano, de quien se conservan estas obras :

El caballero Assisio, vida de San Francisco y otros cinco santos. Bilbao y Logroño, 1587 y 1589, dos tomos.—*Vida de San Diego de Alcalá,* 1589, 4.°—*Cantos morales,* 1594, 4.° I

MEDINA MEDINILLA (Pedro de), natural de Madrid, soldado, que pasó a América, donde parece que murió. Fue amigo y compañero de Lope de Vega. La égloga que escribió con éste a la muerte de doña Isabel de Urbina, primera esposa de Lope, y algunas otras composiciones que de él nos quedan, manifiestan su mucha aptitud para la poesía. II

MEDINILLA (Baltasar Elisio de), natural de Toledo, poeta de mérito, amigo íntimo de Lope.

La *limpia Concepción de la Virgen Nuestra Señora,* poema en octavas. Madrid, Alfonso Martínez, 1618, 8.°

Se citan como suyas las siguientes obras manuscritas:

Rimas y prosas.—*Discurso del remedio de las cosas de Toledo.*—

Descripción de Buena Vista, recreación de la vega de Toledo.—Varios borradores.—Fiestas que se celebraron en Toledo en la translación de Nuestra Señora del Sagrario.— Versos a lo divino.—Y otros varios. **I**

MEDRANO (Sebastián Francisco de), natural de Madrid, tesorero del duque de Feria y capellán mayor de la congregación de San Pedro.—Sus obras son:

Caridad y misericordia que precisamente deben los fieles a la necesidad que padecen las almas del purgatorio. Madrid, 1650.—*Soliloquios del Ave María.* Ibid., 1629, 16.°—*Favores de las musas,* obra que recogió don Alonso del Castillo Solórzano, en dos tomos, en 8.° El primero, que contiene cinco libros, se publicó en Milán en 1631; el segundo parece que no llegó a imprimirse.

Escribió asimismo muchos versos para las publicaciones de aquella época. En la *Fama póstuma,* de Montalván, hay suyo un *Discurso evangélico y moral.* **VIII**

MENA (Juan de). La edición príncipe de sus *Trescientas* es del año 1496. **II**

MENDOZA (don Antonio de), caballero del hábito de Santiago, comendador de Zurita, etc.

Egloga, que consagra a la señora doña María Coloma, dama de la reina, año de 1658—*Vida de Nuestra Señora María Santísima,* obra póstuma. Nápoles, por Juan Francisco Paz, 1672, 8.° **III**

MENDOZA (don Diego Hurtado de).

Sus *Obras.* Madrid, 1610, 4.° **IV**

MENDOZA (fray Lucas de). **II**

MENDOZA (Ñuño de). **II**

MENDOZA (Ilustrísimo). **VI**

MENDOZA (Pedro de). **IV**

MERCADER MONCADA .Y CARRÓS (don Gaspar), conde de Buñol, natural de la ciudad de Valencia. Sus obras son : *El prado de Valencia.* Ibid., 1601, 8.°—*Certamen poético de la Concepción*, año 1623.—*Cinco discursos* que se hallan en los tomos de la *Academia de los Nocturnos,* de que fue presidente.—Y otros versos en algunas *Fiestas sagradas.* **II**

MESA (Cristóbal de).

Patrón de España, y varias rimas. Madrid, Alonso Martín, 1611, 8.°—*Eneida de Virgilio.* Viuda de Alonso Martín, 1615, 8.°—*Eglogas y geórgicas de Virgilio,* y *Rimas* y el *Pompeyo,* tragedia. Madrid, Juan de la Cuesta, 1618. **VII**

MESA (Blas de).

Cada uno con su igual, comedia. **I**

MILIÁN, acaso el doctor don Diego Milián o Millán de Quiñones, valenciano, que escribió varias obras y comentarios de legislación. **VII**

MIRA DE MESCUA (don Antonio), natural de Guadix, muy conocido, en especial como autor dramático. II

MIRANDA Y PAZ (don Francisco de), natural de Salamanca, capellán de Reyes Nuevos de Toledo. Escribió :

Discurso sobre si se puede hacer fiesta a Adán. Madrid, 1636, 4.°, y 1639.—*El desengaño,* tratado moral. I

MONCADA (don Gabriel de). Dos escritores se conocen de este nombre: uno natural de Madrid, según don Nicolás Antonio, traductor de las *Coránicas de los frailes menores capuchinos del bienaventurado San Francisco,* de Zacarías Bover ; y otro de Toledo, autor de la *Prosodia en romance,* tratados de versos y figuras. Madrid, 1611, 8.° VI

MONROY (Gonzalo de). Citado por el canónigo Navarro en su *Defensa de las Comedias.* III

MONROY (don Antonio de), natural de Plasencia, citado en el *Viaje del Parnaso.* Escribió un soneto laudatorio a las obras de Carrillo. III

MONTALVO. (V. Gálvez de Montalvo.)

MONTALVÁN. (V. Pérez de Montalván.)

MONTEMAYOR (Jorge), portugués, músico y poeta, muy conocido aún en nuestros días por las obras que de él se conservan.

La Diana, primera y segunda parte. La primera edición que se cita es de Valladolid, 1562. Brunet afirma existir en el Museo Británico una de Lisboa de 1565. Después se hicieron multitud de ellas. ES también conocida la segunda parte de Alonso Pérez, salmantino, y, sobre todo, la *Diana* del valenciano Gil Polo.—*Cancionero* (obras de humanidad). Zaragoza, 1561, 8.°, y otras muchas posteriores.—*Segundo cancionero espiritual,* citado por Brunet como desconocido a los bibliógrafos españoles. Amberes, 1558—Traducción de lás *Obras de Ausias March.* Zaragoza, 1562, 8.°; Madrid, 1579.—*Blasones,* manuscrito que, según don Nicolás Antonio, conservaba don García de Salcedo Coronel. Montemayor murió antes de 1562. III

MONTERO DE VALLEJO (Juan). VIII

MONTOYA (fray Lucas de), de Madrid, religioso mínimo de San Francisco de Paula, predicador de los más célebres de su tiempo. Escribió :

Historia general de su religión. Madrid, 1619, folio.—*Discurso del nacimiento de Felipe IV.* Ibid., 1622, 4.°--*Sentido metafórico de los lugares de la Santa Escritura.* Madrid, 1626, un tomo. El segundo quedó manuscrito.—*Historia del cardenal Jiménez de Cisneros.*—*Traducción de la Ascensión del entendimiento a Dios,* etc.—*Engaños de divertidos de sus obligaciones.*—*Forma de rezar el rosario a la Santísima Trinidad.*—*Modo de conservar la salud de la República.*—*Apología en defensa de San*

Francisco de Paula.— Diecisiete tomos de *Sermones,* y otros muchos papeles, consultas y respuestas al tribunal de la Inquisición y a particulares. VII

MORELLA (Juliana) o Morell, de Barcelona, y según don Nicolás Antonio, que copia a Scoto, versadísima en las lenguas latina, griega y hebrea, y en las ciencias lógicas y morales, lo cual conviene con el elogio que de ella hace Lope de Vega. II

Avisos para los oficios de provincia, y consecuencias generales para otros.—*Memorial a su majestad en favor de la suficiencia de los servicios.*—*Diálogo, defensa de damas.*—Dos novelas: *La desdicha en la constancia* y *El curioso amante.*—*Flores de España, cultivadas en Roma.* Roma, 1635, 8.° VIII

MOXICA (don Diego de), poeta, natural de Madrid, que escribió varias composiciones sueltas y comedias. VIII

MURCIA DE LA LLANA (doctor don Francisco), hijo del licenciado del mismo nombre, conocido por sus escritos filosóficos y por haber sido corrector de libros por más de cincuenta años. En este cargo le sucedió su hijo, que fue nacido en Madrid, comisario del Santo Oficio y congregante de San Pedro, de sacerdotes naturales de Madrid. Murió en 1684. Dejó escritas algunas composiciones poéticas. VIII

NOGUERA (don Vicente), portugués. III

O (Cristóbal de la). II

OLIVARES (duque de). El famoso conde-duque, don Gaspar de Guzmán, más conocido como favorito de Felipe IV, y como Mecenas, que por los escritos que legó a la posteridad. II

OÑA (Pedro de), autor del poema *Arauco domado.* II

ORENCIO (San). II

La *Poética de Aristóteles,* dada a nuestra lengua castellana. Madrid, 1626, 8.°—*Tratado del gobierno de los príncipes,* del angélico doctor Santo Tomás de Aquino. Ibid., 1625, 4. ° III

OVANDO (don Juan de).

Quizá el autor de *El Orfeo militar,* impreso en Málaga por Mateo López Hidalgo, 1688, 4. °— Escribió asimismo : *Afectos contritos de un soldado en la hora de la muerte.* Sin lugar ni año, 4. °—*Ocios de Castalia,* en diversos poemas Málaga, por Mateo López Hidalgo, 1663, 4.° I

PACHECO (Francisco), sevillano, buen pintor y más que mediano poeta. Escribió un libro de la *Pintura, su antigüedad y grandezas,* donde también po algunas *poesías* suyas. Nació por los años de 1580, fue familiar de la Inquisición y murió en 1654. II

PADILLA (fray Pedro de), natural de Linares, caballero de Santiago, y después religioso del orden de Carmelitas. Sus obras son:

Tesoro de varias poesías. Madrid, 1575 y 1580, 4. ° *Eglogas pastoriles*

y de algunos santos. Sevilla, 1581, 4. °—*Romancero,* en que se contienen algunos sucesos de los españoles en la jornada de Flandes. Ibid., 1583, 4. °—*Traducción del Cerco de Dio,* de Jerónimo, de Cortereal. Madrid, 1597, 8.°—*Jardín espiritual.* Madrid, 1585, 4. °— *Grandezas y excelencias de la Virgen,* en octavas. Madrid, 1587, 4. °—*Oratorio real.—Historia de la casa santa de Loreto.—Monarquía de Cristo,* en prosa. Valladolid, 1590, 4. °—*Ramillete de Flores.* Murió después de 1595. I

PALOMARES. IV

PANTALEÓN DE RIBERA (Anastasio), nacido en Madrid.

Obras poéticas. Záragoza, 1640, 8.° ; Madrid, 1648, 8.°—Baena cita la primera edición de sus obras hecha por don José Pellicer y Tobar. Madrid, 1634, 8.° Su temprana muerte impidió que saliesen a luz algunas otras que parece tenía escritas, según afirma el mismo BAENA. VII

PARAVICINO (Padre maestro fray Hortensio Félix), trinitario calzado, natural de Madrid, hijo del milanés don Mucio, tesorero general de aquel Estado. Fue uno de los hombres más célebres de su época. A su entierro, habiendo muerto en 12 de diciembre de 1633, asistió la mayor parte de la nobleza de España. Sus obras son:

Epitafios a Felipa III. Madrid, 1625, 4.°— Tres obras distintas de *Oraciones evangélicas.— Obras postumas, divinas y humanas, en verso,* bajo el nombre de don Félix de Arteaga. Madrid, 1641, 8.° ; Lisboa, 1645, y Madrid, 1650.—*Respuesta a una consulta sobre lo lícito o ilícito de las pinturas lascivas.—Constancia cristiana.* Manuscrito.—*Historia de Felipe III.—Historia de Nuestra Señora de las Virtudes.—España probada.— Vida de su amigo y compañero Simón de Rojas.* VII

PARDO (Luis). II

PATÓN. (V. Jiménez Patón.)

PAZ. (V. Miranda y Paz.) I

PELLICER DE SALAS (don José).

Lecciones solemnes a las obras de don Luis de Góngora y Argote. Madrid, imprenta del Reino, 1630, 4.°—*Fama, exclamación, túmulo, epitafio,* etcétera, del padre fray Hortensio Paravicino. Madrid, viuda de Alonso Martín, 1634, 12.°— *Astrea sáfica.* Zaragoza, Pedro Verges, 1641, 8.° VIII

PEÑA (acaso el doctor Juan Antonio de la), natural de Madrid, abogado de los reales consejos.

Discurso sobre el nacimiento y bautismo de la serenísima infanta doña Margarita de Austria, etcétera. Madrid, 1623, folio.—*Relación de las fiestas que se hicieron en Madrid al príncipe de Gales.—Elogio de San Francisco de Borja, y fiestas de su beatificación.* Madrid, 1625, 4.°—

Discurso de la jornada que hizo a los reinos de España el cardenal Barberino...—Bautismo de la infanta doña María Eugenia, y fiesta del Corpus. Madrid, 1626, 4.°—*Exaltación de los improperios de la sagrada imagen de Cristo, nuestro Señor, a manos de la perfidia judaica.* Madrid, 1631.— *Égloga elegiaca a la fama inmortal de frey Lope Félix de. Vega Carpió. Madrid,* 1635, 8.°—*Loa* para Luis López, el día que dio comedia franca a todos en alabanza del almirante de Castilla y levantamiento del sitio de Fuenterrabía.—Y varias comedias, entre ellas *La arca de Peralvillo.* **VIII**

PEREIRA. (V. Solórzano Pereira.)

PÉREZ DE MONTALVÁN (licenciado Juan), presbítero, natural de Madrid, poeta dramático y novelista. Murió frenético en 1638, a la edad de treinta y seis años.

Novelas. Madrid, 1624 y 1626, en 4.°; Sevilla, 1641, 8.°; Tortosa, 1635, 8.° Una traducción de ellas se publicó en París en 1644.—La misma obra, con el título de *Sucesos y prodigios de amor,* se reimprimió en Sevilla en 1633, 4.°— *Vida y purgatorio de San Patricio.* Madrid, 1627, 8.°, y 1656.—*Para todos.* Madrid, 1640, 4.°, 1651, y en Bruselas. — *Fama póstuma de Lope de Vega Carpió.* Madrid, 1636.—*Comedias,* dos tomos. Madrid y Alcalá, 1639, 4.°; Valencia, 1652, 8.°—*Orfeo, en lengua castellana.* Madrid, 1624.—*Lágrimas a la muerte del doctor Juan Pérez de Montalván.* 1639. **VII**

POLA DE ARGENTARÍA. **II**

PORTA (doctor). **VII**

PRUDENCIO. **II**

PUSMARÍN (don Alonso). **VII**

PINA. (V. Izquierdo de Piña.)

PORRAS (Matías de), médico. Hallándose en Lima, publicó :

Breves advertencias para beber frío con nieve. Ibid., 1621, 8.°—Anunció otra obra, que don Nicolás Antonio ignora si llegó a publicarse, con el título de *Concordancias medicinales de entrambos mundos.* **VIII**

PORREÑO (Baltasar), presbítero, natural de Cuenca. Escribió :

Los oráculos de las sibilas. Cuenca, 1621, 4.° *Vida y hechos del cardenal don Gil de Albornoz.* Ibid., 1623, 8.°—*Discurso de la vida y martirio de Santa Librada, española.* Ibid., 1629, 8.°—*Dichos y hechos del rey don Felipe II.* Sevilla, 1639, 8.°—*Elogios de los cardenales de España.—Libro de la limpia Concepción de Nuestra Señora.* Cuenca, 1620, 4.°—*Historia de los arzobispos de Toledo, etc.* **I**

PRADA (don Andrés de), valenciano. Publicó con su nombre :

Meriendas del ingenio y entretenimiento del gusto, en seis novelas. Zaragoza, 1663, 8.° **VIII**

PRADA (don Nicolás de).

Citado por don Nicolás Antonio como autor de *la Jornada de la reina de Hungría,* manuscrito, 4.° VIII

PRADO. (V. Ramírez de Prado.)

PRADO (Juan Francisco de), natural de Madrid, oficial mayor de la secretaría del consejo real de las Ordenes, poeta estimado en su tiempo y muy versado en las lenguas latina, griega e italiana. Escribió :

El robo de Proserpina, en octavas.—Silva titulada *Elogio por la poesía.*—Y un escrito *sobre el Boecio* ; pero, según Baena, ninguna de estas obras llegó a imprimirse. VIII

QUEVEDO (don Francisco de). Famosísimo poeta, novelista, teólogo, historiador y político, que mereció justamente el sobrenombre de *Juvenal español.* Distinguióse, en especial, en la poesía ligera, satírica y burlesca. Muchas de sus obras son verdaderas joyas de la lengua castellana. VII

QUIJADA (don Diego de). II

QUINTANA (Francisco de), de Madrid. Publicó, con el nombre de Francisco de las Cuevas:

Experiencias de amor y fortuna. Madrid, 1626, 4.° ; Jaén, 1646, 8.° Se tradujo en italiano por Bartolomé de Bella. Venecia, 16554, 12.°—La *historia de Hipólito y Aminta.* Madrid, 1627, 4.°—*Epitome de todas las historias de España.*— *República imaginada.*—*Del premio eterno de los justos,* sermón impreso con otros varios en Alcalá, 1645, 4.°—*Oración fúnebre a las exequias de Lope de Vega.* VII

QUINTANA (licenciado Jerónimo de), de Madrid, fundador de la congregación de San Pedro, de sacerdotes naturales de esta villa, notario apostólico del tribunal de la Inquisición y rector del hospital de la Latina. Escribió :

Historia de la antigüedad, nobleza y grandeza de la coronada villa de Madrid. Ibid., 1629, folio.—*Historia del origen y antigüedad de la venerable y milagrosa, imagen de Nuestra Señora de Atocha.* Madrid, 1637, 4.°—Y *Comento espiritual.* V

QUIÑONES (don Juan), natural de Chinchón, alcalde que fue de casa y corte y autor de algunos discursos eruditos y de ciencias naturales, que enumera don Nicolás Antonio; pero no consta que fuese poeta, aunque sí contemporáneo de Lope. VI

QUIROGÁ (Juan de). VIII

RAMÍREZ DE PRADO (don Lorenzo y don Alonso), hermanos, éste natural de Madrid y aquél de Zafra, y ambos poetas distinguidos en su tiempo. El primero fue nombrado consejero de Indias el 16 de julio de 1626, y escribió varias obras de erudición:

Sotera, sive fons et viridarium. Madrid, 1622, 8.°—Y otras de que hace mención Baena en sus *Hijos de Madrid,* tomo 1, pág. 55. VI

RAMÓN (fray Alfonso), natural de Cuenca o del pueblo de su

obispado, llamado Vera de Rey, de la orden de la Merced, doctor en teología, principalmente conocido por sus escritos históricos. Dejó multitud de obras teológicas, ascéticas y místicas, cuyo catálogo trae don Nicolás Antonio. De las históricas se citan las siguientes :

Historia general de la orden de Nuestra Señora de la Merced, redención de cautivos, en dos tomos: el primero dado a luz en Madrid, 1618, y el segundo, sin duda después, de su muerte, en 1633.—*Vida del venerable padre fray Juan de Vallejo.* Madrid, 1617, 8.°— *Vida de San Pedro Nolasco, fundador de la Merced,* en 4.°-—*Vida de don Fernando de Córdoba y Bocanegra.* Madrid, 1617, 4.°—*Vida del caballero de Gracia.* Ibid., 1620, 8.°—*Vida del siervo de Dios Gregorio López.* Madrid, 1517, 8.°, y 1630, 8.°—*Historia y milagros de la imagen de Nuestra Señora de los Remedios de Madrid.* Ibid., 1617, 8.°—*Fiestas de San Pedro Nolasco.* Ibid., 1630, 4.°—*Declaración elógica y apologética del condestable de Castilla,* en 4.°

Obras varias:

Casa de la Razón y el Desengaño. Madrid, 1625, 4.°—*Gobierno humano ajustado al divino.* Ibid., 1624, 4.°—*Entretenimiento y juegos honestos y recreaciones cristianas.* Ibid., 1623, 8.°— *Instrucción de príncipes
en la juventud.* VIII

REAL (conde del). VII

REYES (fray Pedro de los).

RIBERA. (V. Enríquez de Ribera y marqués de Tarifa.)

RIBERA (Rodrigo de), acaso Rodrigo Fernández de Ribera, secretario
del marqués de la Algaba y de Ardales, imitador de Quevedo y II
autor de los *Antojos de mejor vista.*

RIOJA (Francisco de), sevillano, secretario que fue del Conde-Duque, y como poeta lírico, uno de los más célebres de nuestro
Parnaso. En prosa escribió : *El Aristarco o Censura d ela proclamación* II
Católica.—*Carta sobre el título de la Cruz*—Y algunas otras. I

RIVADENEYRA (doña Isabel de).

RIZO (Juan Pablo Mártir), de Madrid, no de Cuenca, como afirma don Nicolás Antonio. Fue segundo nieto del célebre Pedro Mártir de Anglería, y dejó las siguientes obras :

Historia de Cuenca. Madrid, 1609, folio.—*Historia de la vida de Lucio Anneo Séneca.* Madrid, 1625, 4.°—*Historia de la vida de Mecenas.* Madrid, 1626, 8.°—*Norte de príncipes.* Madrid, 1626, 8.°—*Historia trágica de la vida y muerte del duque de Virón.* Barcelona, 1629, 8.°—*Defensa de la verdad,* que escribió don Francisco de Quevedo en favor del patronato de Santiago. Málaga, 4.°— Tradujo del francés : *Vida del dichoso desdichado,* por otro nombre *el Seyano,* de Pedro Mateo. Madrid, 1625, 8.°—*La muerte de Enrico IV el Grande,* del mismo autor. Madrid, 1625, 8.°—*Historia de la prosperidad infeliz de Felipa de Catanea,* del mismo. Madrid, 1625, 8.°—*Historia de las guerras de Flandes, contra la de Jerónimo Franqui Conestagio.* Valencia, 1627, 8.°

Cítanse como del mismo autor otras obras manuscritas, algunas completamente desconocidas. **VII**

ROBLES. (V. Carvajal y Robles.)

ROCABERTI (don Diego). Escribió en verso un compendio de historia universal con este título :

Epítome histórico en diez romances, a Lope de Vega Carpio. Barcelona, Sebastián Cormellas, 1628, 8.° **II**

RODRÍGUEZ DE LEÓN (Juan), presbítero, natural del Perú, autor, entre otras obras, de :

La Perla, vida de Santa Margarita, Virgen y mártir. Madrid, 1629, 4.°—*El predicador de las gentes, San Pablo.* Madrid, 1638, 4.°—*Panegírico castellano-latino al rey don Felipe IV.* Méjico, 1639.—*Parecer sobre la ingenuidad del arte de la pintura.* Madrid, 1633.—*Cuaresma meditada,* en epigramas. **II**

RODRÍGUEZ (Gonzalo). **III**

ROGER (Felipe). **IV**

RUIZ (Marcos). **I**

SAA DE MIRANDA (Francisco de).

As obras do doctor... agora de nuevo impressas corn a relagao de sua calidade e vida. Lisboa, Vicente Alvarez, 1614, 4.° **III**

SALABLANCA (Padre fray Diego de Jesús carmelita descalzo, célebre en santidad y letras ; fue natural de Granada. **IV**

SALAS BARBADILLO (Alonso Jerónimo de), novelista. *Rimas castellanas.* Madrid, en casa de la viuda de Alonso Martín, 1618, 8.°—*Patrona de Madrid.* Madrid, 1725, 8.°

Baena inserta en sus *Hijos de Madrid,* tomo I, página 43, el largo catálogo de sus novelas. **VII**

SALAS. (V. Pellicer de Salas.)

La cita de Lope se referirá acaso a don Antonio Pellicer de Salas y Tovar, capitán de caballos en tiempo de don Felipe IV, y después maestre de campo y gobernador de la caballería, hasta que en 19 de julio de 1651 murió peleando en el fuerte de San Juan de los Reyes. Es autor de algunas composiciones poéticas y de dos sonetos impresos en la *Fama póstuma de Lope* y en las *Lágrimas a la muerte de Montalván.*

SANABRIA. (V. Gómez dé Sanabria.)

SÁNCHEZ (Alonso). Tal vez sea Alonso Sánchez de la Ballesta, natural de Talavera, autor del *Diccionario de vocablos castellanos,* aplicados a la propiedad latina, en la cual se declara gran copia de refranes vulgares reducidos a latinos. Salamanca, 1487, 4.° IV

SÁNCHEZ (El Brócense), Francisco. Entre muchas obras latinas sobre gramática, retórica e interpretaciones de los antiguos clásicos, cuyo catálogo trae don Nicolás Antonio, escribió en castellano :

Anotaciones a las obras de Juan de Mena.—Notas a las obras de Garcilaso de la Vega. Salamanca, 1574, 16.° —*Doctrina del estoico filósofo Epicteto,* traducido del original griego. Salamanca, 1600, etc.—*Declaración y uso del reloj español, entretejido en las armas de la muy anligua y esclarecida casa de Rojas,* del original latino de Hugo Helt. Salamanca, 1549, 4.° III

SÁNCHEZ (Miguel). Sacerdote y poeta cómico español, llamado *el Divino,* autor de *La guarda cuidadosa.*

SAYAVEDRA (don Diego de). Puede muy bien ser él, autor de las *Empresas políticas.* VI

SEGURA (fray Bartolomé), monje benito.

Amazona cristiana, vida de la beata madre Teresa de Jesús, dirigida a doña Catalina de Sandoval y Lacerda, condesa de Lemos, etcétera. Valladolid, Francisco Fernández de Córdoba, 1619, 8.° VII

SERNA (don Fernando de la). VI

SERRANO. I

SERRANO Y SILVA (Licenciado don Diego), nacido en Madrid. Fue inquisidor de Cuenca y de Toledo, y después fiscal y ministro del consejo supremo de la Inquisición. Murió el año 1630. Escribió *Sobre los estatutos de la limpieza y su limitación,* obra que no se sabe si llegó a imprimirse, y varias composiciones poéticas. VIII

SILVESTRE (Gregorio), poeta famoso del siglo xvi, organista de la iglesia mayor de Granada, y no menos célebre como versificador repentista que como escritor de pensado. Pedro de Cáceres Espinosa cuidó de la publicación de sus poesías, que se dieron a luz en Granada, por Sebastián de Mena, 1592, 8.° ; de que en pocos años se hicieron hasta cinco ediciones. El título es éste: *Las obras del famoso poeta Gregorio Silvestre,* recopiladas por diligencia de sus herederos... Dirigidas a don Antonio Sirvente de Cárdenas, del consejo de su majestad, etc. II

SILVEYRA (doctor Miguel), portugués, versado en varios estudios y autor de:

El Macabeo, poema heroico en octavas. Ná-poles, Longo, 1638, 4.° — *Vida de Elio Seiano.* III

SIRUELA (conde de). VI

SOLÍS (don Micael). III

SOLÓRZANO PEREYRA (doctor Juan de), de Madrid, abogado de los reales consejos, catedrático en Salamanca y después oidor de la real audiencia de Lima. Nació en 1575 y murió después de 1653. Escribió en latín algunas obras de su facultad, y además:

Política indiana. Madrid, 1648, folio.—*Memorial sobre que el real consejo de Indias debe preceder en los actos públicos al de Flandes.* Madrid, 1629, folio.—Y otros tratados que se imprimieron después de su muerte con título de *Obras postumas.* Madrid, 1676, folio. **VI**

SORIA (Fernando de). **II**

SOSA (Manuel de), o doctor Suárez dé Sosa, citado por Cervantes en el *Canto de Calíope.* **III**

SOTO. (V. Barahona de Soto.)

SOTO (Pedro de). Lope se refiere sin duda al granadino y canónigo Pedro Soto de Rojas, elogiado también por Góngora, y autor de

Los rayos de Faetón, 1639, 4.°—*El desengaño del amor, en rimas.* Madrid, viuda de Alonso Martín, 1623, 4.°

Murió por los años de 1655. **II**

SOTOMAYOR. (V. Castillo y Sotomayor.)

TAMARID. (Don Francisco.) **III**

TAMAYO DE VARGAS, (don Tomás), cronista general de Castilla, historiador de las Indias, hombre de grandes estudios y erudición. Nació en Madrid en 1589. Fue doctoral de la santa iglesia de Toledo y secretario de don Fernando Alvarez de Toledo, embajador de España en Venecia. Escribió multitud de obras en latín y castellano, memoriales, historias genealógicas e ilustraciones a la *Historia de España, Notas a las obras de Garcilaso de la Vega* v de *Jorge Manrique,* etcétera. Baena en sus *Hijos de Madrid,* tomo IV, pág. 343, trae el catálogo de sus obras. **VII**

TARRAGA O TÁRREGA. (Francisco), natural de Valencia, doctor en teología y canónigo de aquella metropolitana.

Fue poeta dramático, y escribió además : *Relación de las fiestas que el señor arzobispo* (don Juan de Ribera) *y su cabildo hicieron en la traslación de la reliquia de San Vicente Ferrer a la santa iglesia de Valencia.* 1600, 8.°

Sobre sus comedias y demás escritos, véase a Jimeno, *Escritores del reino de Valencia,* tomo I, pág. 240.

En los preliminares del *Prado de Valencia,* del conde de Buñol, hay un soneto laudatorio Tárrega. **II**

TEJADA (doctor Agustín de), de Antequera.

Canción a la Asunción, etc., que con otras composiciones del mismo autor insertó Pedro de Espinosa en sus *Flores de poetas ilustres de España.* Escribió también una *Historia de Antequera.* Murió en 1635, a los sesenta y siete años de edad. **II**

TÉLLEZ (fray Gabriel), Tirso de Molina. Además de sus obras dramáticas, escribió:

Los cigarrales de Toledo. Madrid.—*Deleitar aprovechando.* Ibid., 1635, 4.° VII

TOLEDO. (V. Tribaldos de Toledo.)

TORRE (Francisco de la).

Agudezas de Juan Oven, traducidas en metro castellano, ilustradas con adiciones y notas. Madrid, Francisco Sanz, 1674, 4.° III

TORRES (don Jacinto de). En el anfiteatro de Felipe el Grande, por Pellicer (Madrid, 1632, 8.°), se inserta un epigrama (fol. 41) de este poeta. IV

TOVAR (don Jorge de), natural de Madrid, donde nació en 1587; del hábito de Santiago, instruido en todo género de letras, particularmente en la poesía. Escribió varias obras, que parece existen manuscritas.

El Adonis.—Paráfrasis del salmo 50 de David.—Silva a la conversión de la Magdalena.— Discurso fúnebre a la muerte de doña María de Herrera.—El Narciso.—Y varias comedias. VIII

TRIBALDOS DE TOLEDO (Luis), natural de Toledo, bibliotecario del conde-duque de Olivares.

Epenessis ibérica, sive de laudibus Hispanice poematium. Madrid, 4.°; Amberes, 1632, 4.°— Tradujo la *Geografía de Pomponio Mela,* ilustrada con notas y nombres modernos. Madrid, 1642, 8.°— Otras varias obras dejó manuscritas dignas de su mucha erudición. Murió en 1635, habiendo nacido en 1558. VIII

TRUJILLO (fray Alonso de), monje benedictino, a quien se atribuye un poema, que parece escribió, de dieciséis mil versos, con este título:

De la vida y martirio de San Zoil, en octavas. II

URBINA (don Francisco de), de quien es el epitafio que precede al *Persiles y Sigismunda,* de Cervantes.

URBINA (don Martín de), hijo de don Diego, rey de armas de su majestad y regidor de Madrid, cuñado de Lope, que escribió varias composiciones para la justa poética en la canonización de San Isidro, y un epigrama para la *Fama póstuma* del mismo Lope.—Su hermano don Francisco era también poeta. VIII

VALBUENA (Bernardo). Poeta español, obispo de Puerto Rico, autor del famoso poema épico *El Bernardo.* II

VALDÉS (don Alejandro y don Tomás de), hijos de don Juan de Valdés. El segundo fue alcalde de la real chancillería de Granada, de casa y corte y del consejo supremo de las Indias. Murió en 1685. VIII

VALDÉS (don Juan de), natural de Madrid, donde nació en 1608. Fue letrado, ejerció en Madrid la abogacía, y tuvo plaza en el consejo de Hacienda, titulándose también caballero de la orden de San

Esteban. **VII**

VALDIVIELSO (el maestro José de), natural de Toledo y capellán muzárabe de su iglesia catedral.

Sagrario de Toledo, poema heroico. Madrid, Luis Sánchez, 1616; Barcelona, Esteban Liberos, 1618, las dos en 8.°—*Vida, excelencias y muerte del gloriosísimo patriarca San José.* Toledo, 1607; Madrid, 1612, 8.°, Ibid., 1727, cinco volúmenes, 4.°—*Elogios al Santísimo Sacramento, a la cruz santísima y a la purísima Virgen María.* Madrid, 1630, 8.°—*Romancero espiritual del Santísimo Sacramento,* primera parte, 1612, 8.°—*Exposición parafrástica del Psalterio v de los cánticos del Breviario.* Madrid, 1623, 4.°— *Doce autos sacramentales y dos comedias divinas.* Toledo, 1622, 4.° **I**

VALMASEDA. Quizá el Andrés de Valmaseda elogiado en el *Viaje del Parnaso.* **VIII**

VALLEJO. (V. Montero de Vallejo.)

VANDERHAMEN Y LEÓN (don Lorenzo). Nació en Madrid en 1589. Fue hijo del famoso pintor Vanderhamen, y se distinguió como teólogo y humanista, siendo secretario del arzobispo de Graciada don Pedro González de Mendoza. Escribió gran número de obras, de las que las más importantes son la:

Historia de don Juan de Austria. Madrid, 1627, 4.°—*Historia de don Felipe II el Prudente.* Madrid, 1632, 4.°—Las demás pueden verse en el catálogo de ellas que trae Baena en sus *Hijos de Madrid,* tomo III, pág. 378. **VI**

VARGAS (Gaspar de). **I**

VARGAS (Jusepe de), citado en el *Viaje del Parnaso.* **VIII**

VARGAS (don Luis de).

Celebrado por Cervantes en su *Canto de Calíope.* **IV**

VARGAS MACHUCA (Pedro de), de Madrid, poeta muy aplaudido, autor de muchos versos y comedias; que llevó en casi todos los certámenes de fuera y dentro de la corte los primeros premios. **VIII**

VARGAS. (V. Tamayo de Vargas.)

VEGA (Félix de). El padre de Lope, por cuyo testimonio sabemos que era también poeta. **IV**

VEGA (Marco Antonio de la).

Citado por Cervantes en el *Canto de Caliope.* **IV**

VELASCO. (V. Hernández de Velasco.)

VELASCO (doña Jerónima de). **IV**

VELASCO (marqués de Auñón).

En los *Elogios de mujeres insignes de la Sagrada Escritura,* por el abad don Martín Carrillo, hay un soneto del marqués. **VI**

VÉLEZ DE GUEVARA (Luis), natural de Ecija, célebre autor dramático, y no menos conocido por su *Diablo cojuelo,* novela de la otra vida. Madrid, 1641, 8.°

Escribió también *Elogio del juramento del serenísimo príncipe don Felipe Domingo, cuarto deste nombre.* Ibid., 1608. **II**

VERA Y FIGUEROA (don Juan de), conde de la Roca. Escribió El *Fernando o Sevilla restaurada,* poema heroico, escrito con los versos de la *Jerusalemme líberata,* del insigne Torcuata Taso. Milán, Enrique Steffano, 1652, 4.° **II**

VERA Y ORDÓÑEZ DE VILLAQUIRÁN (don Diego de).

Heroidas bélicas y amorosas. Barcelona, imprenta de Lorenzo Deu, 1622, 4.° **VIII**

VERDUGO DE LA CUEVA (Pablo), cura propio de la parroquia de San Vicente de Ávila.

Vida, muerte, milagros y fundaciones de la beata madre Teresa de Jesús, compuesto en quintillas, por... dirigido a Francisco Guillamas Velázquez. Obra bastante rara. Barcelona, Sebastián Matevad, 1615. Don Nicolás Antonio cita otra edición de Madrid del mismo año. **IV**

VIDARTE (don Juan de), de Madrid, continuo de la casa real de Castilla y librador de la real caballeriza. Murió en 1645.—Escribió algunas *Silvas, epigramas y romances,* con otros versos que se hallan en libros de su tiempo. **VIII**

VILLAMEDIANA (conde de), don Juan de Tasis y Peralta. Imprimiéronse sus obras en Zaragoza, 1629, 4.°, y en Madrid, 1635, íd.; pero se le atribuyen otras muchas manuscritas, que se conservan, casi todas satíricas y de carácter político, y fueron, al decir de algunos, la causa de su desdichada muerte. **VI**

VILLAVERDE (Padre fray Miguel de). **VII**

VILLAYZÁN (don Jerónimo de), abogado de Madrid, donde nació en 1604. Es autor de buen número de comedias, que se representaron con aplauso. **VIII**

VILLEGAS (Esteban Manuel de).

Las Eróticas. Nájera. Juan de Mongaston, 1618, 4.° **III**

VILLENA (José de). **VII**

VIRUÉS (Cristóbal de). Poeta dramático, autor de *La cruel Casandra, Atila furioso* y del poema épico *El Monserrate.* **IV**

VIVANCO. (V. Gómez de Vivanco.)

XUÁREZ (Isidro). **I**

ZAYAS (don Francisco). **II**

ZAYAS Y SOTOMAYOR (doña María de), natural de Madrid, y, según la opinión de Baena, hija de don Fernando, capitán de infantería y caballero de Santiago. Sus obras son:

Novelas amorosas y ejemplares. Zaragoza, 1638, 8.° (en prosa y verso).—*Novelas y saraos,* segunda parte. Zaragoza, 1647. Unas y otras se han reimpreso muchas veces. Varias composiciones sueltas y algunas comedias. **VIII**

ZÚÑIGA. (V. Enríquez de Zúñiga.)

ZUAZO (doña Ana de), poetisa y excelente música. Fue natural de Madrid. **VIII**

ZURITA (Jerónimo). El célebre historiador aragonés, autor de los *Anales de la corona del reino de Aragón,* don Nicolás Antonio, que en su *Biblioteca* le dedica un largo artículo, cita algunas otras obras suyas, que parece han quedado inéditas. **I**

ZURITA (doña Laurencia de), natural de Madrid, esposa del secretario Tomás Gracián Dantisco. Escribió epístolas y versos latinos, dándose además a conocer por la perfección del carácter de su letra y por su habilidad en la música de canto y arpa, en la cual se acompañaba cantando los versos de Homero, Ovidio y Virgilio, y los salmos de David. **I**

EL CRÍTICO y EDITOR - Juan Bautista Bergua

Juan Bautista Bergua nació en España en 1892. Ya desde joven sobresalió por su capacidad para el estudio y su determinación para el trabajo. A los 16 años empezó la universidad y obtuvo el título de abogado en tan sólo dos años. Fascinado por los idiomas, en especial los clásicos, latín y griego, llegó a convertirse en un célebre crítico literario, traductor de una gran colección de obras de la literatura clásica y en un especialista en filosofía y religiones del mundo. A lo largo de su extraordinaria vida tradujo por primera vez al español las más importantes obras de la antigüedad, además de ser autor de numerosos títulos propios.

Su librería, la editorial y la "Generación del 27"

Juan B. Bergua fundó la Librería-Editorial Bergua en 1927, luego Ediciones Ibéricas y Clásicos Bergua. Quiso que la lectura de España dejara de ser una afición elitista. Publicó títulos importantes a precios asequibles a todos, entre otros, los diálogos de Platón, las obras de Darwin, Sócrates, Pitágoras, Séneca, Descartes, Voltaire, Erasmo de Rotterdam, Nietzsche, Kant y los poemas épicos de La Ilíada, La Odisea y La Eneida. Se atrevió con colecciones de las grandes obras eróticas, filosóficas, políticas, y la literatura y poesía castellana. Su librería fue un epicentro cultural para los aficionados a literatura, y sus compañeros fueron conocidos autores y poetas como Valle-Inclán, Machado y los de la Generación del 27.

El Partido Comunista Libre Español y las amenazas de la izquierda

Poco antes de la Guerra Civil Española, en los años 30, Juan B. Bergua publicó varios títulos sobre el comunismo. El éxito, mucho mayor de lo esperado, le llevó a fundar el Partido Comunista Libre Español que llegaría a tener mas de 12.000 afiliados, superando en número al Partido Comunista prosoviético oficial existente. Su carrera política no duró mucho después que estos últimos le amenazaran de muerte viéndose obligado a esconderse en Getafe.

La Censura, quema de libros y sentencia de muerte de la derecha

Juan B. Bergua ofreció a la sociedad española la oportunidad de conocer otras culturas, la literatura universal y las religiones del mundo, algo peligrosamente progresivo durante esta época en España.

En el 1936 el ejército nacionalista de General Franco llegó hasta Getafe, donde Bergua tenía los almacenes de la editorial. Fue capturado, encarcelado y sentenciado a muerte por los Falangistas, la extrema derecha.

Mientras estuvo en la cárcel temiendo su fusilamiento, los falangistas quemaron miles de libros de sus almacenes por encontrarlos contradictorios a la Censura, todas las existencias de las colecciones de la Historia de Las Religiones y la Mitología Universal, los libros sagrados de los muertos de los Egipcios y Tibetanos, las traducciones de El Corán, El Avesta de Zoroastrismo, Los Vedas (hinduismo), las enseñanzas de Confucio y El Mito de Jesús de Georg Brandes, entre otros.

Aparte de los libros religiosos y políticos, los falangistas quemaron otras colecciones como Los Grandes Hitos Del Pensamiento. Ardieron 40.000 ejemplares de La Crítica de la Razón Pura de Kant, y miles de libros más de la filosofía y la literatura clásica universal. La pérdida de su negocio fue un golpe tremendo, el fin de tantos esfuerzos y el sustento para él y su familia…fue una gran pérdida también para el pueblo español.

Protegido por General Mola y exiliado a Francia

Cuando General Emilio Mola, jefe del Ejército del Norte nacionalista y gran amigo de Bergua, recibe el telegrama de su detención en Getafe intercede inmediatamente para evitar su fusilamiento. Le fue alternando en cárceles según el peligro en cada momento. No hay que olvidar que durante la guerra civil, los falangistas iban a buscar a los "rojos peligrosos" a las cárceles, o a sus casas, y los llevaban en camiones a las afueras de las ciudades para fusilarlos.

–El General y "El Rojo"–Su amistad venia de cuando Mola había sido Director General de Seguridad antes de la guerra civil. En 1931, tras la proclamación de la Segunda República, Mola se refugió durante casi tres meses en casa de Bergua y para solventar sus dificultades económicas Bergua publicó sus memorias. Mola fue encarcelado, pero en 1934 regresó al ejército nacionalista y en 1936 encabezó el golpe de estado contra la República que dio origen a la Guerra Civil Española. Mola fue nombrado jefe del Ejército del Norte de España, mientras Franco controlaba el Sur.

Tras la muerte de Mola en 1937, su coronel ayudante dio a Bergua un salvoconducto con el que pudo escapar a Francia. Allí siguió traduciendo y escribiendo sus libros y comentarios. En 1959, después de 22 años de exilio, el escritor regresó a España y a sus 65 años comenzó a publicar de nuevo hasta su fallecimiento en 1991. Juan Bautista Bergua llegó a su fin casi centenario.

Escritor, traductor y maestro de la literatura clásica, todas sus traducciones están acompañadas de extensas y exhaustivas anotaciones referentes a la obra original. Gracias a su dedicado esfuerzo y su cuidado en los detalles, nos sumerge con su prosa clara y su perspicaz sentido del humor en las grandes obras de la literatura universal con prólogos y notas fundamentales para su entendimiento y disfrute.

Cultura unde abiit, libertas nunquam redit.
Donde no hay cultura, la libertad no existe.

LA CRÍTICA LITERARIA

www.LaCriticaLiteraria.com

TODO SOBRE LITERATURA CLÁSICA, RELIGIÓN, MITOLOGÍA, POESÍA, FILOSOFÍA...

La Crítica Literaria es la librería y distribuidor oficial de Ediciones Ibéricas, Clásicos Bergua y la Librería-Editorial Bergua fundada en 1927 por Juan Bautista Bergua, crítico literario y célebre autor de una gran colección de obras de la literatura clásica.

Nuestra página web, LaCriticaLiteraria.com, es el portal al mundo de la literatura clásica, la religión, la mitología, la poesía y la filosofía. Ofrecemos al lector libros de calidad de las editoriales más competentes.

LEER LOS LIBROS GRATIS ONLINE

www.LaCriticaLiteraria.com

La Crítica Literaria no sólo está dedicada a la venta de libros nacional e internacional, también permite al lector la oportunidad de leer la colección de Ediciones Ibéricas gratis online, acceso gratuito a más que 100.000 páginas de estas obras literarias.

LaCriticaLiteraria.com ofrece al lector un importante fondo cultural y un mayor conocimiento de la literatura clásica universal con experto análisis y crítica. También permite leer y conocer nuestros libros antes de la adquisición, y tener la facilidad de compra online en forma de libros tradicionales y libros digitales (ebooks).

COLECCIÓN LA CRÍTICA LITERARIA

Nuestra nueva **"Colección La Crítica Literaria"** ofrece lo mejor de los clásicos y análisis de la literatura universal con traducciones, prólogos, resúmenes y anotaciones originales, fundamentales para el entendimiento de las obras más importantes de la antigüedad.

Disfrute de su experiencia con nosotros.

www.LaCriticaLiteraria.com

www.ingramcontent.com/pod-product-compliance
Lightning Source LLC
LaVergne TN
LVHW050928080826
845145LV00001B/249

* 9 7 8 8 4 7 0 8 3 1 9 6 6 *